"十五"国家重点图书出版规划
社会学与社会发展丛书

发展社会学

徐新 编著

上海大学出版社
·上海·

图书在版编目(CIP)数据

发展社会学/徐新编著. —上海：上海大学出版社，
2005.6 （2018.2重印）
ISBN 978-7-81058-838-6

Ⅰ.发… Ⅱ.徐… Ⅲ.发展社会学 Ⅳ.C91

中国版本图书馆 CIP 数据核字(2005)第 054959 号

责任编辑　范维明
助理编辑　虞　兮
封面设计　柯国富

发展社会学

徐新　编著

上海大学出版社出版发行
(上海市上大路 99 号　邮政编码 200444)
(http://www.press.shu.edu.cn　发行热线 021-66135112)
出版人：戴骏豪

*

上海华教印务有限公司印刷　各地新华书店经销
开本890mm×1240mm　1/32　印张10.75　字数350千字
2005年7月第1版　2018年2月第4次印刷

ISBN 978-7-81058-838-6/C·047　定价30.00元

前　言

　　发展社会学是社会学的重要分支。它以发展中国家的现代化进程及其途径为主要研究对象，是对二战以后兴起的"发展研究"的扩展。

　　从20世纪50年代开始，一些西方发达国家和发展中国家的学者运用社会学的思想方法和分析框架，对发展中国家的现代化问题展开了探讨，首先出现的现代化理论是在E·迪尔凯姆和M·韦伯的思想基础上，以T·帕森斯的结构功能学派为先驱的发展理论。主要代表人物有利维、阿普特和艾森斯塔特等。他们强调：发展中国家在从"传统社会"向"现代社会"转型的过程中，主要是内部的非经济因素制约着发展，只有接受西方发达国家的科学技术、思想观念，才能走上与发达国家相同的道路；认为发展中国家的现代化过程表现为西方化的过程。事实上，现代化理论强调在两种类型的社会（传统社会和现代社会）及其经济系统中，起作用的规范和价值观是不同的。"现代化理论宣称，追求业绩的精神、家庭关系的淡化等等是经济发展的重要因素"。[①] 它从价值观和态度对人们行为的影响，从而影响人们对社会变革的反应的角度，说明了西方现代化社会和第三世界发展水平不同层次的原因。

　　20世纪60年代，在拉丁美洲和非洲兴起的依附理论对现代化理论进行了批判。基于认识到"马克思的著作对分析世界经济的不平衡

[①] 韦伯斯特：《发展社会学》，华夏出版社1987年版，第34页。

和第三世界的不发达等问题有着巨大的价值"①，新马克思主义理论家从权力不平等和阶级冲突的角度，以"商业资本主义、殖民主义和新殖民主义代表着历史上资本主义从先进的工业中心向第三世界国家渗透的三个阶段"②作为历史证据阐述了他们的不发达理论。主要代表人物有弗兰克、阿明、卡多佐等，代表作有《拉丁美洲：不发达和革命》、《不平等的发展》等。他们主张：从西方发达国家对不发达国家的剥削、控制和不发达国家的依附中解释不发达现象，反对现代化理论的西化模式，认为西方化过程实际上是不发达国家被纳入不平等的"中心—边缘"型国际经济体系的依附化过程，这种依附机制造成了发展中国家的"发展不充分"和"依附性发展"。他们主要强调：殖民主义和依附性是发展中国家不发达的主要原因，发展中国家发展的起始点不同，国家环境特殊，不可能重复发达国家既往的历史，它们应当摆脱西方发达国家的影响和控制，坚持独立自主的发展。

20世纪70年代中期，沃勒斯坦提出世界所有国家构成整个世界体系，这一体系划分为中心、边缘和半边缘三个部分，整个体系显示出多国的相互作用关系，而不是宗主国对卫星国、发达国家对发展中国家的单向关系，世界体系中的个别事件是按照整个体系的需要来解释的。各国间的经济活动关系就是世界体系内部的资本积累过程，其结果是"经济剩余"不断从半边缘和边缘移向西方中心国家，以至后者越来越发达，前者越来越陷入不发达状态。③

进入20世纪90年代，一方面，随着经济全球化进程的迅速推进、信息化社会的飞速发展以及全球性问题的突出，以往的发展理论都受到不同程度的挑战，被不断地修正、补充；另一方面，全球化、区域发展、可持续发展等问题被吸纳进发展社会学的研究范围之中，从而丰富了自身的发展方向。

中国社会学自1979年恢复重建以来，各种实证研究的中心议题就是现代化问题。发展与现代化建设是当代中国的主旋律。目前，中国

---

① 韦伯斯特：《发展社会学》，华夏出版社1987年版，第40页。
② 韦伯斯特：《发展社会学》，华夏出版社1987年版，第52页。
③ 庞元正，丁冬元：《当代西方社会发展理论新词典》，吉林人民出版社，第12—13页。

社会正处在急剧转型的时期,发展与现代化更是涉及到社会的方方面面。因此,从社会学的角度来研究社会现代化也成为了中国发展社会学的核心,以研究社会发展与现代化为主要内容的发展社会学日益成为一门显学,并成为了高等学校社会学专业的主干课程,但是,鉴于发展社会学尚未形成完整的理论和学科体系,长期以来国内高等学校一直缺乏比较规范、比较系统的发展社会学教材,对发展社会学教学产生了一定的不利影响。从20世纪90年代开始陆续出版了一批教材,如1995年上海出版的《发展社会学概论》、2001年中国社会科学出版社出版的《发展社会学》、2002年高等教育出版社出版的《发展社会学》等,从而弥补了发展社会学教材的不足。

作为中国的发展社会学研究,本书在吸收经济学、政治学等多种学科的研究成果以及他人的教材经验的基础上,着重论述了以下内容:

基本概念(第一部分),即导言部分,主要介绍:发展研究及发展社会学的研究对象、发展与现代化的内涵。通过理清这些基本概念,为以后章节的学习奠定基础。

发展的进程(第二部分),主要探讨:世界现代化的历史进程、发展趋势以及后发国家的发展优势与劣势;中国的早期现代化、中国现代化的三次转折、中国现代化的发展及其前景。通过对现代化进程的简要论述,宏观把握发展的进程,再现发展的非线性过程。

发展的实践研究(第三部分),主要从发展的具体内容展开探讨发展的过程。发展是一项系统的工程,它涉及了社会系统的方方面面,主要包括经济发展、社会发展、政治发展、文化发展与人的发展,与此相应的,现代化的考察层面,也包括了经济现代化、社会现代化、政治现代化、文化现代化与人的现代化。其中,经济发展与现代化是前提和基础,政治发展、文化发展是媒介,而社会发展与人的发展是目的。在这部分中,主要就各个发展环节的理论论述、相关因素展开探讨,如经济发展与社会发展的关系、经济发展与政治发展的关系、全球化对发展的影响(主要涉及对经济、社会的影响)等,通过这些论述,微观把握发展的进程,从而可以更好地理解发展中国家,特别是中国的现代化进程的曲折性和复杂性。

发展的理论阐述(第四部分)。从理论层面来考察影响经济社会发展的动力和过程。主要考察了现代化理论、依附理论和世界体系理论,内容包括:基本概念、核心观点和理论修正等部分。通过这部分的学习,对于发展研究从具体上升到抽象,从而可以更好地把握发展社会学的理论新动向,更客观地看待发展进程中的经验与教训。

由于编者的水平有限,本书从选题到内容均存在不少不足,热忱欢迎广大读者批评指正。

编者

2004年8月

目　录

导言 …………………………………………………………… 1
　第一节　社会变迁与发展研究 ……………………………… 1
　第二节　什么是发展社会学 ………………………………… 10
　第三节　发展与现代化 ……………………………………… 16
第一章　现代化的世界进程 …………………………………… 31
　第一节　世界现代化浪潮 …………………………………… 31
　第二节　迟发展效应 ………………………………………… 47
　第三节　世界现代化的基本趋势 …………………………… 54
第二章　中国的现代化进程 …………………………………… 62
　第一节　中国现代化的启动 ………………………………… 62
　第二节　中国现代化的历史脉络 …………………………… 71
　第三节　中国现代化的发展与前景 ………………………… 76
第三章　经济发展 ……………………………………………… 87
　第一节　经济发展的涵义 …………………………………… 87
　第二节　经济发展的理论考察 ……………………………… 91
　第三节　影响经济发展的因素 ……………………………… 104
第四章　经济发展相关问题 …………………………………… 120
　第一节　经济发展与生态环境 ……………………………… 120

第二节　经济发展与社会保障……………………………… 127
　第三节　经济全球化趋势…………………………………… 142
　第四节　经济与可持续发展………………………………… 148

第五章　社会发展…………………………………………… 155
　第一节　社会发展和社会现代化…………………………… 155
　第二节　社会发展的要素…………………………………… 163
　第三节　经济社会协调发展………………………………… 173

第六章　城市社会发展……………………………………… 189
　第一节　城市化与城市现代化……………………………… 189
　第二节　城市社会问题……………………………………… 203

第七章　政治发展…………………………………………… 217
　第一节　政治发展的理论考察……………………………… 217
　第二节　中国的政治发展与政治现代化…………………… 230

第八章　政治发展的相关问题……………………………… 246
　第一节　政治发展与经济发展……………………………… 246
　第二节　政治发展与大众传媒……………………………… 261
　第三节　全球化与国家权力………………………………… 266

第九章　文化与人的发展…………………………………… 274
　第一节　文化发展…………………………………………… 274
　第二节　人的发展…………………………………………… 280
　第三节　传统文化的历史定位……………………………… 287

第十章　发展理论…………………………………………… 303
　第一节　现代化理论………………………………………… 304
　第二节　依附理论…………………………………………… 316
　第三节　世界体系论………………………………………… 324

导　言

20世纪是一个独特的建构。一方面,科学技术的发展使得人类社会越来越进步,以工具、技术和自然科学为标志的人驾驭自然界的能力得到了空前的发展,在世界各地所进行的各种现代化的试验中,营造了一个又一个增长、自由、繁荣和幸福的发展神话。另一方面,"文明的苦恼"越来越深深地植根于现代生活之中:人际间的冷漠、不平等的扩大、环境的破坏,无一不显现出发展的危机。如何在增进人类物质文明的同时增进人类的精神文明,是涵盖整个20世纪社会发展的核心精神,也是人类未来的主题。

有人曾预言:"人类的未来取决于世界将如何发展和以什么方式发展。"发展是我们这个时代永恒的主题,在全球化趋势不断加强的今天,如何以最小的成本过渡到可持续大发展轨道上来,是发展研究的重中之重。

第一节　社会变迁与发展研究

社会学是最年轻的一门社会科学。它起源于19世纪欧洲的社会动乱之中。当时,一些社会思想家试图运用"社会组织规律"来重新组织和安排社会生活秩序,以顺应社会改良和社会发展的需要,于是社会学应运而生。

"社会学之父"孔德旨在建立一门阐明社会制度的基础和人类社会发展进程的科学,并把社会学划分为社会静力学和社会动力学两个主要部分,前者研究社会的结构及其制度的功能,后者研究社会变迁和发展的法则。从此,社会变迁与社会秩序成为社会学研究的两大主题。

一、社会变迁理论

社会变迁是一个重要的社会学问题。在经典理论家那里则从不同的角度来阐述社会变迁,孔德的"社会动力学"是专门研究社会进步和社会变化的;斯宾塞从结构、增长与分化的角度来阐述社会进化;马克思从生产力和阶级斗争的历史中来探讨社会的变迁,而韦伯则揭示了宗教(文化)、经济与社会在功能上的相关性。

就社会学意义而言,社会变迁是与社会结构相对应的概念。所谓社会变迁,是指在一个社会中,社会结构方面发生的任何社会制度或人们社会角色模式变动的过程。关于社会变迁,古今中外不同学者提出各种说法,我们选择具有代表性的理论加以介绍。[①]

1. 历史循环论

历史循环论是中国社会思想史上最古老的一种社会变迁理论。战国时代的阴阳五行家邹衍认为:历史的发展、变迁是按照"五德始终"和"五德转移"的。董仲舒吸取了邹衍的思想,将五行说赋予了道德意义。他认为,"天地之气合而为一,分为阴阳,判为四时,列为五行"。[②] 五行是一种永恒的秩序,其相互关系有两种:"五行相生",即木生火,火生土,土生金,金生水,水生木,这是天的恩德。"五行相胜"就是金胜木,水胜火,木胜土,火胜金,土胜水,这是天的刑罚。每个朝代都代表了五行中的一德,改朝换代是按照相生相胜的次序进行的。此外,他还提出了道统论,即朝代的更替是按照黑统、白统、赤统依次循环,周而复始的。总之,这种循环论是建立在天人合一的思想基础之上,带有目的论倾向,并且将自然史进程神秘化。

在西方,历史循环论的出现是为了克服社会直线进化的谬误而产生的。意大利哲学家维科认为,人创造历史,……上帝并不直接影响历

[①] 主要参考梁荣迅:《社会发展论》,山东人民出版社1991年版;顾朝林:《城市社会学》,东南大学出版社2002年版。

[②] 董仲舒:《春秋繁露》之"五行相生篇"。

史事件的进展。历史是个循环的过程,世界各民族必然经历神的统治(神灵时代)、贵族统治(英雄时代)和人民统治(凡人时代)。

德国史学家斯宾格勒认为,世界历史并不是理念自我表现的进化过程,而是各自独立的文化形态循环交替的过程。任何文化都是一个由相对自主和自明的系统,每一种文化都类似于人的生命循环,都有一个产生、成长、衰老以至死亡的发展过程,文明是最后的阶段。与斯宾格勒"长期循环论"相对应的是,意大利社会学家帕累托的"短期循环论",认为现实社会中不存在永恒的直线进化,而只是社会系统内部短周期的循环过程。因此,他提出了"精英循环论",认为要保证政治稳定,就要求革新持续态和保守态的平衡,社会变迁就是这两种持续态以均衡点为中心构成的循环过程。在均衡发生动摇时,底部阶层就会变为精英,而统治阶层则变为庸人。这种精英至上的学说,带有明显的超人哲学色彩。

英国历史学家汤因比提出"社会和自然环境压力"理论,认为当社会压力过大时,一个民族的文化将呈现出衰微的状态,处于停滞状态,只有当有足够的压力,并且这种压力不足以压倒这个民族时,文化才能得到空前的发展,社会进入文明时代。历史就是人类不断接受挑战和作出反应的历史,挑战和反应的多次重复循环就构成了历史变迁和社会变迁。

索罗金则从文化变迁的角度提出"历史循环模式",他把文化意识分为理念文化、感觉文化和混合文化三种类型。他既反对人类历史直线进化的学说,也反对斯宾格勒关于历史文化只有一种历史的说法,认为世界历史的发展犹如钟摆,从这个极端走向另一个极端,摇摆于两者之间,周而复始。每个历史阶段都要经历象征主义文化时期、感性主义文化时期和理想主义文化时期。最理想的阶段就是混合文化阶段,这就是从希腊至罗马之间的黄金时代,从中世纪到20世纪之间的文艺复兴时代。

以上的一些循环论思想并不能很好地解释社会变迁的事实,看不到历史的曲折性和迂回运动的实质,甚至看不到社会历史发展的必然性。

2. 社会进化论

社会进化论是社会学史上最早出现的一种关于社会变迁的理论模式。受生物进化论的影响，认为自然界符合生物进化的规律，那么，社会的变迁也应当符合进化的一般规律，是一个不断进步的过程。早期的社会进化论者有三个基本假定：① 相信变迁是一个积累的过程；② 变迁增加了社会的文化和分化，增加了复杂性；③ 变迁提高了人们的适应力，因而激发了进步。早期的社会学者认为，社会是朝着一定的进化阶梯前进的，每一阶梯都比前一阶梯高，社会是笔直地前进的。如摩尔根认为，变迁就是从蒙昧到野蛮再到文明的过程；斯宾塞认为，人类社会是从军事宗教社会走向工业社会；孔德则认为，社会组织是从神学阶段走向科学阶段；滕尼斯认为，社会的发展是从社区类型的乡土社会向社团类型的法理社会转化；涂尔干认为，社会变迁从社会的凝聚力看，则是从机械团结发展到有机团结，技术进步了，团结反而减弱了。

这些早期的进化论思想存在着一定的缺陷：一是没有认识到社会变革和社会矛盾的意义；二是简单的、直线的发展观，但其强调社会的稳定和协调，为结构功能主义奠定了基础。

3. 社会均衡论

社会均衡论把社会看作是一个具有自我调节功能的系统，系统的各部分存在着相互依存的功能联系，在这个系统中，社会变迁是一个动态的、均衡的变化过程。帕森斯从社会行动入手分析社会变迁，认为人类行动的大系统可以分为四个互相联系的子系统，即文化系统、社会系统、人格系统和行为有机体系统。这些系统是相互影响、不可分割的，各自都有自己的功能，社会要生存下去，必须有四个功能性前提，即适应环境的功能、实现目标的功能、整合功能和潜在的模式维持功能。与此对应的，任何社会都有四种结构：经济制度结构、政治制度结构、法律制度结构和亲属制度结构，每个制度性结构都可以被看作为一个系统，都有自己特定的适应环境、实现目标、协调行动和维持秩序问题。他还提出社会的变迁和进化过程实际上就是社会的分化与整合过程。变迁的根源之一就是行动系统交换中信息或能量的过剩，从而改变了系统内部和系统之间信息和能量的输出，另一个来源是信息或能量的供应不足，从而在结构方面引起行动系统内部或外部的再调整。进化过程展示了如下要素：① 系统单位日益分化，形成功能上互相依赖的模式；② 在分化的系统中，确立新的整合原则和整合机制；③ 分化后的系统适应环境的能力日益提高。① 与古典进化论所不同的是，帕森斯把整合过程和分化过程区分开来，认为较低进化水平的特殊社会如果人为地采纳较高发展阶段的某些普遍进化因素，就可能出现质的飞跃。

均衡论把冲突、功能失调都看作是社会均衡体系的变态，忽略了社会冲突的正面功能，在社会变迁理论中趋向保守；同时，它也无法解释西方社会在20世纪60年代所出现的急剧的社会危机，逐步消沉下去。

4. 社会冲突论

社会冲突论强调社会冲突在社会变迁中的作用。其基本假设是：① 社会冲突是普遍存在的；② 社会冲突既是社会变迁的原因，也是它的结果；③ 社会变迁是普遍性的，变迁过程存在于每个社会的每个方面；④ 社会的每一个成分都有助于社会结构的瓦解和变迁。如齐美尔认为，冲突是必然的交往形式；冲突具有积极的整合功能，可以充当社会的安全阀。并且概括了社会冲突的四种类型：群体之间的战争、群体内的战争、司法内部的冲突以及理念之间的对立。

科塞直接继承了齐美尔的思想，强调社会冲突的积极功能，把社会冲突分为现实的冲突和非现实的冲突。现实的冲突是争取自我利益的冲突，把冲突作为达到特定目的的手段，是一种理性冲突，非现实的冲突产生于人们的敌对情绪，把冲突本身当作目的，为的只是消除紧张的压抑心理和发泄内心的不平。现实的冲突是推动社会变迁的主要因素，会有助于维持社会系统的活力。另外，他还把冲突分成内部冲突和外部冲突，认为正确地处理冲突可以使冲突变成缓解社会紧张状况的安全阀。

达伦多夫则更多地受到马克思主义的影响，认为权力分配不均是

---

① 特纳：《社会学理论的结构》（上），华夏出版社2001年版，第40页。

产生冲突的主要原因。由于权力分配不均,社会中权力对抗的天平必然会发生变化,并使社会随之发生变化。冲突既是破坏力,又是创造力。冲突的结果是社会结构的变迁,特别是权威结构的变迁。社会结构变迁有两个基本特征:根本性和突发性。结构变迁的根本性与阶级冲突的强度密切相关,而结构变迁的突发性则与阶级冲突的烈度有关。资本的分离、劳动的分离与社会流动是工业社会冲突的主要模式。

20世纪60年代,冲突论一度取代了功能论。冲突论的不足之处在于:片面强调冲突的表面特征,把冲突说成是超阶级的永恒现象,甚至把人际关系都归结为冲突关系。

综观传统的社会变迁理论,都试图用一种过于简单化的方式来说明社会变迁,它们的理论共性有:强调社会变迁过程的必然性;强调社会变迁过程的规律性;强调社会变迁过程的可预测性。20世纪中后期以来,这些社会变迁理论受到了越来越多的批评,因为大多数的变迁理论无法说明社会变迁过程的高度复杂性,具有极大的局限性。[①]

二、发展研究

20世纪以来,社会学家的研究兴趣逐步从宏观的社会变迁研究转向了对特定社会、社区进行的实证研究。特别是第二次世界大战以后,新独立的国家如何在经济增长的同时,实现社会进步,走上真正自主发展的道路,成为全世界普遍关注的问题。另一方面,对于发达国家来说,在新科技革命的推动下,其发展前景将如何,促使西方发达国家的学者普遍关心并研究起发展问题。于是,发展研究蓬勃兴起,并成为一门显学。

1. 发展研究的缘起

首先,是由于"非殖民地运动"的结果。二战以后,特别是20世纪50年代以后,资本主义殖民体系和霸权体系处于分崩离析的状态,民族民主运动空前高涨,殖民地和半殖民地的面积从20世纪初的占地球面积的72%下降到29%,广大的亚非拉国家纷纷独立,第三世界开始

---

① 参见谢立中:《社会变迁过程中的复杂性》,《社会学》月刊2003/10。

崛起;到1982年,殖民领地只占地球面积的2.5%,人口不到1%,战后新独立的国家共计93个。发展中国家的政治地位明显提高,截止到1986年,联合国会员国数为159个,其中发展中国家127个,占总数的79.7%。

当时,全球性的战略问题分别是东西问题和南北问题,东西问题指的是和平问题,而南北问题则指的是经济发展问题,其中南北问题又是核心问题。这些新独立的国家怎样才能摆脱经济的贫困,实现国家工业化,满足人们的物质文化需要,提高生活质量以及谋求向全球发展成为当务之急。然而,当这些发展中国家进行着各种现代化的尝试时,另一些发展中国家却邯郸学步,把国民生产总值和人均国民收入的增长作为评判发展的首要标准,盲目提高工业化程度,在经济增长的同时,并没有实现其预期的发展目标,反而付出了社会、环境等方面的代价。发展的实践对于发展理论提出了迫切的需求,发展中国家到底该走什么样的道路? 这正是发展研究所要解决的首要问题。

其次,是东西方冷战的产物。二战以后,以美、苏两个超级大国为首的东西方冷战格局逐步形成,新独立的主权国家面临着发展国民经济的重大任务,而深受战争创伤的西欧国家要复苏经济。从1948年到1951年,美国通过马歇尔计划向西欧提供了大约120亿美元的援助,西欧各国的经济政策和经济结构也进行了重大调整,西方社会出现了繁荣和发展,而社会主义国家则动荡频频,这就使许多发展中国家选择资本主义道路。

而以美国为首的资本主义阵营,一要对抗社会主义运动;二要介入第三世界的经济发展,以此作为介入第三世界事务,对他们施加影响,重塑战后政治、经济格局的主要手段;三是当时没有一种成型的发展理论可以作为发展援助计划和制定发展政策的基础。基于以上种种原因,西方发达国家开始认真地研究如何使第三世界的民族国家的经济发展、政治稳定的办法,在欧美政府和一些民营机构的慷慨资助下,致力于研究与促进第三世界"发展与增长"的发展研究也因此应运而生。从这个意义上说,发展研究的凸现与其说是学术兴趣,不如说是西方国家的政治需要。

第三,是经济全球化的需要。随着经济一体化程度的不断提高,世界性的相互依赖越来越强。正如马克思、恩格斯在《共产党宣言》中所描述的:

> 新的工业建立已经成为了文明民族的生命攸关的问题;这些工业所加工的,已经不是本地的原料,而是来自极其遥远的地区的原料;它们的产品不仅供本国消费,而且同时供世界各地消费。旧的、靠本国产品来满足的需要,被新的、要靠极其遥远的国家和地带的产品来满足的需要所代替了。过去那种地方的和民族的自给自足和闭关自守状态,被各民族的各方面的互相往来和各方面的互相依赖所代替了。①

这种经济全球化的趋势导致了国际政治、经济、军事以及社会关系上的多样化,这种国际政治、经济利益的根本性调整直接影响到了第三世界国家的发展。一方面,经济全球化是一种世界潮流,任何一个国家都必须顺应这一发展趋势;另一方面,发展中国家也只有抓住这一历史性的机遇,才能实现质的飞跃。因此,如何振兴本国经济,实现政治、经济和社会的协调发展,以及在互赖的国际关系中,如何做到双赢,已不仅是第三世界国家迫切需要解决的问题,也是全人类必须关注的全球性问题。

第四,世界性发展问题的压力。第二次世界大战以后,随着世界人口的增长,生活水平的提高,对资源的需求猛增,于是逐渐出现了资源相对短缺的局面。当时人们为了追求最大的经济效益,还意识不到环境本身的价值,采取了以损害环境为代价来换取经济的增长,其结果是在20世纪60年代后期,发生了能源危机和环境污染问题。发展问题同生态平衡、环境保护问题紧密联系起来,这些问题将直接危及到人类社会的正常存在和发展,人们开始注意到片面追求经济增长和片面强调改造自然有可能会带来灾难性的后果。因此,需要重新制定可持续发展战略,共同解决世界性的发展问题。

2. 发展研究的内涵

---

① 《马克思恩格斯选集》第1卷,人民出版社1975年版,第276页。

发展研究最初是在经济学领域兴起的。因为对于在二战后独立的广大发展中国家来说,如何改变国家经济落后的面貌,走上独立自主的道路已成为这些国家迫切需要解决的问题,这种情况也为发展研究的兴起打下了基础。

但是,单纯的经济增长远不能反映和解决发展中国家面临的重要问题,并且还带来了一系列新的问题,从而使发展研究超越了经济领域。正如亚当·卡伯和杰西卡·卡伯主编的《社会科学百科全书》在发展研究的词条中所指出的:"这是一个跨学科的学科组,研究的对象集中于分析和解决发展问题,特别是人们所说的贫困的发展中国家所面临的那些问题。以这种方式组合在一起的这类学科包括经济学、地理学、政治科学、公共管理、社会学和人类学等;而且,越来越多的技术学科也渐渐地加入进来。"[①]

由于没有一门学科能够综合全面地描述社会发展,因而,不同学科总是对社会发展的某一领域特别关注。在此总结不同学科有关社会发展的不同观点,列举每一种研究的有关例证,(见下表)为理解发展社会学研究与各学科间的交叉和联系提供一种思路。

表　发展研究的有关学科

学　科	观 点 解 释	主 要 流 派
经济学	经济发展的制约性因素;实现现代化的途径	二元经济增长论、不平衡增长论、"满足基本需要"战略
政治学	政治现代化;政治稳定的途径	多元论、结构论
文化学	现代化与文化的作用;文化调适	人的社会角色论、现代人
行政学	提高国家行政能力的途径	社会动员、公平分配、政府权力
哲　学	发展问题的哲学思考	
未来学	社会未来发展	悲观学派、乐观学派、后工业社会学派
社会学	特定地域、特定社会的发展	现代化论、依附论、世界体系论

---

① 亚当·卡伯和杰西卡·卡伯主编的《社会科学百科全书》,英文版,第198页。

发展研究有广义和狭义之分。广义的发展研究是探索整个宇宙和社会变迁的一般规律,从普遍、全球的视角来研究各国社会经济发展的历史进程和未来趋势。狭义的发展研究是以相对贫穷落后的第三世界发展中国家政治、经济、社会和文化的发展为研究对象,专门研究发展中国家如何实现现代化的,这也是发展研究中最迫切、最重要的问题,"追求最理想的发展,把可能的发展变成现实的发展"是发展中国家努力的方向。

发展研究从单一学科研究转向跨学科研究,从发达国家学者的专利品转向共同研究的课题,从对发展中国家的专门研究转向对不同发展程度的社会形态的研究,从实证科学研究转向综合、抽象的哲学层面的研究,是发展研究的基本走势。①

第二节 什么是发展社会学

作为社会学的一个分支学科,发展社会学是在二战以后兴起的。E·哈根认为:"发展虽是生产率的提高,但这是一个'可以无限延续的连续过程',包括多种多样的促成因素,其中'社会学的因素占重要的地位'。"②以综合、系统研究社会变迁为特征和使命的社会学,在发展研究中扮演日渐突出的角色。发展社会学逐步从"发展研究"中分化出来,到20世纪70年代已初具规模。

一、发展社会学的研究对象

《中国大百科全书》中的"发展社会学"词条把发展社会学定义为:"研究发展中国家的现代化和社会发展的社会学分支学科。"③

狭义的发展社会学是以相对落后的发展中国家的社会、文化以及经济和政治的发展问题为研究对象,主要探讨发展中国家现代化发展

---

① 庞元正,丁冬元:《当代西方社会发展理论新词典》,吉林人民出版社,第8页。
② E·培根:《发展经济学》(英),霍姆伍德1968。
③ 《中国大百科全书·社会学卷》,中国大百科全书出版社1991年版,第49页。

的理论、模式、战略、方针、过程和途径等。① 由此,确定了发展社会学研究对象的时空性。从时间上看,它主要研究18世纪中期以后的社会发展历程,也就是从传统的农业社会向工业社会转型的特定历史阶段,亦即现代化过程。从空间上看,"第三世界"、"发展中国家"、"欠发达国家"、"新兴的民族国家"都是发展社会学研究的具体对象。

胡格韦尔特的《发展中社会的社会学》将社会学的研究对象明确定位于发展中社会的变迁。然而,从内容看包含了帕森斯所细分的原始阶段、原始后期和古代阶段、中间阶段、温床社会和现代社会等五个阶段,涉及到发展中国家内部的和外部的经济、社会、政治、文化等多方面的因素和互动作用。②

韦伯斯特在《发展社会学》的序言中写道:"发展社会学不应当仅仅被看成是关于第三世界的社会学。发展研究者首先要接触到的一般性题目包括:① 明确该国在世界社会经济体系中的位置;② 使人们认识到不能忽视不同社会在经济和文化上所具有的特殊性,在灌输思想的同时,要重视其本身特点对发展的影响;③ 必须研究文化与经济这两个方面对社会发展的影响;④ 从历史上、动态上考察第三世界国家的社会变迁;⑤ 考察社会变迁理论是如何影响政府,特别是第三世界各国政府的发展计划的。"

广义的发展社会学是从全球背景上研究包括发展中国家和发达国家在内的人类社会变迁和发展的一般规律。1995年上海版的《发展社会学》前言中写道:"如果说,社会学是研究社会发展和职能规律的一门学科,那么发展社会学研究的主要对象是发展中国家的社会变迁过程。广而言之,发展社会学还包括对世界历史上的工业化和城市化等社会变迁一般规律的研究。发展社会学的研究范围,往往涉及发展经济学和发展政治学的领域,不过发展社会学主要是从社会整体角度来研究社会不同组成部分之间的关系及对社会发展的影响"。③

《国外发展理论研究》的序言中也写道:"随着世界一体化发展的

---

① 庞元正,丁冬元:《当代西方社会发展理论新词典》,吉林人民出版社,第86页。
② 胡格韦尔特:《发展社会学》,四川人民出版社1987年版,第29页。
③ 王义祥:《发展社会学概论》,华东师范大学出版社1995年版,第3页。

加速,今天任何国家、任何民族都不可能隔离于国际环境之外,孤立地自我发展,无论自觉与否,发展问题都是全球共同的问题。在当今全球发展的格局中,虽然发达国家和发展中国家在发展内容和水平上呈现着显著的阶段性差异,对于发达国家来说,主要回答工业化实现以后社会生活中出现的种种新情况和向后工业社会、信息社会发展的问题,而发展中国家,从不同地区不同国度看,又呈现出多梯度的差序格局。总体上看,当务之急仍是发展经济,实现工业化,推进现代化的问题。而这两方面的任务又是相互关联的,是发达国家和发展中国家的共同任务。"①

因此,发展社会学的研究主题是社会变迁,它从一开始,就不局限于某个专门领域,而是与发展经济学、发展政治学相重合,必然涉及所有的社会因素,这种界限的模糊性正是这门学科的特点。因此,发展社会学的研究超越了发展中国家发展的时空阈限,是一个涵盖社会、经济、文化、心理、政治在内的庞大体系。

具体而言,发展社会学的主要内容有:

第一,发展社会学的基本理论问题,如发展社会学的研究对象、理论基础、研究方法和现实意义等。

第二,从社会层面探讨发展的基本内容,如社会分化与整合、经济发展与社会发展的关系、政治发展与社会发展的关系、文化发展与社会发展的关系等。

第三,发展的动态研究,如现代化进程、城市化趋势、发展模式、发展战略等。

第四,发展理论与社会发展,如社会发展的主体、社会发展的根源、发展的方向与速度及衡量标准、发展的类型等。

二、发展社会学的研究现状

发展社会学从它诞生到现在,只有短短 50 多年的历史,其变化之大却是其他社会学领域所无法比拟的。它对解决世界性的发展问题的

---

① 张琢:《国外发展理论研究·序》,人民出版社 1992 年版,第 1 页。

重要性也是不可低估的,这是一门充满希望的学科。

1. 西方的发展社会学研究

综观西方的发展社会学研究,硕果累累,影响深远。首先,研究机构众多,既有官方的研究机构,也有民间的学术团体,既有国际性的发展研究组织机构,也有地区性的专业研究机构。其中比较著名的发展研究机构有:联合国及其所属的国际组织机构,如国际劳工组织、世界银行、教科文组织、世界卫生组织、联合国人口活动基金会、联合国大学和社会发展研究所等;美国的赫德森研究所、罗马俱乐部;英国的东安哥拉大学和苏塞克斯大学发展研究中心;法国的未来世界联合会;加拿大国际发展研究中心;瑞典的哈马舍尔德基金会;阿根廷的巴里洛克基金会、经济合作与发展组织;维也纳研究所、国际发展学会等。

其次,流派纷呈。二战以后,西方学者开始重视发达与不发达关系的研究,把发展作为理论热点,各种发展模式、发展战略、发展理论如雨后春笋般涌现出来。传统的发展理论主要有四种:二元结构理论、原因理论、改造理论和克服发达障碍理论。新的发展理论按照比舍尔的观点也有四种,包括依附理论、满足基本需求理论、国际关系结构理论和数学模型理论。此外,还有依附逆转理论、不平等交换理论、依附发展理论等。概括地说,主要有产生于20世纪50年代的现代化理论、发端于20世纪60年代的依附理论和兴起于20世纪70年代的世界体系论。

进入20世纪90年代以来,随着世界经济全球化进程的迅速推进、信息通讯技术的飞速发展以及全球环境问题的突现,发展社会学在继续推进以往研究的同时,也将全球化、以民族国家为载体的区域发展问题、可持续发展问题以及上述问题的相互关系等纳入自身的研究范围之中。原有的理论在解释现实问题时显得力不从心了,至此,西方不再有统一的学说和主导的理论流派,也不可能形成一个系统的理论体系来为发展中国家指明发展道路。

第三,人本化。发展社会学最初"以增长为第一",带有明显的理论思辨性,经不住发展实践的检验。联合国"第一个发展的十年"以"有增长无发展"的结局告终,佩鲁批评经济增长论是由那些忽视甚至排除活动者及其活动的经济学家提出来的,强调要从人的活动及其能力来研究发展问题,提出发展的目的是促进该共同体每个个别成员的个性全面发展。换言之,发展的最高目标是满足人们的基本需求,不断提高人的素质、发掘人的潜力,而不仅仅是 GNP 的增长。因此,人的问题和人的发展成了世界性的"头号发展问题",实现一切人的发展和人的全面发展,是发展的核心所在,人的发展成了社会发展的衡量尺度和标准,特别是平民百姓的发展状况,成了一切发展战略的关注重点。旨在促进人的全面发展的"社会公正"的发展政策、"社会指标运动"、"生活质量运动"都应运而生,成为发展研究中的发展主流。

第四,实用化。发展社会学产生于现实的社会发展的需要,并在实践中不断丰富和完善,所以从它诞生之日起,就冲破了纯学术研究的束缚,融理论研究、战略研究、对策研究为一体。因此,发展社会学的研究不仅受到理论界的重视,也为政府决策提供依据。一方面,社会发展理论研究带有强烈的经验研究和实证研究的色彩,具有鲜明的时代性。如何实现发展,解决发展中的发展问题,满足社会发展的实际需要成为了主要课题;另一方面,设计描述未来社会发展模型也日益受到重视。

2. 中国的发展社会学

中国的发展社会学研究起步较晚,陈一筠最先引进了安德鲁·韦伯斯特的《发展社会学》,作者在书中指出:"通过对中国发展道路的研究,可以更多地了解文化的、经济的、政治的诸多因素在发展进程中是如何相互关联的。"[①]这是中国改革开放以后开先河的国外发展社会学的启蒙读本,影响深远。随后,大量的有关社会发展理论的译著、心得涌现出来,其中,最早研究成果的集中在《国外发展理论研究》一书中。[②]

张静首先对"现代化"的概念进行了界定,区分了诸如工业化与经济增长、近代化、社会进步、西方化等世俗的常见的观念与现代化概念的学术界定的联系与区别;历史地叙述了现代化概念形成的过程,介绍

---

① 韦伯斯特:《发展社会学》,华夏出版社 1987 年版。
② 张琢:《当代中国社会学》,中国社会科学出版社 1998 年版,第 79 页。

了从起源、性质、指标和历史等不同角度对现代化的定义;分析了当时一些现代化概念包含的主要的、典型的前提性假设的理论缺陷;阐述了工业化、城市化、社会结构的分化与整合、世俗化和理性化等现代化的基本的和主要的内容。

严立贤较为系统、简明扼要地梳理了国外发展理论发展的线索,着重分析和介绍了三论的主要发展阶段和理论形态的兴起、基本论点和得失,及其嬗变和兴衰的过程与原因,并就发展的内外因、现代化的共性与个性以及西方发达国家对非西方国家的作用进行了综合分析和评价。

孙立平则就现代化包含的经济、政治、社会、文化等方面的基本要素以及这些要素之间的关系,现代化要素推进的各种时序模式的主要差异,及影响时序模式差异的主要因素和条件进行了比较分析,最后从全球范围,按现代化起步、发展、成功的推进过程,划分为四个时期,分别阐述了世界现代化的阶段性及其特征,并着重分析了"后发—外生型"现代化,尤其当今发展中国家的现代化的特点、条件及所遇到的特殊问题。

从研究历程来看,中国的社会发展理论研究经历了四个阶段:① 从单纯以经济增长为中心向社会全面发展的转变;② 从以物为中心到以人为中心发展的转变;③ 从被动依附向主动型发展的转变;④ 从一个国家的发展到全球发展的转变。

目前,发展社会学无论是理论研究还是实践活动都处于蓬勃发展的阶段。其主要特点在于:① 从学术界对社会发展理论的探索到政府部门、企事业单位对社会发展理论的重视;② 从一般的社会发展理论探讨到社会发展理论的专题研究;③ 从社会发展的定性研究到社会发展的定性定量研究的结合;④ 从社会发展的宏观研究到宏观、中观、微观研究相结合;⑤ 从对社会发展的理论探讨到理论与实际相结合的研究。

当然,中国的发展社会学研究也存在着明显的不足,一是发展理论研究上的不平衡,对于西方的理论引进、吸收得较多,而对于本土理论建设少有实质性的进展;二是研究的广度和深度的不平衡,对于发展政策影响较大的发展问题的研究颇多,而基础理论研究较为薄弱;三是发展研究的动力不足,一般研究活动多由政府机关来推动,发展研究的社会化和民间化不够。

发展是发展中国家面临的主题,也是发达国家面临的主题。因此,以研究社会发展与现代化为主要内容的发展社会学日益成为一门世界性的显学,并日臻完善。

第三节　发展与现代化

发展,可以说是20世纪下半叶使用频率极高的一个概念。发展理论及其发展模式、战略研究,是当代国际范围一股气势恢弘、涉及甚广的学术潮流。但是,发展作为一个概念,在很多情况下是被人作为增长、进步、趋向更完美形式的进化,甚至是作为现代化的同义词而被使用着。《社会科学百科全书》中指出:"在许多人眼里,不管专家们还是外行们都渐渐地公认:发展是一种循序渐进的运动,是一种朝向'现代化'、更科技化和更经济化的'先进社会'形式的运动",尽管"发展"与"现代化"这两个概念都被用作指由前工业社会向工业社会的根本转型,但发展比现代化的内容更为丰富。

一、发展概念

发展一词最早是从生物概念中提炼出来的,指生物个体从小到大,从不成熟到成熟的发生、生长过程,后来被引入社会科学的研究之中。对于发展众说纷纭,孔德认为,"进步"就是发展;黑格尔认为,"发展"有两种含义,第一是潜能,能力是潜在的;第二是自为自在,亦即真在或实在。潜能变为自为自在的过程就是发展。各门学科也都有自己的发展范畴。经济学家关注的是经济的增长,社会学家注意的是社会生活的进化,而发展社会学意义上的发展概念,是二次世界大战以后随着发展研究产生的。

1. 发展的定义

发展作为第三世界的迫切问题被提上联合国的议事日程。联合国先后提出了"十年发展规划战略","发展"一词成为了国际生活中的通用术语。然而,发展是一个外延广泛的概念,"国际发展问题独立委员会"在《争取世界的生存》的报告中写道:"要给发展下一个使人人都满意的定义是永远做不到的。"下面介绍几种代表性的说法:

(1) 发展是经济增长。传统意义上的发展,指的是经济领域的活动,表现为经济增长,即产值和利润的增长、物质财富的增加。如美国经济学家刘易斯就将发展等同于增长,即"总人口人均产出的增长"。希金斯认为,发展是在不同职业集团和社会集团中广泛分享的总收入和按人口收入的增加。联合国第一个发展十年(1960—1970)开始时,当时的秘书长吴丹也概括地提出:"发展=经济增长+社会变迁"这一广为流行的公式,事实上也是以经济增长为核心的。经济增长是发展的必要条件,但是,一种经济增长如果随时间的推移不断地使人均实际收入提高,却没有使它的社会和经济结构得到进步,就不能被认为是发展。

(2) 发展是全面进步。早在 1912 年熊比特在《经济发展理论》中就指出:"我们所指的'发展'只是经济生活中并非从外部强加于它的,而是从内部自行发生的变化。"在他看来,发展是社会经济系统的内部变化,这种变化不仅是经济在量上的增长,而且是一种质变。[①] 换言之,发展是建立在经济基础上的社会多维变化。海卡尔认为,发展不只是建立几个工厂,而是国家生活的所有方面并行发展的综合过程。苏珊·乔治也曾指出,发展是超脱于经济、技术和行政管理的现象。发展应该是一个很广泛的概念,它不仅表现为经济的增长,国民生产总值的提高,人民生活水平的改善,还表现为文学、艺术、科学的昌盛,道德水平的提高,社会秩序的和谐,国民素质的改进等。

(3) 发展是人类有目的的行动。胡格韦尔特曾指出:"社会生产能力的扩大和物质生活水平的提高才成了一切发展模式的目标。因此,作为行动的发展主要是主张促进经济的发展。但是,各国领导、决策人、基层代理人以及外国顾问同时也都认识到,为了达到这一目标,

---

① 熊比特:《经济发展理论》,商务印书馆 1990 年版,第 70 页。

包括经济的整个社会文化结构也都需要改变。因而,作为行动的发展又意味着经济增长和社会变迁的人为工程学。"[①]如果发展的标准和方法仅仅是以物质上的改善为目标,那么,发展这种致力于人类幸福的进程是不可能取得成功的。

（4）发展是人的发展。发展经济学家纪芬蒙认为,发展就是人的基本需要逐步得到满足的演进过程,是人的才能增长和臻于完满。佩鲁也认为,发展只是提高人性的一种手段。这种观点也体现在联合国的发展计划之中。1970年10月通过的第二个发展十年（1970—1980）的大会决议中,提出了"发展的最终目标必须是为了使个人的福利持续地得到改进,并使所有人都得到好处。要求由一个发展中国家和发达国家在经济与社会生活中——在工业与农业、贸易与财政、就业与教育、卫生与居住、科学与技术等领域中——采取以共同和集体行动为基础的全球发展战略"。因此,人的发展表现为两个方面:即人自身的发展和为人的发展创造条件,如营养、工作、住房、保健、教育、人权和社会参与。在 John P. Holdren 等人看来,发展必须解决的问题是:① 消除贫困;② 改善环境;③ 消除战争的可能性;④ 保障人权;⑤ 避免人的潜力的浪费。

（5）发展是可持续性的过程。1987年联合国环境与发展委员会公布的《我们共同的未来》的报告,首次给"可持续发展"下了一个定义,即"满足当代人的需要,又不对后代人满足其需要的能力构成危害的发展"（WCED,1987）。它包括两个关键性概念:一是人类需求,特别是世界上贫困人民的生存需求,这些基本需求的满足在人类发展中被置于优先地位;二是限度的概念,主要是自然环境的限度。它意味着自然界支持当代人和后代人生存的能力。世界观察研究所在《全球预警——1990年世界形势评述》中提出,一个持续发展的社会应是一个在满足自身当前需求时不牺牲后代利益的社会。这个社会内含着一种责任感,它要求每代人都能保证其后代继承的是一份自然资源不曾匮乏、经济活力不曾削减的遗产。可持续发展体现了当代人的需求与后

---

① 胡格韦尔特:《发展社会学》,四川人民出版社1987年版。

代的利益及人类长远利益的有机统一。

（6）发展就是现代化。缪尔达尔在《亚洲的戏剧：对一些国家贫困问题的研究》中指出，发展意味着从"不发达"中解脱出来和消除贫困的过程，发展意味着整个体系的向上运动。这其实是把发展看作是一个摆脱贫困、实现现代化的过程。他在《贫困世界的挑战》中还认为，发展的基本价值就是现代化理想的价值：理性思想、发展和组织发展活动、提高生产率、提高生活水平、完善体制和使个人臻于完善、巩固民主结构和加强社会纪律。伯格认为，发展通常被视为是"成长"或"现代化"的同义词，一言以蔽之，发展意味着"良性"的成长和可以实现的现代化。

近年来，发展概念本身不断发展，不存在一个标准的、终极的发展定义，尽管社会科学界对于什么是发展以及如何发展还存在着很大的分歧，但也取得了一些共识：① 不应该把发展简单地理解为经济范畴，它也是一个社会范畴和人文范畴；② 经济增长是社会发展的有效手段，但不是人类社会发展的全部目标；③ 随着全球一体化趋势的日益明显，各国的发展已不是孤立的，因此，不但要注意国内的发展步伐，也要注意全球的协调发展。① 总之，发展具有双重含义，既指人类社会随时间的推移由低级状态向高级状态的变迁，又指向某种既定目标的有意识的行动。从时间向量上说，发展概念既可以是对历史变迁的描述，又可以是对未来历史前景的设计和预测。"发展"一词，无论如何理解，它首先或至少都应包含有人类物质财富的增长和人群生活条件改善等多方面的含义。"为了实现这一点，经济增长和工业化是必不可少的。但是，如果忽视了增长的质量，也不注意进行社会改革，就谈不上什么发展。"②简言之，既要"经济繁荣"，又要"社会进步"。

2. 发展观的演变

自发展研究问世以来，对发展问题的理解不断被拓宽和丰富，发展思想的起源与演变，反映了人们对当代世界史认识的不断深化。③ 概括地说，人们对发展的认识经历了以下阶段：

---

① 罗荣渠：《现代化新论续篇》，北京大学出版社1997年版，第3页。
② 勃兰特：《争取世界的生存》报告。
③ 罗荣渠：《现代化新论续篇》，北京大学出版社1997年版，第1页。

(1) 把发展等同于工业化过程中的经济增长。

这一观点的主要特征是,对发展做了"经济性规定"、"经济化倾向"突出;①主要内容包括:"工业文明观"、"经济增长观"。他们提出,应以工业增长作为衡量发展的惟一尺度,把一个国家的工业化进程看作现代文明的重要特征。他们认为,一国在达到年人均国内生产总值500美金的水平以后,仍能以本国的力量维持每年5%—7%的增长率就是发达国家。

这种传统的发展观实质上是一种经济增长战略,希冀通过经济单项突破的"涓流效应"和"扩散效应"来带动非经济部分的发展和社会福利的增进。认为GNP的提高无疑会自动改善人民的生活水平,最终可以消除贫困现象;经济发展有助于社会的稳定和社会民主化;经济发展了,也有利于平均分配消费的前提,社会的其他目标也就自然实现了。如在联合国第一个十年发展计划中规定,其发展目标是不发达国家的GNP年度增长率最低为6%,并希望较贫困国家能通过经济增长来改善人民的生活条件。

沿着这一思路走下去,到20世纪60年代以后,环境的破坏和污染严重了。特别是20世纪70年代初,石油输出国组织提高油价的行动在发达国家引发了一场"石油危机"。人们终于意识到经济增长与环境的矛盾,意识到环境污染对人类生活的危害。人们开始对传统的发展观产生了怀疑。米香在《经济增长的代价》中提出:"西方的继续经济增长将使我们进一步失去美好的生活。"

传统的经济增长观的缺陷在于:一是认为物质财富增长所依赖的资源在数量上是不会枯竭的。实际上,以GNP为中心的发展将受到资源的限制,由于资源的潜力总是有限的,发展中国家很难获得足够的资源以保证这种发展。二是没有顾及到自然和环境方面的代价问题。佩鲁认为,经济增长论是由那些甚至排斥活动者及其活动的经济学家提出来的,强调要从"人的活动及其能力"来研究发展。三是GNP的增长并没有真正消除贫困。由于这种增长并不意味着财富的平均分

---

① 庞元正,丁冬元:《当代西方社会发展理论新词典》,吉林人民出版社,第8页。

配,反而有可能造成贫富的两极分化。四是 GNP 的增长并不能保证人民真正得到幸福。这种纯经济的增长往往伴随着营养不良、失业等现象的增加。

进入 20 世纪 70 年代以后,人们开始对经济增长观的各种弊端以及一系列无法克服的问题进行全面反思。1969 年到 1975 年,美国人率先建立包括社会、经济、文化、环境、生活等各项指标在内的新的社会发展指标体系。第一次冲击了以单一的 GNP 为中心的"发展=经济"的经济学发展观。另一方面,形成了各种各样的"变通发展战略",其中最有影响的是国际劳工组织在 1976 年于日内瓦召开的世界就业大会上提出的"基本需求理论"。这种理论认为,发展的主要目标是满足人民的基本需要,衡量发展程度的主要指标有五个方面:即基本必需品的消费量、收入和分配的均等程度、识字率、健康水平和就业状况。这一理论的出现,代表着发展观的演变,即从"经济增长第一"转到注重人的全面发展和文化道德价值。驹井津认为,评价发展必须有一定的价值前提,社会发展的五个关键价值因素是坚持平等原则、根除贫困现象、确保真正的人类自由、维护生态平衡和实现民众政治参与,不能背离这些原则去追求经济增长,应从过去的"增长第一"转向"发展第一"。

与此同时,罗马俱乐部在 70 年代为批判以"经济增长"为中心的发展观而提出一种"增长极限论"。增长极限论认为,经济增长已临近自然生态极限,谴责技术对环境的破坏。罗马俱乐部跳开了经济角度,开辟了认识未来和发展的新角度。

(2) 把发展看作是整个社会结构的变革过程。

这一观点的主要特征是对发展做了"社会性规定",立足于从社会的整体理解来界定发展,社会化倾向突出。认为现代化就是西方化,强调欠发达国家要走西方国家的发展道路。弗农·V·阿斯巴图认为,"现代化与西方化这两个概念之间有着不可分割的联系,在某些方面的增长水平和速度接近西方国家的时候,社会就成为现代化的,或西方化的"。[①]

[①] 《现代化理论研究》,华夏出版社 1989 年版,第 83 页。

沿着这一思路下去,许多发展中国家片面追求工业化,有的大举外债,有的采取高积累政策,降低人民生活水平,造成了社会矛盾尖锐、贫富差距悬殊、政局动荡不安。

这种社会变革观的缺陷在于:一是忽略了自身的发展特色和内在转型。这种观点是线性的。它假设只有一条单一的轨道供所有的国家循其发展。那些在这一轨道上落后的国家所面临的挑战就是要赶上其他国家,于是最便利的发展方法就是仿效那些走在前面的国家,忽略了社会、政治、文化等方面的协调发展。

针对这种西方工业化的发展模式,拉美一些学者把政治变革作为实现发展的主要途径。他们认为,人类和谐发展的当前障碍不是严格意义上的物质或经济障碍,而主要是社会、政治障碍。他们的目标是建立一个平等的社会,在这个社会中,每个人都有满足其基本需要的权利。实现这个目标要靠政治决策。显然,这是一个带有理想主义色彩的设想,单靠政治决策是否能解决贫富差距问题还有待实践检验。

(3) 将发展看作是各社会要素的平衡和谐。

这一观点的主要特征是注重人和自然环境的协调。内容包括:持续发展观和综合发展观。

欧美一些经济学家组成的"新经济学研究会"(TOES),提出了他们的新经济学,又称生存经济学。认为西方的工业化模式已走入绝境,他们强调健康的经济发展应建立在生态持续能力的基础上。因此,他们又把这一学派的发展观称作"持续发展观"。持续发展观重视与自然界的协调发展,重视改革社会关系,改革权力结构,提倡社会公正,提倡人民参与,也隐约地把个人的充分发展当作追求的目标。

综合发展观认为,发展应当是整体的、综合的。他们提出了人与人、人与环境、人与组织、组织与组织的新主题,把发展看作是以民族、历史、环境、资源等条件为基础的,具体说来,包括经济增长、政治民主、科技水平提高、文化价值观念变迁、社会转型、自然协调、生态平衡等多方面的因素。如联合国第二个十年发展计划指出:"发展的最终目的是为所有的人民能更好地生活提供日益增多的机会,其实质就是对收入和财富实行更平等的分配,以促使社会公正和生产效率,提高实际就业水平,更大程度地保证收入并扩大和改善教育、卫生、营养、住房及社会福利设施,以及保护环境。因此,社会性质和社会结构的变迁必须同迅速的经济增长并驾齐驱,而且应切实减少现存地区、部门和社会内部的不平等。这些目标是发展的决定性因素和最终结果,因而它们被看作是同一动态过程的合成体……"

（4）把发展看作是人的需求得到满足、人性自我实现的过程。

这一观点的主要特征是注重人的主体性,对发展做了人学规定,立足于从人的发展的理解来定义发展,"人化倾向"较为突出。认为人是经济人、社会人和文化人的有机整合,既强调人本身的综合发展,又提倡人际间的平等发展和可持续发展。主要内容包括：可持续发展观和科学发展观。

1992年6月,巴西里约热内卢召开的联合国环境与发展大会通过了全球《21世纪议程》,着重阐明了人类在环境保护与可持续发展之间应做出的选择和行动方案,提供了21世纪的行动蓝图,涉及与地球持续发展有关的所有领域。可持续发展观将人的能动作用放在中心位置,重视人类的自身发展、教育以及建立使协同工作更加有效的体制。

科学发展观是在中共十六届三中全会的决定中正式提出的,坚持以经济建设为中心,坚持以人为本,坚持可持续发展,强调"统筹城乡发展、统筹区域发展、统筹经济社会发展、统筹人与自然和谐发展、统筹国内发展和对外开放",推动社会进步。科学发展观突出了发展是一个以人为本的、可持续的过程,发展是整体性的、统筹的协调过程。

综观现代发展观的演变,有以下特征：一是对发展的认识,是一个由片面和表面认识阶段逐步发展到全面而又深入的认识阶段,从经济增长到经济发展,从经济发展到社会发展、综合发展。在这之中对发展的规定逐渐非经济化并趋向人化,突出了发展的人文主义特征,把人的发展确定为发展的根本目标；二是经历了一个从进步方面看待发展到从代价角度理解发展的过程,逐渐突出发展的价值特征,把发展越来越看作是通过付出和扬弃代价以寻求再生之路的过程；三是突破欧洲中心论,强调发展道路的多样化。

二、什么是现代化

在分析复杂社会的发展方向时,现代化的概念相对于进步、分化、理性等概念,相对于两次世界大战之间的文化社会学而言,首先被人们接受。现代化的概念可以追溯到韦伯的"合理化"概念,由于他的这一概念的西方独特性,现代化就与西化在涵义上是一致的,但它并不带有"化"的价值诉求,带有资本主义价值理念诉求的现代化的出现,是在二战以后。① 国际上第一次认真而系统地讨论现代化问题是在1960年的日本箱根。②

1. 现代化的界定

20世纪60年代,欧美国家推出了一批后来以"现代化理论"命名的研究著作。它首先是从经济史学中发轫,围绕着"经济增长"这一中心问题,试图将"现代化"这一概念的基本内涵确定下来。与此同时,社会学家也围绕着"工业化"而展开对现代化的讨论。什么是现代化,如何确切地理解现代化的涵义一直是困扰学者的难题。费正清在《剑桥中国晚清史》(下卷)前言中写道:

> 更为严重的问题在于现代化一词所固有的高度概括性。我们认为现代化一词是对各种进步思潮的概括,这在社会科学的各个学科——包括历史在内——都有具体的例证。——但历史资料既然如此混乱……把形容词"现代的"升级而成为"现代化"这一抽象的统一体,真能提高我们的理解吗?这个术语有可能成为一只方便的篮子,像"生活"这个字眼那样,拿来盛放许许多多基本上不知其为何物的东西,未经译释的信息和没有解答的玄理。③

现代化一词的确切含义至今未有一致性的看法,更没有公认的定义,许多内容被不断更新、丰富。归纳起来,主要有以下几种说法:

---

① 参见艾森斯塔特:《现代化:抗拒与变迁》,人民大学出版社1989年版。
② 《现代化理论研究》,华夏出版社1989年版,第83页。
③ 费正清:《剑桥中国晚清史》下卷,中国社会科学出版社1985年版,第5—6页。

(1) 把现代化看作是工业化。早期的社会理论中,现代化泛指一个非工业化社会向工业化社会的转变所经历的社会变动过程,有时也把工业化理解为技术和经济的发展。结构功能主义学派把现代化看作是资本主义化或工业化。帕森斯认为,西欧从17世纪开始朝民主和工业化发展时,产生出了现代化社会,并且现代化是一个从西方开始向世界扩展的普遍过程。在这种思潮影响下,许多发展中国家把工业化与现代化等同起来,实行"增长第一"的战略,以为经济增长了,其他目标都可以实现了,"一个新的高潮正在形成之中,即使在有些国家还没有搞工业化,也把工业化列入其奋斗目标,特别是那些希望巩固其国家独立,要同先进国家进行竞争并提高国民收入水平的新兴国家领导人物,尤有迫切感"。① 但结果事与愿违。

与工业化密切相关的是世俗化与城市化。世俗化是理性化在宗教方面的具体表现。世俗化是理性拒斥信仰的结果,意味着人们对现世幸福的追求与肯定。城市化指的是农村人口不断转向城镇,使城镇人口不断集中并伴随相应的社会结构变化的过程。伴随农村人口向城镇迁移时,农业人口不断向非农业转化,居民的生活方式、交往方式、社会心理与价值观念都不断发生变化。

把工业化、世俗化、城市化等来形容现代化,并不能反映现代化的全貌。工业化是现代化的主要特征,带来了社会的巨大变革,对发展中国家影响很大,但它只是现代化的一个方面;世俗化是一个与现代化同步的过程,但决不是现代化。而城市化是现代化外在重要的表现特征。

(2) 把现代化看作是西方化。艾森斯塔特认为,"从历史上看,现代化是一个朝着欧美型的社会、经济和政治系统演变的过程,这一过程于17世纪至19世纪就在欧美各国完成了"。西方发达国家是现代化的先行者,它们为发展中国家提供了现代化的参照目标。但后发国家并不能完全模仿西方发达国家,只有从本国实际出发,制定出符合自己国情的发展计划和发展战略,才能立于不败之地。早在1914年库珀就

---

① 汤姆·肯普:《现代工业化模式——苏、日及发展中国家》,中国展望出版社1985年版,第13页。

在《东方正在现代化》中写道,东方各国的现代化将是东方的,而不是西方的;在东方现代化的过程中,西方能给予帮助,尽管它决不可能使东方真正现代化。——但东方能够而且将会自己实现现代化。特别是日本等国崛起成为世界经济大国后,西方化的说法已经过时了。用现代化概念来取代西化概念,绝不是一个修辞上的问题,而是对观察现代世界的"西方中心论"的修正和突破。①

(3)把现代化看作是社会变革过程。按照这种看法,人类社会在现阶段发生的剧烈变化,不仅限于经济领域,同时也是知识增长、政治发展、社会动员、心理适应等各个方面。这种观点的解释因人而异。罗兹曼认为,现代化是一个在科学和技术革命影响下,社会已经或正在发生着变化的过程。勒纳认为,现代化是一个旧的社会的变革过程,这个过程是较落后的社会获得较发达的社会共有特征的社会变革,它是国际间或社会之间的交流触发的。里格斯认为,现代化是一个较高开发的社会对较低开发的社会的冲击而产生的种种变迁过程,是一个社会缩小它自己与其他更为先进强大或更有声威的社会之间的文化、宗教、军事或技术的差距的变迁过程。这种注重社会的观点不是着眼于工业化的纯粹经济属性,而是注意社会制度即结构与工业化和经济发展的关系。

(4)把现代化看作是一种心理态度、价值观和生活方式的改变过程。韦伯认为,欧洲资本主义的兴起与发展"归根到底,是合理的常设企业、合理的核算、合理的工艺和合理的法律,但也并非如此而已。合理的精神,一般生活的合理化以及合理的经济道德都是必要的辅助因素"。帕森斯认为,"关于理性不断增加的规律的概念是关于行动体系的基本概括",现代化就是人类对自己的自然环境和社会环境合理性的控制的扩大。② 按照这种观点,现代化就是合理化的过程,对于发展中国家来说,这一过程不是自然演进过程,而是不断采借、移植、吸收、利用的过程。

(5)把现代化理解为文化变迁。富永健一在《现代化理论今日之

---

① 罗荣渠:《现代化新论续篇》,北京大学出版社1997年版,第19页。
② 罗荣渠:《现代化新论》,北京大学出版社1997年版,第15页。

课题》中写道:"我在把工业化理解为社会的技术和经济发展,把现代化理解为社会的政治和文化发展这点上,沿袭了本尼迪克斯的术语。另外,我又接受帕森斯的理论,认为工业化和现代化是在实现扩大愿望的机会(个人层次)和增强社会系统对环境的适应能力(社会系统层次)的过程中进行的,并把它理解为社会进化。"无疑,理解现代化为社会进化远不及理解为文化变迁来得贴切,因为文化比社会更能给个人以实现愿望的丰富机会,也只有更新文化才能增强社会系统对环境的适应能力。

2. 现代化的内涵

现代化是一个包括经济、政治、社会、文化等诸多方面的巨大复杂的系统工程,它包含两层含义:

第一,现代化是静态的,即指"现代性",其涵盖现代社会的一切特征,在此不妨借鉴箱根会议所确定的八项标准:① 人口相对高度集中于城市之中,城市日益成为社会生活的中心;② 较高程度地使用非生物能源,商品流通和服务设施的增长;③ 社会成员大幅度地互相交流,以及这些成员对经济和政治事务的广泛参与;④ 公社性和世袭性集团的普遍瓦解,通过这种瓦解在社会中造成更大的个人社会流动性和更加多样化的个人活动领域;⑤ 通过个人对其环境的世俗性和日益科学化的选择,广泛普及文化知识;⑥ 一个不断扩展并充满渗透性的大众传播系统;⑦ 大规模的制度的存在,如政府、商业和工业等,在这些制度中,高层管理组织不断成长;⑧ 在一个单元(如国家)控制之下的大量人口不断趋向统一,在一些单元(如国际关系)控制之下的日益增长的互相影响。①

第二,现代化是动态的,即"化"现代性,指从传统社会向现代社会的转化,对于这一过程,五六十年代流行的看法是:① 现代化是有个彻底的转变过程,必须从经济、政治、社会、文化等方面彻底改变这个社会;② 现代化是一个系统的过程,涉及到社会各个领域、各个方面的嬗变;③ 现代化是一个长期的过程,它不可能在短期完成;④ 现代化是

---

① 布莱克:《比较现代化》,上海译文出版社1989年版。

一个阶段性的过程,从传统开始,以现代告终;⑤ 现代化是一个内在的过程,必须具有内部动力和条件才能得以发生;⑥ 现代化是一个全球化的过程。从欧洲开始,通过传播等途径扩散到全世界;⑦ 现代化是一个趋同化的过程,现代化程度越高,各社会在各方面的相似性程度也就越高;⑧ 现代化是一个不可逆转的过程,各国各领域现代化的速度可以不同,但总的方向却不会不同;⑨ 现代化是一个进步的过程。现代化增加了人类在各方面的福利。[1]

综上所述,现代化至少应包含以下内容:① 工业和服务业在社会中占有绝对的优势并起着主导作用;② 社会结构的分化,社会功能的整合过程;③ 政治结构革新和政治参与扩大的过程;④ 文化价值观的转变和人的素质的提高。当然,现代化本身是一个动态的过程,因此,它不可能,也不应该有一个固定的模式。然而,无论如何,现代化的最终目的只有一个,即提高人民的生活水平,提高人的生活质量是社会发展的终极目标。

3. 发展与现代化的关系

尽管不同的发展理论在使用发展概念时各有侧重点,但还是普遍认同:发展是从传统农业社会向现代化社会的转变,也就是现代化的过程。亨廷顿在《难以抉择——发展中国家的政治参与》一书中,把"发展"与"现代化"两个词等同起来,认为发展就是"表示与从相对贫穷的乡村农业状态向富裕的都市工业状态转变的社会运动相联系的社会、经济、心智、政治和文化变迁的总过程"。

米尔达尔则认为,"发展"的基本价值就是现代化理想的价值:理性思想、发展和组织发展活动、提高生产率、提高生活水平、完善体制和使个人臻于完善、巩固民主结构和加强社会纪律。[2]

扎普夫也将现代化理论的核心归纳为研究如何提高系统的能力以及随之而来的结构变动,即研究发展问题,包括六个方面的内容:① 经济发展:人均国民生产总值的增长以及产业结构的变化;② 政治

---

[1] 谢立中、孙立平:《二十世纪西方现代化理论文选》,上海三联书店2002年版,第3—4页。

[2] 米尔达尔:《贫困世界的挑战》,1971年,第39页。

发展：国家和民族的形成和加强及政治能力的增强；③ 文化发展：韦伯所指的世俗化和合理化，或帕森斯所说的从分散性、亲缘关系相普遍性和业绩论过渡；④ 社会流动化：大多数群众从狭隘地区性生活方式中解放出来；⑤ 心理流动化：追求业绩和成功的愿望以及黑格尔所说的创造性个性的形成；⑥ 国际阶层化：由力量平衡向金字塔式的、分极的世界体系过渡。

从这个意义出发，发展与现代化基本上是同一个概念，但二者之间仍有细微的差别，吴忠民把它归结为：第一，发展不仅仅是指传统社会向现代社会的迈进，还包括现代社会的继续完善；第二，发展侧重于动态的现代化过程，而现代化即指现代化过程的结果和现代化过程的目标。[①] 换言之，现代化是指17世纪开始的以工业革命为标志的社会变迁，具有时间限度，而发展则是个无限的延续过程。当然，在本书的后面章节的论述中，发展和现代化被看作是同义词。

20世纪是发展的时代。国际性的"发展努力"、"发展规划"成为了二战以后社会发展运动的主流；发展作为社会目标，甚至是个人目标，在全球范围内获得了认同；发展理论及其发展模式的研究，也异军突起，成为显学。然而，正如一些评论所说，发展理论本身还处于"欠发展状态"。当人类进入21世纪以后，无论是发展中国家，还是发达国家，都面临着各种严峻的发展问题，如贫富不均、冲突升级、环境破坏、价值失落等等，这些问题不时将发展的神话一一击碎。诚如卡尔多所指出的，发展能够创造公平和讲究人道社会的神话业已破产。[②] 以西方发达社会为模板的发展模式受到了越来越多的质疑和挑战。

发展社会学将促使我们正视发展中的社会学问题，诸如什么是发展？为什么要发展？为谁而发展？除了现代化和工业化外，有没有另类的发展轨道？这些问题的思考有助于我们反思现代化发展的合理性问题，帮助我们看到发达国家与发展中国家在经济、社会、科技以及个体发展之间存在着的紧密关联，从而引导我们把发展的危机看作是社

---

① 吴忠民，刘祖云：《发展社会学》，高等教育出版社2002年版，第3页。
② 1985年12月在"只要世界和平"（Just World Peace）会议上发表的评论。

会变迁的动力因素,系统而综合地研究社会变迁。

思 考 题

1. 发展研究为什么会兴起并成为一门显学？
2. 发展社会学的研究对象是什么？
3. 社会变迁的基本理论观点有哪些？
4. 发展和现代化有何异同？

相关阅读书目

（英）安德鲁·韦伯斯特著:《发展社会学》,陈一筠译,华夏出版社1987年版

胡格韦尔特:《发展社会学》,四川人民出版社1987年版

王义祥:《发展社会学概论》,华东师范大学出版社1995年版

张琢,马福云:《发展社会学》,中国社会科学出版社2001年版

吴忠民,刘祖云:《发展社会学》,高等教育出版社2002年版

布莱克:《比较现代化》,上海译文出版社1996年版

亨廷顿:《现代化：理论与历史经验的再探讨》,上海译文出版社1993年版

佩鲁:《新发展观》,华夏出版社1987年版

第一章
现代化的世界进程

现代化,是一个解说历史发展过程的范畴。从世界历史的进程上看,现代化过程,开始于西欧,它是指18世纪工业革命以来人类社会所发生的深刻变化,包括从传统社会向现代社会、传统经济向现代经济、传统政治向现代政治、传统文明向现代文明转变的历史过程及其变化。它既发生在先进国家的社会变迁里,也存在于后进国家追赶先进国家的过程中。

第一节 世界现代化浪潮

从16世纪起,西欧社会开始发生根本性的变革:大工业的诞生、世界市场的形成、大城市的建立……与此相应的,资产阶级革命相继在西欧各国发生,在这一系列的变革中,封建社会逐渐崩溃,一个崭新的现代社会就此出现了,这是由欧洲及欧洲人移民后裔组成的国家构成的"文明世界"。

一、第一次现代化浪潮

现代化的第一次浪潮始于18世纪中期至19世纪中叶,西欧各国(如英国、荷兰、比利时、挪威、瑞典、丹麦、意大利等)及部分海外殖民地(如美国、加拿大、澳大利亚、新西兰等)率先进行社会各方面的变革。这次浪潮的物质基础是煤和铁。私有制、市场导向、渐进变革是这一波浪潮的基本特征。

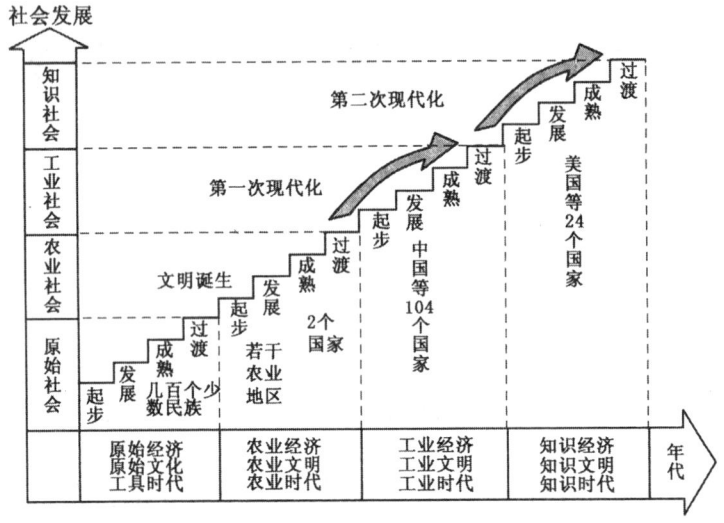

图 1.1 2000 年世界现代化进程

(资料来源:何传启:《世界现代化百年回顾与展望》)

由蒸汽机带动的工业革命把每十年的人均 GNP 增长率从 1% 提高到 10% 以上,从而使西欧和北美在 19 世纪实现了从农业社会向工业社会的转变。对工业革命和大工业所带来的社会巨变,马克思、恩格斯早有深刻揭示:①

> 英国自上一世纪中叶以来所发生的变革,却比其他任何国家所发生的变革都具有更重大的意义;这种变革愈是无声无息地进行,它的影响也就愈大;因此,在实践上它一定会比法国的政治革命或德国的哲学革命更快地达到目的。英国发生的革命是社会革命,因此比任何其他一切革命都更广泛,更深刻。人类知识和人类生活关系中的任何领域,哪怕是最生僻的领域,无不对社会革命有所影响,同时也无不在这一革命的影响下发生某些变化。

---

① 《马克思恩格斯全集》第 1 卷,《英国状况》,第 656 页。

他们认为大工业首次开创了世界历史,这种世界历史意识也就是一种现代发展意识。① 马克思写道:

> 它(大工业)首次开创了世界历史,因为它使每个文明国家以及这些国家中的每一个人的需要的满足都依赖于整个世界,因为它消除了以往自然形成的各国的孤立状态,它使自然科学从属于资本,并使分工丧失了自然性质的最后一点痕迹。它把自然形成的关系一概消灭掉(只要这一点在劳动范围内可能做到的话),它把这些关系变成金钱关系……大工业到处造成了社会各个阶级间大致相同的关系,从而消灭了各民族的特殊性。②

工业革命不仅引起生产方式的革命,还引起了交换方式的革命,带来了世界市场的扩大与密集的全球贸易网,世界范围内的生产与贸易的区域性分工开始形成,以西欧国家为主导的资本主义政治经济体系逐步确立起来。世界各大文明区的发展差距开始拉大,显示出中心发展和边陲衰退的两极分化格局。

如果说工业革命开启了西欧社会现代化进程的经济潜力,那么,政治革命为其发展提供了内聚力。1688年英国发生的"光荣革命"确立了君主立宪政体,并以宪法的形式限制了王权,确立了国会的立法权;1789年法国《人权宣言》的发表,使自由平等的原则、法制原则和主权在民的原则确立起来,还规定了立法、司法、行政的分权,奠定了政治民主化的基调。1783年美国通过的《独立宣言》承认和保障了人民的权力,确立了资产阶级民主原则和共和政体。③

综观这一时期的现代化发展,具有以下特点:

(1) 现代化发展主要靠内生和创新,即现代化的内生性和原创性。

孙立平等学者认为,西欧最初现代性因素的来源,主要来自古希腊、古罗马及中世纪"城市国家"中的前现代社会中的现代性特质,主

---

① 罗荣渠:《现代化新论续篇》,北京大学出版社1997年版,第23页。
② 《马克思恩格斯选集》卷一,人民出版社1975年版,第67页。
③ 吴忠民,刘祖云:《发展社会学》,高等教育出版社2003年版,第28页。

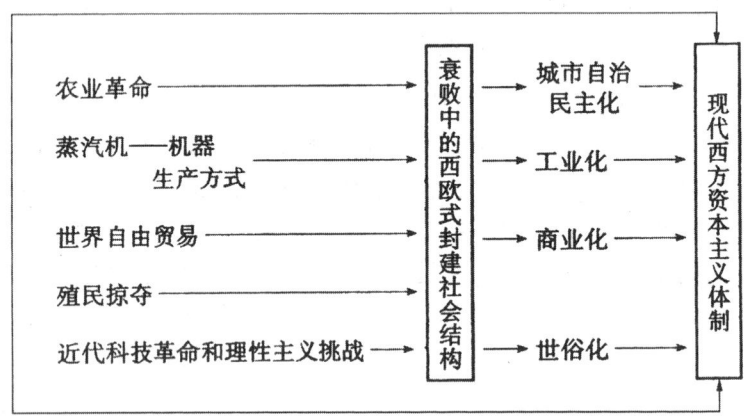

图1.2 早期西欧国家现代化的一般进程

(资料来源:罗荣渠:《现代化新论》)

要包括:① 一种特有的理性经济形式。这种经济不是以消费、威望和权力为目标,而是强调生产本身,这是形成一种"自我维持增长型"经济的最关键因素。② 以自治和契约为特点的政治模式。在古罗马时代,帝国中央政府的规模很小,于是城市自治便发展起来。韦伯认为,正是由于这个特点,使西方城市国家能建立起真正的公民共同体。这是一种平等的团体,具有独立自主的法人地位。这是近代西方民主政治的前身。③ 古罗马的理性的、普遍主义的法律。现代化的一个重要方面就是建立一种以普遍主义为特征的行为规范体系,这种规范体系不仅形成一种新型的人与人的关系,而且是现代社会制度得以运行的最基本的条件。①

西欧现代化发展的内生性和原创性是联系在一起的,这种原创性主要表现在:技术创新,如水力织布机、水力纺纱机、汽船、火车等技术上的创新。制度创新,如英国在"光荣革命"后所实行的君主立宪制、美国在独立后所实行的联邦制等,美国还建立了现代政党制度,使美国的民主制度成为当时世界上最为完善的民主制度。因此,亨廷顿曾指出,

---

① 张琢主编:《国外发展理论研究》,人民出版社1992年版,第158—159页。

如果说欧洲政治现代化的重点是在权威理性化和结构分化的话,那么,美国政治现代化的特点在于政治参与。"美国对政治独特贡献在于组织民众参政。"①

(2) 现代意义上的民族国家的建立是现代化得以展开的基本前提。

相对而言,西欧诸国民族国家的形成与建立较早,如西班牙和葡萄牙早在15世纪就形成了统一的君主国家,英法在16世纪建立了统一的封建王朝,瑞典也在16世纪中叶推翻丹麦统治建立了统一的国家。而西欧的海外殖民地也是在成功地摆脱了宗主国的统治,建立起独立自主的政府之后而真正走上现代化道路的。美国在1776年爆发了独立战争,此后加拿大、澳大利亚也以较为平和的方式建立了民族国家,为现代化的推进提供了前提。

这些民族国家的建立,对于第一次现代化意义非常。首先,政治上的统一是现代化得以展开的基础性条件。民族国家的形成有利于克服因分裂和割据所造成的混乱,建立起有效的中央集权,加强对社会发展的领导核心力量;其次,有利于经济的发展,一方面,统一的民族国家的形成为经济发展创造了良好的外部环境,另一方面,在消除了地方性差异和保护性措施之后,统一的市场及市场规则逐步建立起来,有利于资源在国家层面上的合理配置,也有利于生产者根据市场需求优化自身的经济活动;第三,有利于增强民族凝聚力,从而最大限度地消除社会发展过程中的干扰因素,成为国家现代化的文化心里基础。②

(3) 资源利用的全球性。

西欧现代化的历史就是一部海外扩张的历史。这种具有历史意义的海外扩张开始于15世纪末期。

海外扩张首先为其现代化提供了资源动力,弥补了先天不足的条件,推动了现代化进程。如哥伦布发现新大陆之后不到半个世纪,西班牙人就征服了印加和阿兹特克人,并从那里掠夺了大量的金银财宝运

---

① 亨廷顿:《变革社会中的政治秩序》,华夏出版社1988年版,第128页。
② 吴忠民,刘祖云主编:《发展社会学》,高等教育出版社2002年版,第28—39页。

回欧洲,弥补了欧洲贵重金属的稀缺,使得普遍货币体系得以建立,这就促进了整个经济的商品化。

其次,海外扩张建立了一种有利于西欧的国际经济格局。从这时候起,西欧各国的经济成为了世界经济中占主导地位的一部分,克服了市场限制、资源限制等的局限性,如第二次工业革命所需的橡胶、铜、石油和铝矾土等原材料是西欧诸国所缺少的,正是借助了有利于西欧的国际经济格局,才得以解决问题。这正如马克思和恩格斯在《共产党宣言》中所指出的:"美洲的发现,绕过非洲的航行,给新兴的资产阶级开辟了新的活动场所。在印度和中国的市场、美洲的殖民化、对殖民地的贸易、交换和一般商品的增加,使商业、航海业和工业空前高涨,因而使正在崩溃的封建社会内部的革命因素迅速发展。"①

西欧建立的这种国际经济新格局,不仅使西方国家成为了直接受益者,而且也成为后来进行现代化国家所必须面对的既成条件。所以西欧的现代化是以牺牲殖民地国家的社会进步为代价的。

(4) 现代化的主要推动力来自民间。

西欧的现代化是一个自然的自下而上的过程,即现代性的不断孕育和成熟主要是在民间进行的。"个人主义的、小规模的家庭型的资本主义,在工业化初期是十分流行的。那时不仅国家没有起什么积极作用。而且资本仍属个人私产,还没有形成团体法人的形式,那时的银行投资方面不起什么作用。"②经济增长主要是由商人和业主推动的,政府干预经济的作用不突出,在农业上有所作为,而对于城市经济却采取自由放任的原则。

政治变革是以扩大个人自由和保障民主法治秩序为取向。在第一批现代化的国家中,许多政治变革都是由民间力量推动的,英国的资产阶级革命、法国大革命、美国独立战争等,都是因下层民间力量的推动而产生的。在民间力量的推动中,知识分子起了中坚作用,主要表现为对新文化的倡导上。欧洲文艺复兴、宗教改革、启蒙运动这些文化变革

---

① 《马克思恩格斯选集》第1卷,第252页。
② 汤姆·肯普:《现代工业化模式》,中国展望出版社1985年版,第9页。

中,知识分子发挥了重要作用,对现代文化的形成做出了贡献。

(5) 现代化的进程比较顺利,没有太大的波动,具有渐进性。

西欧的现代化发展是一种内源性的发展,是传统中的现代性因素不断孕育、成长的结果,表现出缓慢、渐进、稳步的特征。布莱克曾指出:"在率先建设现代化的那些社会中,由于现代性的挑战来自内部,因而转变过程徐徐展开,延续了几个世纪。"他把这一过程归纳为四个阶段:

第一阶段:现代性的挑战。新知识、新观念、新科学技术的挑战,以及制度变革的压力。后发现代化国家则受到外来资本主义经济或军事压力的挑战。这些挑战迫使传统社会开始变化,或者积极改革、或者抵制变革。

第二阶段:现代化领导集团的巩固。国家权力由传统型领袖向现代型领袖手中转移,常常是通过激烈斗争甚至革命的方式实现权力转移。现代化领导人决心实现现代化,与旧的体制决裂、意识形态发生变化,进行土地改革、建立有效政府、居民对国家目标的认同等。评价现代化领导集团的这些基本标准,可称为"政治革命"、"农业改革"和"国家建设"。只有解决了这三个问题,才能说权力从传统领袖手中转移到现代化领袖手中。

第三阶段:社会和经济的转型。社会变成以城市为主,劳动力有农业转移到工业、运输业、通讯和服务业。科学与技术的增长是这一转型的基础。经济和社会转型中,资源集中在民族国家的层次上,而不是集中在地方层次或国际层次上,即实现经济"一体化"而不是地方割据。农民是这一转型中的苦难的承受者。

第四阶段:社会整合。包括范围很广,可以说所有的"分化"必然都需要"整合"。个人同地方的、社区的和其他社会中介结构的联系减弱,同时与城市网络、工业网络的联系加强。整合并不是消灭宗教和种族差别,而是对这种中介性结构的依赖减弱,个人原子化,社会分层化;高程度的整合使共同幸福的压力超过了各种利益集团的差别、对立;意识形态争论不说是完结了,至少争论的范围大大缩小了。①

由于西欧第一批现代化国家,要经过不断的摸索,也由于传统与现代之间的对峙,从现代化的准备,到现代化走上正规经历了一个漫长的社会自然历史过程。以英国为例,从近代统一民族国家的形成,到资产阶级的政治革命,再到工业革命的发生,大约用了 300 年的时间,而且城市的发展速度也相当缓慢,伦敦人口从 100 万增加到 800 万,用了 130 年的时间,而墨西哥城只用了 30 年时间。因此,这种模式的最大特点是,从传统到现代的过渡具有渐进的自发性、稳定性和协调性,即使出现激烈的冲突,也都能在自己的社会机体中得以解决和消化。

而美国、澳大利亚等西欧海外殖民地的现代化,推进得就更为顺利,因为这些国家没有悠久的历史传统,不存在传统与现代间的尖锐冲突。以美国为例,没有经历过中世纪,也没有封建行会制度的存在,只要生产的技术水平提出了要求,工厂制度很快就建立起来了。同样,美国的政治现代化与社会生活其他方面的现代化也都得益于没有传统势力的阻碍,因此,美国政府的中央集权程度远不如英法等国高,而是强调地方政府的作用。

二、第二次现代化浪潮

现代化的第二次浪潮始于 19 世纪中期至 20 世纪初期,这次浪潮的物质技术基础是电与钢铁。由内燃机和电动机带动的"电工技术革命"的经济增长的速度大大超过了第一次工业革命。19 世纪后期,世界经济突飞猛进。西欧北美作为资本主义工业化的核心地区完成了初步的现代化,从事农业的劳动人口一般都降到 40% 以下,形成了世界的发达工业区。到 20 世纪初,美国经济实力超过了英国,多中心的资本主义世界经济体取代了英国的单一中心的地位。卷入这次浪潮的国家有两类:一类是德、俄等处于西欧文化边缘地带的中东欧国家;另一类是中国、日本、土耳其等远离西方文明中心的东方国家。这个阶段开

---

① 布莱克:《现代化的动力》,浙江人民出版社 1989 年版,第 59—78 页。

始现代化的国家并非是内部现代性积累的结果,而是对外部压力的反应,使"西化"或"欧化"成为鲜明的历史发展潮流。

当现代化在西欧和北美取得了巨大的成就以后,一些国家面对先进国家的压力,通过对国内政治、经济等要素的人为改造,自觉地走上了现代化发展的道路。在欧洲,德国经过了一系列的王朝战争,完成了普鲁士王国的统一,走上了资本主义的发展道路。俄国通过废奴改革,开始了资本主义的发展,但在20世纪初又走上了社会主义的发展道路。在非西方文明的各古典文明中心,从埃及、土耳其到中国、日本,在现代化起步之初,大多受到西方东扩的威胁,通过输入工业化的方式开始了防御性的现代化。但是,只有日本通过制度重建迅速进入现代经济的增长阶段,走上了军国主义的发展道路。

这种由外来文明因素刺激而走上现代化道路的国家,其与早发内生型的英美模式有明显的不同:

(1) 实行政治改革,推进现代化是最基本的前提。

与第一批现代化国家所不同的是,第二批国家的现代化发展首先需要一个引进现代性因素的过程,而这一过程在很大程度上是通过实现现代化的政治改革来进行的。

在推进现代化的力量中,主要有三部分人起作用,即政治家和行政官员、有现代化意识的军人以及知识分子。在这三类人当中,越在现代化初期,政府的作用和官员型现代化推进者的作用表现得越突出。例如德国,俾斯麦上台后,将军事现代化放在突出地位,大力扩充军队,推行"铁血政策":"德国不要注意普鲁士的自由主义,而要注意它的权力。南德各邦国若要沉湎于自由主义,没有人将把普鲁士的角色分配给它们!普鲁士应该积极积蓄它的力量并抓住力量以待良机,大好机会已经几来几去了。维也纳条约使我们的疆土被错误地划定,损害了一个健全的政治躯体。我们应该决定各个重大问题,不是用讲演、决议或多数票(它是1848和1849年的错误),而是用铁和血。"[①]在几年的时间里俾斯麦就发动了对丹麦的战争、对奥地利的战争、对法国的战

---

① 尹保云:《现代化通病》,天津人民出版社1999年版,第63页。

争,完成了国家的统一,使德国走上了工业化和军事现代化的道路。

俄国的现代化与18世纪的彼得改革和19世纪亚历山大的废奴改革相联系。彼得大帝的现代化是以数次强迫性的"欧化"或西化为特征:引进西欧人才和技术;改革俄国的军队;采取法国科尔培尔制定的重商主义政策,鼓励出口;创立新的行政体系,取消旧的地方自治机构;文化生活方式西化。事实上,彼得大帝对俄国的发展有两大贡献:一是工业化;二是改进农奴制。到了19世纪中叶,农奴的动乱使"头号大地主亚历山大二世不得不承认,从上面解放比等待从下面推翻要好些"。① 所以,沙皇发出了废奴令。

日本现代化以1868年明治维新为起点,推翻了幕府统治,铲除了地方分裂势力,在中央集权的层次上建立起了推进现代化领导人的权威,迅速发展了资本主义。

土耳其的现代化始于20世纪20年代,土耳其是在奥斯曼帝国解体后建立的共和国,凯末尔等人建立了致力于推进现代化的中央集权政府,为实现现代化发展,废除了苏丹和哈里发制度,建立了新的高层行政机构,并进行了一系列社会文化改革,走上了现代化发展之路。

(2) 现代化是在政府主导下自上而下进行的,政府处于突出地位。

第二批国家的现代化起点较低,但发展却相当迅速,这在很大程度上得益于国家主导型的发展,权力精英深知自己国家的落后,有意地追赶先进国家,由国家权力自上而下地全面干预经济社会生活对社会发展的推动。这可以说是李斯特经济学的应用。

李斯特认为,落后国家的发展应该分为三个阶段:① 对比较先进的国家实行自由贸易,以便使自己脱离未开化状态。② 实行保护政策,以促进本国工业、渔业、航海业和对外贸易业的发展。③ 当财富和力量达到较高的程度后,再逐步恢复自由贸易的原则。在这些阶段中,政府都要发挥积极的主导作用。所以,在李斯特的经济学中,国家干预是在民营企业基础上的干预,国家的任务是为民营企业的发展创造

---

① 《列宁全集》第17卷,人民出版社1959年版,第103页。

条件。①

　　这批国家现代化的共同特点就是人为地加速市场的发育，政府先培植一批私营企业，以便尽快地获得国际竞争力。由于工业化落后，政府在开始时兴办了不少公营企业，如普鲁士的王室产业、日本的幕藩企业和明治政府建立之初通产省办的一些企业，但是，这仅仅是个插曲，政府的介入，特别是由政府直接兴办企业，往往在工业化初期具有重要作用。然而，工业化能否持续下去，还要看政府能否成功地扶持民间力量的发展。如日本在政府兴办企业不久，就将这些企业出售给商人和资本家。在1880年，日本即制定了向私人出售除军火以外的国有工业企业的规定，出售价往往只有投资额的1/3到1/2。同时政府还用给予特权、补助金、借款、赠与等手段来扶植私人企业的发展，这样，在民间形成了工业经济持续发展的基础。

　　因此，概括地说，是政府用"强有力的看得见的手来加强和促进市场经济的运转"。② 政府介入的效果，直接取决于政府自身的能力，包括政府的现代化取向，政府的行政管理能力，政府超越于集团利益的程度等。

　　（3）传统与现代的关系直接影响到现代化的进程与成败。

　　第二批现代化国家的外生性主要表现为：现代化动力来自政府和社会上层精英，其次是现代化中的许多制度文化要素都采借于外部。因此，在现代化进程中始终夹杂着传统与现代的斗争，而现代化能否顺利就取决于现代性能否顺利植入并得以整合。

　　位于西欧边缘的德国和俄国，虽然属于欧洲版图，但其经济、社会和文化中存在着许多不利于现代化发展的因素：

　　首先，其内部封建势力强大，抑制了资本主义的萌芽。封建贵族占有了大量的土地，使农民依附于他们的庄园，农民缺乏人身自由，而封建贵族所得到的租金主要用于奢侈性的消费，而不是用于扩大再生产，使得商人、工厂主等形成中的资产阶级不得不依附于封建贵族。其次，

---

① 参见李斯特：《政治经济学的国民体系》，商务印书馆1997年版。
② 宋丙洛：《韩国经济的崛起》，第253页。

政治上的专制。艾森斯塔特在分析中欧、东欧及中东地区现代化之初的情况时曾指出:"虽然在那些地区也可以发现欧洲传统的某些共同特征,即土地贵族和城镇商业中心的存在,但仍然存在着某些重大差异。在这些地区当中,社会分化和技术发展的一般水平低于西欧。社会等级的金字塔更为陡峭。农民的基础较为广阔,而且远离其他的群体。比较独立自治的都市、宗教、专业或农村等群体数量较少而且软弱,而统治者则比较专制。"① 实际上,无论是后来走上法西斯道路的德、日、意,还是中国与俄国,都有着漫长的专制主义历史。这不仅阻碍了资本主义的发展,也使现代化启动后走上了不同的发展道路。在德国分裂时期,"诸侯不必对皇帝服从,臣民必须服从诸侯。诸侯各邦的统治是极残酷专制的,他们要求属下绝对服从"。② 在日本幕府统治时期,专制统治与封建的效忠与义务关系紧密结合在一起。在意大利,最早的自治传统在中世纪已被打破,政权总是掌握在独裁者手中,并在19世纪下半叶建立了独裁的军政府。因此,这些国家最终走上了法西斯主义的道路。最后,文化上的保守性。在俄国与德国,占主导地位的是天主教与东正教,由严格的教义、教规,将人们的关注点引入个人的内心世界。③

尽管如此,在强有力的中央政府的大力推动下,现代性因素逐步壮大,最终取代传统因素,特别是德、日等国缩短了现代化的病痛过程,成为迄今为止仅有的两个成功的迟发现代化国家。

(4) 现代化的不均衡发展。④

帕森斯曾用科学革命、民主革命和工业革命三个基本变项来分析不同社会中现代化的时序模式。他认为,英法等国的现代化是以工业革命或是以民主革命为先导,然后展开其他方面的现代化任务;美国的现代化则是民主革命、工业革命和科技革命齐头并进。同时,他也认为,德国的现代化则属于另外一种模式,即大力推进工业革命和科技革

---

① 艾森斯塔特:《现代化:抗拒与变迁》,中国人民大学出版社1988年版,第78页。
② 钱乘旦,陈新意:《走向现代国家之路》,四川人民出版社1987年版,第129页。
③ 参见张琢,马福云:《发展社会学》,中国社会科学出版社,第135—137页。
④ 张琢:《国外发展理论研究》,人民出版社1992年版,第178—181页。

命,却没有同时进行民主革命,结果导致纳粹暴政和军国主义扩张。日本与德国类似,实际上还包括意大利。俄国在十月革命后走上社会主义现代化道路,中国在19世纪中后期的现代化探索也以失败而告终,只有土耳其以渐进的方式走上了现代化道路。所以,不均衡是第二批现代化国家的主要特点。

究其原因,一些学者认为,一是防御性现代化的现实特点导致了这些国家民主政治发展的滞后;二是落后的经济发展水平与专制主义的历史传统也不利于其民主政治的发展;三是阶级关系的遗产与现状也是影响现代化时序模式的重要因素。摩尔曾指出,就日本和德国的情况来说,"农业状况及农村资本主义过渡的特殊类型,而使得这里的民主潮流动力不足,即使不是这里的惟一原因,也是这里的主要原因"。[①]

总体上看,20世纪上半期是现代化发展的低潮时期,这是一个世界规模的发展性危机时期:首先是各发达资本主义工业国集团之间争夺市场的斗争白热化,加之军国主义兴起与经济军事化,引起两次世界大战;其次是首次席卷全球的生产过剩经济危机,随之而来的是法西斯主义作为自由资本主义的反动而登上历史舞台,延缓了现代化推进的势头。这些发展性危机全面动摇了古典资本主义的发展,它的修复一方面加速了古典资本主义发展方式的调节,另一方面引起了社会主义发展模式的创新。世界分裂为资本主义与社会主义两大现代经济体系,对后来国家的现代化道路的选择与探索发生了重大的影响。[②]

三、第三次现代化浪潮

现代化的第三次浪潮出现在20世纪下半叶,这是一次全球性的变革大浪潮,也是新兴工业化世界对非工业化世界的一次全球性大冲击。其物质技术基础是石油能源、人工合成材料、微电子技术。高科技、新能源、新材料与人工智能相结合,使科学直接转化为生产力,加速了工业化和现代化向全球的扩散过程,而跨国公司和全球产销网的出现,引

[①] 巴林顿·摩尔:《民主和专制的社会起源》,华夏出版社1987年版,第351页。
[②] 参见罗荣渠:《现代化新论》,北京大学出版社1997年版,第136—137页。

起了现代发展的结构性的重大变化。

首先,西方发达国家,如西欧、北美、日本相继进入现代化的高级阶段,在这些国家中,第三产业(服务业)发展迅速,生产的高科技化、专业化与多样化程度提高,并形成以资本密集、技术密集、资源浪费、劳力节省、大众消费、福利主义为特征的发达资本主义工业文明。

其次,第二次浪潮中的国家继续探索本国的发展道路,如中国、东欧一些国家按社会主义方式发展现代化,突破了单一的资本主义发展格局;而以日本为中心的东亚大陆边缘地区的一些国家,开拓了以发展民用工业和出口导向的发展战略,改变了以欧洲为中心的发展格局。

最后,战后殖民主义体系的瓦解和民族解放运动的高涨,把处于世界发展边缘的一些国家卷入现代化浪潮。西亚北非伊斯兰文明区,以石油为能源,输入大量的外国资本和技术,形成畸形的工业化道路。而拉美等国也走上了自主性的工业化道路,但由于都市化先于工业化,过分依赖外国投资和跨国公司,出现了依附性的发展。

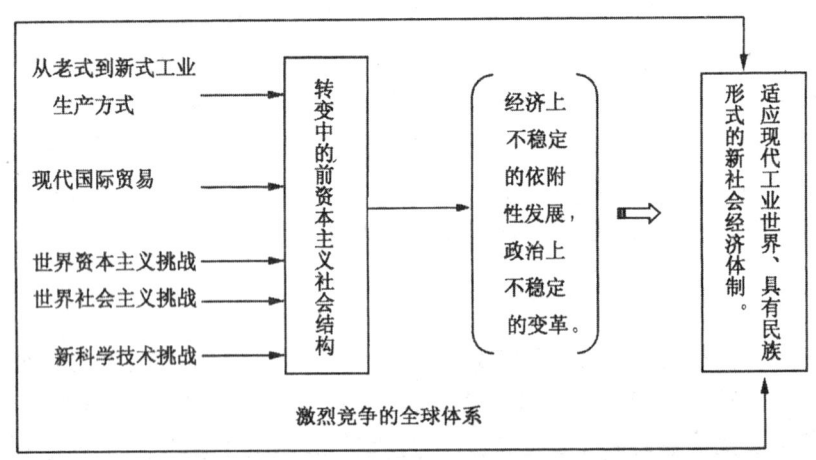

图 1.3 晚近第三世界国家现代化的一般进程

(资料来源:罗荣渠:《现代化新论》)

第三次浪潮中的国家众多,情况复杂,其所具有的共同特征是:

(1) 西方国家仍以各种方式控制后发国家的发展,对于发展中国家来说是机会与压力共存。

虽然发展中国家通过一系列努力获得了国家的独立,但宗主国的影响并未根除,发展中国家的发展环境也不容乐观。巴西社会学家桑托斯把落后国家对西方发达国家的依附性归纳为三种类型:① 16世纪前的殖民依附,主要是通过殖民主义掠夺与殖民主义贸易实现的;② 16世纪末的金融——工业依附,主要是宗主国对殖民地的资本统治;③ 二战以后的技术——工业依附,即发展中国家对发达国家技术与经济的依附。这是晚近现代化国家所要面对的发展环境。要想摆脱这种依附,要么发展中国家联合起来改变不合理的国际经济政治秩序,要么努力创造发展条件,增强自己的实力,从而为摆脱依附创造条件。

长期以来,围绕着发展与依附的优先顺序争论不休。一派是以联合国拉美经委会为代表的发展主义观点,认为发展是克服依附的先决条件;另一派是依附观点,认为摆脱依附是发展的前提。争论至今未有结果。实际上要处理好发展与克服依附的关系,关键取决于:① 政府对于经济的控制能力,政府必须能够适度而有效地介入经济生活,促进国民经济健康发展;② 妥善处理国家资本、国内私人资本与外国资本的关系,发挥国家资本的主导作用。巴西的依附性发展之所以成功就在于三种类型的资本结成联盟,而阿根廷的失利就在于对外国资本采取过激措施,从而妨碍了本国经济的发展。

(2) 现代化过程存在着一系列的错位与失调。

首先,现代化过程是强行启动的,没有经过现代性的积累过程,相当一些国家的现代化起点远比早发现代化国家要低得多。如英国在开始工业化的时候,其人均国民生产总值已达到 500 美元左右,而许多发展中国家开始现代化的时候要远远低于这一水平;在政治上,一些发展中国家在开始现代化的时候,甚至还处于部落政治阶段。因此,早发国家在相当长时间内所解决的一系列问题,发展中国家必须在短时间里解决,这种浓缩与循序并存的状态必然导致公平与效率、增长与分配、民主与秩序等的"两难窘境"。

其次,现代化的异步性增强,传统社会的解构与现代社会的重构之间充满着错位与失调。人为强化推进现代化,必然很难在所有地区、所有领域、所有社会群体中同时推进现代化,而在一些有利于现代化的地区和地域,在一些先进的社会群体中率先启动现代化的同时,也埋下了社会发展失衡的种子。这种失衡与错位主要体现在二元经济结构上,体现在经济现代化与社会政治文化发展的不平衡上,体现在社会动员与民主政治的错位上。所有这些都是制约发展中国家现代化进程的两难问题。

(3) 传统势力与现代因素之间冲突剧烈。

在早发现代化国家中有两种情况,一种是以西欧为代表,由于现代性有一个逐步积累的过程,传统因素也有一个逐步消解的过程,这是一个此消彼长的过程;另一种情况是以美、澳为代表,现代化是在一种没有传统的情况下推进的。而晚近现代化是在强大传统因素的包围中进行的。强大的传统因素与落后的社会经济文化相联系,构成了现代化发展的强大阻力。

悠久的历史传统与落后的社会经济文化结构使这些国家的传统势力非常强,保守色彩突出。这种保守性不仅仅是社会强势群体的特点,而且会渗透到社会各个阶层、各个方面,从而使这些国家在整体改革上呈现出巨大的惰性。另一方面,现代化的外生性造成了现代与传统的激烈冲突与对立。后发国家的现代性是从外部社会导入的,现代性要素的异己与外来特征更容易引起传统对它的不满、敌视和排斥。这就要求推进现代化的领导人采取更为策略、更为谨慎的方法,变革传统,推进现代化的逐步成熟。

综观两个世纪以来的现代化发展,具有从中心向外缘推进的阶段性发展特点。18世纪中期,现代化首先在西欧,特别是英国兴起,然后向北欧、中欧、北美扩展,并在二战以后扩展到全球绝大部分的国家和地区。现代化已成为一种世界性的潮流。正如罗斯托所总结的:"从历史的观点看,战后的发展或许是自十八世纪英国出现第一次产业革命以来最重要的事件。它改变了国际经济生活乃至政治生活的均衡状态和结构,并使之不可逆转。"[1]

---

[1] 罗斯托:《发展:马歇尔长期政治经济学》,经济科学出版社1988年版,第251页。

第二节 迟发展效应

与早发的西方发达国家相比,晚发的发展中国家,具有"独特的历史规定性与独特的现代必要条件"。这就是当后发国家现代化起步时,它们所面对的是已经实现了现代化的国家,而且随着现代性的扩散与示范效应的展开,现代化发展的规模、速度和性质都在不断发生变化。这对后发国家和地区的现代化进程产生了深远的影响。这种影响被称为"迟发展效应"。

所谓的"迟发展效应",即指在先—内发国家已实现现代化的背景下,后—外发国家在发展时所产生的特殊效应。

一、后发劣势

后发国家和地区在现代化进程中存在着许多不利的因素,罗荣渠在《现代化新论》中归结为四个迟发展效应,它们分别是:

(1) 双重发展效应。晚起步的现代化处在世界部分地区已经高速工业化的新国际环境中,现代经济秩序完全受发达国家支配,特别是发达国家的资本输出造成的经济干预与国际不平等交换越来越突出,这对发展中国家独立自主的发展非常不利。它不仅要追赶发达国家早已达到的历史目标,还要适应发达工业世界的当前发展趋势。

(2) 同步发展效应。早发现代化国家具有占先的发展优势,能较和平地转嫁危机,而晚近现代化国家面临着发展的同步性世界范围内的资源、能源、市场、污染等问题都同时突发性地激化,无处可以转嫁危机。

(3) 高速效应。发展中国家面临日益加强的发展压力,便以高于现代化的速度强制推行工业化和技术更新。高速增长的关键在于高科技和高投资,其主动权掌握在跨国公司手中,而大量的外债会带来外国势力和潜在影响的加强,甚至使已经赢得的独立与主权面临重新丧失的危险。经济增长与社会变革的速度愈快,必然带来社会不安定因素的急增,造成两种后果:一是导致现代化阻力增大与现代化的断裂;一是导致极权的和军事的高压现代化。

（4）超前效应。实际上是高速效应的一种表现形式。由于盲目抄袭发达国家的经济发展模式和急于求成，发展中国家在制定发展激化时，常出现以过高的预期值来替代切实可行方案的趋势，结果导致各种冒进式的发展。

因此，后发国家和地区除了人口多、基础差、底子薄等"先天性不足"之外，主要包括以下消极因素：

1. 依附性、低度发展

桑托斯认为，所谓依附，是指若干国家的经济受到它们所依从的另一些国家经济发展和扩大的制约。先发国家拥有技术、商业、资本和社会政治方面的优势，能够依靠不平等的国际经济格局来获得晚发国家的部分剩余价值，而后发国家和地区往往是迫于压力而走入发展进程的，缺乏正常的建设现代化的基础，往往留有殖民地、半殖民地的印迹，坎宁安曾写道："南部殖民地（今美国境内）和西印度群岛的发展是由英国的有钱人促成的，他们把种植者的精力引导到种植出口作物。这些买卖人并不特别关心是否要扶植一些应当能够自给自足的社区；他们宁愿那些种植者抱着一种专供外地市场需要来经营自家产业的观点。"[①]

可以说，拉美在殖民主义体系中处于依附的地位，为殖民地提供原料生产和工业制成品。即使现在世界殖民主义体系已经瓦解，但后发国家仍处于不利的国际地位之中，如果不加甄别地引进发达国家的资金、技术与建设项目，很有可能造成本地区对发达国家的依赖，成为某种意义上的依附国家或地区。"中心国家以及对它们的依附关系并不造成贫困"，但"它们的确对长期保持贫困起促进作用。"[②]

以拉美为例，在政治独立后，为迅速摆脱贫困，走上了全盘西化的道路，在经济上信奉自由主义。1948年哥伦比亚的财政部长曾说过这样一段话："在一个拥有能够支撑可观和有利的出口贸易的丰富矿产

---

① 尹保云：《现代化通病》，天津人民出版社1999年版，第131—132页。
② 普雷维什：《外围资本主义》，商务印书馆1990年版，第198页。

和农产品的国家,法律不应该试图鼓励居民离开农业和采矿业的岗位而去搞各种工业……我们应该给欧洲提供原材料,同时对欧洲的制造业产品敞开大门,促进贸易的繁荣和它带来的利益的增加,以合理的价格把欧洲的制造业产品提供给消费者。"正是在这种重商主义的影响下,拉美在国际经济竞争中摆脱了出口经济衰退的趋势,其 GNP 的增长率极高,但其边缘地位却没有改变,"独立以来 100 多年时间,拉美在国际经济分工体系中的地位没有发生改变。……事实上,拉丁美洲独立以来依靠出口初级产品带来的 100 多年的经济增长,只是在帮助推进西方国家的工业化而不是在搞自己的工业化,除了表面上经济数字的区别外,同独立以前的道路没有很大的不同"。[①]

2. 不平衡发展

后发国家和地区的现代化进程往往是从局部推向全方位,不可能"一揽子"解决。这样,在发展的初期,后发国家和地区一方面是在某个部位、某个环节推进得很迅速,而另一方面则是落后的延续,于是,出现了一种不平衡发展的状况。这种不平衡主要表现在:

(1) 产业结构的不平衡,工业往往超于农业的发展,以至于出现现代工业体系与传统农业部门并存的局面。拉美在政府工业化的政策下,农业发展遭到严重的忽视,除了墨西哥、古巴、玻利维亚少数几个在过去进行了激烈的土地改革的国家之外,几乎全都维持了原来的大地产制。托达罗写道:"少数大庄园控制了农田的大部分,而为数众多的小农户则不得不在一小块贫瘠的耕地上辛勤劳作以勉强度日营生。而且,他们还必须随时准备替大庄园从事无偿的季节性劳动。"[②]所以,一些拉美国家在工业化的过程中,农业生产长期停滞,"由昔日的面包篮变成今日的缺粮国"。

(2) 城乡之间的不平衡。城市社会的总体变迁速率要比农村地区快得多。典型的表现是,在其现代化最发达的地区,通常是首都或再加上一两个现代化要素首先输入的港口城市,发展的程度已与西方最发

[①] 尹保云:《现代化通病》,天津人民出版社 1999 年版,第 138—139 页。
[②] 托达罗:《第三世界的经济发展》(上),中国人民大学出版社 1988 年版,第 399 页。

达的城市不相上下,从经济到思想意识上甚至已具有某种"后工业社会"特征,其他一些城市,则通常处于"工业社会"阶段,广大的农村地区,仍是典型的农业社会,而最边远地区甚至还处于前农业社会阶段。

3. 贫富差距严重

约翰逊在 1972 年写道,拉丁美洲的"分配差距要比 40 年前它开始工业化之前大得多。穷者越穷,富者越富,这完全是工业化发展的结果。很可能拉丁美洲穷人的生活状况比一个世纪以前更糟糕"。

20 世纪 70 年代正是拉美的辉煌时期,在此时,拉美地区大约 20% 城市人口居住在最脏的贫民区,没有正常的收入来源。当时,拉美各国政府公布的失业率一般在 5%—9% 之间,到 80 年代后期,则上升到 15%。至于造成这一现象的原因,库兹涅茨认为,当经济水平很低的国家向中等经济水平发展时,经济不平等最初是增大的,然后到经济发展过渡到高水平时,这个不平等才会缩小。后发国家和地区的现代化进程证实了这种判断。具体而言,一是社会转型过程中价值体系的紊乱,社会规则的某种真空状态以及过高的社会期望值,容易促使人们寻求种种有利于自己的短期行为,在短期内造成了一些相对来说是过于富有的社会群体;二是不平衡的发展,使得部分社会成员同其他成员在收入方面的差距迅速拉大。[①]

4. 容易出现社会问题并发症

在后发国家和地区,由于急剧的社会变迁使得原有的社会控制力度相对减弱,社会对于其成员缺乏一种有效的整合;与此同时,先发国家的示范效应以及社会文化价值体系的紊乱,很容易诱发社会成员产生大量的越轨行为,而社会发展的不平衡,则使社会问题呈现出一种多样化的状态。因此,较之于先发国家,后发国家和地区极易出现社会问题的并发症,这些问题主要包括:失业问题、贫困问题、腐败问题、社会保障问题、环境污染问题、社会治安问题、老年问题、家庭问题、劳资问题、心理问题等等,覆盖社会生活的方方面面,涉及社会各个阶层,如果

[①] 吴忠民,刘祖云主编:《当代发展社会学》,高等教育出版社 2003 年版,第 281—282 页。

不及时妥善地解决,将会影响社会的发展进程。①

二、后发优势

在现代化的理论研究中,国内外学者经常谈论的一个话题便是后发优势或落后得益。国际学术界从资源禀赋理论、区位理论、制度理论、产业组织理论等各种角度来探求后发优势形成的原因和促成优势的生成机理。

列维认为,作为现代化进程的后来者,第一个优势在于其现代化进程不再是像现代化的先行者所面临的未开发的领域;其次,现代化的后来者具备了在许多方面借鉴先行者的可能性;第三个优势是后来者跳跃过先行者必需的现代化进程的一些早期阶段,以缩短实现现代化的历程;第四个优势是后来者通过先行者所取得成就的认识,看到现代化前景从而对后来者产生激励并树立信心;最后一个优势是后来者能在其现代化进程中得到先行者在各个方面的帮助与支持。

格申克龙在研究后发国家现代化过程中指出,后发优势主要体现在两个方面,一是后发国家能够从发达国家学习先进的成果来加快自己的发展,并从错误中吸取教训;二是后发国家的领导人和知识分子均具有先进的意识,从而为国家发起的现代化提供保证。格申克龙同时指出,这些优势只是一种潜在的优势,利用这些优势所必须的条件与落后国家的现实条件之间存在的巨大反差,要使潜在的优势变为现实的优势,就需要创造出一系列新的条件。

美国未来学家赫尔曼·康恩把有利于晚起步的现代化国家的因素,归纳为10种力量,即① 资本、市场和技术的获得;② 劳动力的输出;③ 引进面向出口的工业;④ 旅游事业;⑤ 技术转让;⑥ 具备有用的榜样、体制和个人;⑦ 输入"污染"和"卑下"的劳动;⑧ 进口货的替代;⑨ 很正常的外部稳定的存在;⑩ 外国的援助。②

罗荣渠认为,后发优势主要表现在如下几个方面:一是西方殖民

---

① 参见吴忠民,刘祖云主编:《当代发展社会学》,高等教育出版社2003年版,第283—284页。

② 参见卡恩·马特尔:《今后二百年》,上海译文出版社。

主义的扩张,用强制方式打破传统社会自身无力克服的封闭性与停滞性,传播现代化因素,促使落后国家的现代化启动;二是可以借鉴先进国的经验,避免走弯路,采取赶超战略实现跳跃式的前进,快速地进入较高的工业化阶段;三是借用先进国的新技术与资本及各种有利条件,提高国际竞争力;四是后发国家联合对付先进国的损人利己政策,以求得深入的发展。

根据西方学者提出的后发优势理论的主要内容,并参照中国学者对这一问题研究的丰富与发展,以及发展中国家现代化的实际,后发优势大致体现在以下方面:

1. 榜样激励,可以从先发达国家那里获得发展的动力。在现代化的世界潮流中,开放是后发国家和地区的必然选择,也是其发展现代化的动力源泉。邓小平指出,现在的世界是开放的世界,一个国家要发展,孤立起来是不可能的,闭关自守是不可能的。有学者认为,只有开放,发展中国家面对发达国家的巨大压力和后发国家之间的激烈竞争,才能变压力为动力,从而获得巨大的推动力量。其一,在压力面前,后发国家和地区可以产生出一种强烈的民族向心力;其二,在压力面前,本国家和地区深感有自省的必要;其三,有开放引起的压力感,能有利于民族动能、原动力的有效释放。[①]

2. 经验借鉴,可以从先发达国家那里获得大量的借鉴,少走弯路。当后发国家启动现代化时,已经有相当发达的资本主义国家存在,具备了较为先进的生产力,较为成熟的技术设备,与此相应的组织结构、管理制度等文明成果,以及片面的经济增长、贫富分化严重、拜金主义、环境污染严重等教训。后发国家可以借鉴先发展国家的经验和教训,减少发明创造和摸索的成本,避免或少走弯路,采取优化的赶超战略,学习世界先进技术,利用本国廉价的劳动力,进行国民经济技术改造,带动广泛的社会变革,从而有可能跳过或缩短初级工业化,直接过渡到或较快进入较高的工业化阶段。

3. 外资利用,可以从发达国家那里引进大量资金和技术,以弥补自

---

① 吴忠民,刘祖云主编:《当代发展社会学》,高等教育出版社2003年版,第275页。

身建设中的资源匮乏。刘易斯认为,发展中国家对发达国家的依赖,是现存国际经济关系的特征。他说:"在过去一百年间,发展中世界的生产增长速度依存于发达世界的生产增长速度。当发达世界增长迅速时,发展中世界也增长迅速;当发达世界增长减慢时,发展中世界的增长也减慢。"[①]他认为,现代化程度较高的国家通过技术、知识、文化等方面的扩散推动了现代化程度较低的国家向前发展。具体而言,核心国对外围国的贡献有:① 提供了新的、生产率更高的技术。工业革命不仅提供了用更便宜的方法大量生产铁、纺织品和服装等原有产品,而且制造出电话、汽车、飞机、收音机、电视机等新产品,极大地提高了群众的消费水平;② 核心国贡献了资源,特别是资本和人力,促进了新大陆的开放;③ 核心国贡献了它的市场,为外围国实行进口替代工业化提供了机会。

表1.1 十大发展难题和十大落后发展优势

十大发展难题	十大落后发展优势
发展道路和战略目标难以选择	可借鉴先发达国家的经验,少走弯路
先进文化输入引起的社会机体的功能紊乱难以调理	有先进文化的输入,可缩短文化更新的过程,并形成文化杂交的优势
日益严重的急性病难以克服	打破了夜郎自大、固步自封的迷梦,才能奋起直追
传统重负难以摆脱	为克服传统重负提供了日益强有力的冲击力量
落后心理难以清除	在奋进中有利于克服落后、消极的心态
经济发展不平衡难以改变	有利于加强由不平衡到平衡的经济增长
消费膨胀难以抑制	可以把急于提高生活水平的强烈欲望转化为发展生产的动力
人才外流难以控制	可以借助发达国家的教育设施和提供的人力、物力培养人才

---

① 《现代国外经济学文选》,第八辑,商务印书馆1984年版,第249页。

续 表

十大发展难题	十大落后发展优势
政治上难以安定	有利于加速社会的革新和社会进步
旧世界经济秩序的马太效应难以克服	事物向对立面转化是比马太效应更强有力的普遍规律

(资料来源:《发展社会学教程》)

综上所述,后发展的正负效应对其现代化进程的影响主要取决于以下因素:一是政府的调控能力;二是后发国家面临的国际环境;三是后发国家的人力资源情况。富永健一把后发国家现代化成功的条件归纳为六条:① 农业的生产率必须达到一定的水平,以便为工业化积累资本和提供启动力量;② 在广大人民群众中形成脱离本国传统主义的强烈动机,并且以能够与本国的传统文明并存的方式引进西方文明;③ 存在一个推进现代化和工业化的领导集团,掌握了中央政府的权力,并大力引进西方文明;④ 除了推进现代化的精英人物外,还需要一批工业化的实际承担者,如具有创业精神的企业家、掌握现代知识的技术人员、具有熟练能力的工人等;⑤ 在现代化过程中要妥当处理现代阵营与传统阵营的分裂以及两者之间的对立,逐步地消除这种二重结构;⑥ 能够有效地摆脱不利的国际环境,如殖民地状况和在不平等贸易条件下对发达国家的依赖。[①]

越复杂的社会,其中的偶然性或机遇就越多。现代社会便是这样一个复杂的社会,要使后发优势从潜在的状态转变为现实的状态,关键在于能否把握机遇。

第三节 世界现代化的基本趋势

世界性的现代化是一个漫长的历史过程,其标志是18世纪70年代开始的工业革命。它不仅使社会变迁的性质发生了根本性的变化,

---

① 富永健一:《社会学原理》,社会科学文献出版社1992年版,第303—316页。

而且如"普遍的溶剂",使现代化成为了一种世界性的发展趋势和潮流。在这样一个整体发展的进程中,尽管不同的国家具有不同的现代化特征,但仍具有一些共性。

一、波浪式推进

世界现代化的进程是与世界经济体系的周期性运动密切相关的。按照二战以后经济学家提出的"长波理论"观点,自18世纪后期以来,资本主义世界经济体系中存在着平均约50—60年的长周期,从而形成外向扩张和内向调整的周期交替。从18世纪末到1847年危机这一长时段,是第一次技术革命的长波。从19世纪末到第二次世界大战时期是第二次技术革命的长波。从第二次世界大战到20世纪70年代,这是第三次技术革命的长波。雷诺兹也是从整个世界经济的增长来说明第三世界的经济增长:1850—1914年是世界经济繁荣时期,1914—1945年是世界经济的萧条时期,1945—1973年是世界经济的最大繁荣期。世界工业化核心地区的经济繁荣,促进了能源和原材料需求的急剧增长,促进了国际贸易的大发展,这样自然而然就会带动边缘地区的经济增长。正是早期的工业革命和随后的两次世界经济大繁荣期,推动了现代化波浪式地前进。[1]

二、科技动力

里什塔认为,科技革命加速了社会的发展,并改变了科学、技术和生产之间的关系。科技革命,不仅导致了生产力的极大提高,也引起了社会、政治、经济、文化各方面的巨大变革,使社会生活也随之相应改变,从而推进了现代化的发展。

第一次科技革命以蒸汽机、纺织机的发明和普遍使用为标志,引起了工业生产的变革,用现代大工业代替了工场手工业,用资产阶级的社会制度和政治制度取代了中世纪的封建制度。同时也引发了第一次世界现代化浪潮。

---

[1] 罗荣渠:《现代化新论》,北京大学出版社1997年版,第143页。

第二次科技革命以电的发明和广泛使用为主要标志,使社会生活的各个方面都产生了划时代的变革,汽车、电话、无线电通讯的发明改变了人们的生活习惯和思维方式,贸易、电信、旅游事业的发展使世界各地的交往变得空前频繁,推动世界进入现代化的第二次浪潮。

第三次科技革命以石油、原子能与微电子为标志,推动生产力发展的科技革命把现代化引向纵深发展,渗透到社会各个层面。信息技术大发展,使社会的组织和结构随之发生变化。社会开始向小型化、分散化、多样化和节能化的方向发展。信息快速、自由的流动、电视广播等传媒的普及,打破了传统的权力结构,国家管理越来越多地为社会自治所取代。与此同时,国际间的一体化程度越来越高,一些超国家机构和组织的权力正在扩大。

表1.2 人类文明发展和两次现代化的周期性和加速性

发展阶段	大致时间	大约跨度	主要特征	备注
工具时代	250万—0.6万年前	250万年	原始文化、工具制造、原始社会	
起步期	250万—20万年前	230万年	旧石器早期、狩猎采集	人类诞生 社会化
发展期	20万—4万年前	16万年	旧石器中期、血缘氏族	
成熟期	4万—1万年前	3万年	旧石器晚期、母系社会	
过渡期	1万—0.6万年前	4千年	新石器时期、作物栽培、父系社会	
农业时代	4000BC—1763年	5800年	农业文明、农业经济、农业社会	
起步期	公元前4000—500年	3500年	古代文明、种植畜牧、奴隶制	文明诞生 农业化
发展期	公元前500—公元618年	1100年	古典文明、封建制	
成熟期	公元618—1500年	900年	东方文明繁荣、欧洲中世纪	
过渡期	公元1500—1763年	260年	欧洲文明崛起、文艺复兴传播	
工业时代	1763—1970年	210年	工业文明、工业经济、工业社会	第一次现代化工业化 非农业化
起步期	1763—1870年	110年	第一次工业革命、机械化	
发展期	1871—1913年	40年	第二次工业革命、电气化	
成熟期	1914—1945年	30年	家庭机械电器化、混合经济	

续　表

发展阶段	大致时间	大约跨度	主要特征	备注
过渡期	1946—1970 年	20 年	第三次产业革命、自动化、电子计算机	第二次现代化知识化非工业化
知识时代	1971—2100 年	130 年	知识文明、知识经济、知识社会	
起步期	1971—1992 年	20 年	第一次信息革命、微电脑、知识化	
发展期	1993—2020 年	30 年	第二次信息革命、网络化、赛博空间	
成熟期	2021—2050 年	30 年	生物设计和克隆、生物革命	
过渡期	2051—2100 年		新型运载工具	

（资料来源：何传启：《第二次现代化》）

总之，现代科学技术的大发展，促使社会面貌发生了日新月异的改变。据欧美一些社会学家估计，当今社会在 3 年内所发生的变化相当于 20 世纪初 30 年内的变化，牛顿以前时代的 300 年内的变化，石器时代的 3 000 年内的变化。

三、不同步的进程

罗荣渠把卷入现代化浪潮中的国家，按照转变过程的先后分为三类，第一类是现代化的先行国，在 19 世纪上半叶赶上现代化的头班车；第二类是现代化的后进国，在 19 世纪下半叶赶上现代化的第二班车；第三类是现代化的迟到国，直到 20 世纪后半叶才搭上现代化的快车。在这三批现代化国家之中，只有第一类是内源型现代化，其余都是外诱型现代化，或混合型现代化。各个国家和地区是在不同的发展起点上被卷入世界现代化浪潮的，因而，现代化的速度与方式也大为不同，产生了不平衡性。

这种不平衡性大致表现在以下方面：

(1) 世界不同国家现代化进程不平衡，有些国家已经进入第二次现代化，有些国家尚没有进入第一次现代化，有些少数民族仍然生活在原始社会。①

在2001年参加评价的131个国家中,有24个国家进入第二次现代化发展轨道,约占国家样本数的18%;其中,12个国家进入第二次现代化的发展期,它们是瑞典、美国、丹麦、德国、荷兰、澳大利亚、英国、比利时、新加坡和奥地利;12个国家进入第二次现代化的起步期,它们是日本、芬兰、挪威、瑞士、韩国、以色列、新西兰、西班牙、意大利、希腊、阿根廷和乌拉圭。有65个国家已经完成或基本实现第一次现代化,约占国家总数的50%;没有一个指标达到第一次现代化标准的国家有21个,约占16%。

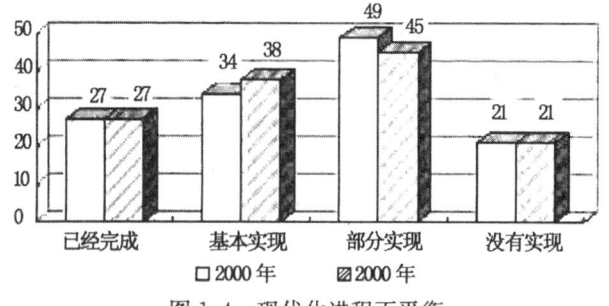

图1.4 现代化进程不平衡

(2)世界不同国家现代化速度不平衡,有些国家比较快,有些国家非常慢。

2001年世界发达国家全部进入第二次现代化,中等发达国家部分进入第二次现代化,部分已经完成或者基本实现第一次现代化,有些国家第一次现代化发展水平在下降,有些国家在上升,有些国家保持不变。如德国和奥地利已经从2000年起步期进入到2001年发展期,而芬兰和挪威从2000年发展期退到2001年起步期。

---

① 第一次现代化是指从农业社会向工业社会、农业文明向工业文明的转变过程。第二次现代化则指从工业社会向知识社会、工业文明向知识文明的转变过程。第二次现代化不是人类历史的终结,将来还有新的发展。

表 1.3 世界现代化发展阶段变化(处于不同阶段的国家个数)

现代化进程的发展阶段		2001 年	2000 年
Ⅱ	过渡期		
	成熟期		
	发展期	12	12
	起步期	12	12
Ⅰ	过渡期	12	11
	成熟期	30	33
	发展期	36	39
	起步期	26	21
	传统农业	2	2
	国家样本数(个)	130	130

注：处在第一次现代化的国家中不包括已进入第二次现代化的国家；发展阶段是根据产业结构发展阶段和劳动力结构发展阶段综合判断。(资料来源：《2004 中国现代化报告》)

(3) 世界不同国家现代化水平不平衡，有些国家水平很高，有些国家水平很低。

2001 年第二次现代化指数最高的国家为瑞典，达到 111；第二次现代化指数最低的国家为卢旺达，仅为 10。瑞典第二次现代化指数约是卢旺达的 11 倍。

据联合国统计，1971 年世界上有 25 个国家被列为不发达国家，2002 年已增到 49 个。1960 年发达国家与发展中国家之间的收入差距为 31：1，而 1997 年则扩大为 74：1。世界上的穷国里有 13 亿人的收入不到 1 美元/天。有 8.4 亿人深受饥饿与营养不良之苦。10 亿人不能享受医疗服务、基础教育和自来水。20 亿人没有电用。与此同时，发展中国家还要承受 2.5 万亿美元的庞大外债负担，南北差距还在扩大。正如韩国的金泳镐教授指出，后发国家成功地完成了"追赶"的，在非西欧世界里仅日本一国，而在资本主义世界体系已经形成的 20 世纪才开始走上工业化道路的国家当中，还没有一个完成了这个"追赶"。中国现代化战略研究课题组的专家指出，未来 20 年内发展中国家成为发达国家、实现现代化的概率约为 10%。

(4) 世界现代化的地理分布不平衡,世界五大洲的平均现代化水平是不同的。

表1.4 世界第二次现代化指数前10名国家

国家	2001年		2000年	
	指数	排名	指数	排名
瑞 典	111	1	109	1
美 国	106	2	108	2
日 本	102	3	103	3
丹 麦	102	4	102	5
芬 兰	101	5	103	4
挪 威	100	6	100	6
瑞 士	97	7	99	8
德 国	95	8	97	9
荷 兰	94	9	93	10
澳大利亚	93	10	99	7

相对而言,欧洲水平比较高,美洲和亚洲相当,非洲比较落后。2001年非洲38个国家中仍然没有一个国家进入发达国家和中等发达国家行列,6个国家是初等发达国家,32个国家是欠发达国家,相比2000年没有进步。2001年美洲22个国家中有6个国家属于发达和中等发达国家,16个属于初等和欠发达国家,相比2000年的8个和14个有所退步。2001年亚洲27个国家中有8个国家属于发达和中等发达国家,19个属于初等和欠发达国家,相比2000年的7个和20个有所进步。2001年欧洲42个国家中有29个国家属于发达和中等发达国家,13个属于初等和欠发达国家,相比2000年的30个和12个有所退步。2001年大洋洲的澳大利亚和新西兰分别属于发达和中等发达国家。

综上所述,两个世纪以来的世界现代化进程中,随着经济持续的增长,在政治、社会、文化、教育、福利、居民健康与素质等各个方面都发生了适应性的变化:工业化水平不断提高;政治民主化程度、社会自治与自我调节、大众民主参与不断推进;生产生活的都市化、教育的普及、现代价值观的确立等既是现代化进展的成果,又推动了整个社会的进一步发展。所有这些都意味着人类社会控制和支配自然界的能力在增强,整个社会朝着高生产力、高效能、合理化与自我持续发展的方向推进。

思 考 题

1. 为什么西欧率先进入现代化?
2. 比较第一、二、三批国家的现代化,其特征有哪些?
3. 评述后发展效应。
4. 世界现代化的总体趋势是什么?

相关阅读书目

罗荣渠:《现代化新论——世界与中国的现代化进程》,北京大学出版社1997年版

罗荣渠:《论现代化的世界进程》,《中国社会科学》,1990年第5期

吴忠民,刘祖云主编:《发展社会学》,高等教育出版社2002年版

张琢主编:《国外发展理论研究》,人民出版社1992年版

艾森斯塔德:《现代化:抗拒与变迁》,中译本,中国人民大学出版社1988年版

艾恺:《世界范围内的反现代化思潮》,中译本,贵州人民出版社1991年版

第二章
中国的现代化进程

中国的现代化是世界现代化浪潮的一部分,它开始于19世纪中叶,这在时间上比欧洲大约晚了100多年。众所周知,19世纪以后,欧美国家经过政治和经济制度的变革进入了快速发展时期,而中国却在封建主义的老路上徘徊。1840年的鸦片战争以及以后的列强的侵略,使中国陷入了深深的生存危机之中。当辛亥革命推翻了王权之后,"政治的权威与权力危机、社会的认同与整合危机、文化道德的失范与脱序危机数症并发,使中国处于前所未有的乱局之中"。① 中国的现代化正是在这样的背景下艰难起步的。

詹姆斯·汤森在《中国政治》中写道:"中国文明的丰饶和力量长期以来特别令局外人着迷。如今,在此之外又添上了这样一种看法,即人类历史上最富戏剧性的事件发生于现代中国,并且仍在演示着。"② 任何研究中国现代化的学者,最终都会发现:中国的现代化是一种独特的发展类型。

第一节 中国现代化的启动

中国现代化的起步是在清王朝的政治框架之内进行的。在中国现代化起步的时候,西方一些国家已经经历了第一次工业革命,即纺织机

---

① 许继霖,陈达凯:《中国现代化史》第1卷总论,上海三联书店1995年版,第8页。
② 詹姆斯·汤森:《中国政治》,江苏人民出版社1994年版,第2页。

械革命和蒸汽机革命,工业国的框架已经显现,城市化达到了相当规模,例如,英国在当时城市人口已经超过了农村人口。

19世纪的欧洲,资本主义已经发展到帝国主义阶段,其用武力在世界上占领了大片领土,建立了许多殖民地。这是中国现代化起步所面对的国际环境。面对帝国主义侵略,中国处在灾难深重的民族危机之中各阶级各阶层的有识之士,都在思考着自强救国之策,自觉或不自觉地走上了现代化的探索之路。可以说,帝国主义侵略的大炮声惊醒了沉睡于自然经济美梦中的中国人,从而开辟了中国历史的一个新阶段。

一、痛苦的转型

1840年,鸦片战争爆发,英国侵略者用鸦片和枪炮敲开了中国的大门,中国被迫与英国签订了不平等的《南京条约》,其后,又同大大小小列强,相继签订了一个又一个不平等的条约,开始了半殖民地半封建化的痛苦历程。闭关锁国的局面已难以维持,资本主义作为一股世界潮流,把中国也席卷而入,中国再也无法超然于外了。

中国为了适应现代世界生活,不得不进行适应性的变迁:兴办现代工业、建立民主共和制、引进西方科学技术等等,城乡关系、阶层关系都显现出了复杂的过渡社会的特征,中国社会缓慢地从传统社会走向现代社会。

1. 现代化初期的时代特征

从19世纪下半叶自强运动到20世纪初的立宪运动,大约半个世纪,是中国现代化运动的初始阶段,是在封建体制下探索资本主义发展的自上而下的改革时期。这一时期中国社会演进的基本脉络是现代化的低度发展与民族运动的日趋高涨,这两个方面是同步展开的。[1] 这一时期的特点,罗荣渠归结为:[2]

(1)衰败化。这是指引起"王朝循环"的各种内部体制性危机和社会骚乱的再现,中央集权的王朝统治机构衰落的趋势。清王朝是中国

---

[1] 吴忠民:《中国社会发展论》,湖南人民出版社1995年版,第26页。
[2] 参见罗荣渠:《现代化新论》,北京大学出版社1997年版,第255页;《现代化新论续篇》,第102—105页。

历史上最后的也是最强大的帝国。18世纪时在中国与西方之间曾出现和平交往的大好时机,但雍正王朝却固步自封,禁拒西洋文化,大兴文字狱,使中国失去了汇合世界发展的机遇。郭廷以指出:中国现代化的落后,"其症结并不全在近百年之内,实远伏于百年以前,特别是百年前的百年。"王朝盛世的骄奢、吏治的腐败、人口压力的剧增、天灾人祸的横行、居民生活水准的下降,所有这些都导致社会动乱不止。根据杨庆堃的统计,19世纪中叶的民众运动达到了一个高潮:1846—1855年有933次,1856—1866年有2 332次。其中太平天国起义更是内部腐败与政权失控的集中表现。因此,早在帝国主义入侵之前,中国已经面临着慢性衰败的趋势。

(2) 半边缘化。即半殖民地化过程,这是指在强大的外来政治、经济、军事渗透下,中国原有的进程被打断,被逐步纳入以西方资本主义为中心的世界经济体系之中,沦为依附性的半殖民地,主权的丧失与变形。这一过程也是外来资本主义因素引入中国、影响中国向资本主义发展的过程。

从第一次鸦片战争到中日甲午战争这一段时间,是中国半边缘化的初始阶段。由于当时英国奉行自由资本主义的对外扩张政策,而其他资本主义国家正忙于自身的工业化,中国所受到的半边缘化程度还不是太深。当时,列强的工业品并未能如愿地打开中国市场。以英国为例,1843年到1855年间,除鸦片外输入中国的货物总和只有4年超过200万英镑,其余均在150万英镑左右。1852年为其输入货额最高的一年,也只在250万英镑,而中国以丝、茶为主的出口额却增加很快。从1843年至1855年,茶出口额增加5倍多,丝出口额增加20多倍,[①]中国处于顺差的有利地位,英国完全靠鸦片贸易来加以弥补。第二次鸦片战争以后,列强势力深入中国内地以及边疆地区,但其工业品进口额仍然增长缓慢,而中国农产品的出口额也所增无几,一直到1881—1883年间,进出口额才变成入超,到1891—1893年,入超值平均每年为5.21亿元,这对清王朝推行有限的防御现代化还是有利的,当时,西

---

① 参见严中平等:《中国近代经济史统计资料选辑》,科学出版社1955年版。

方国家对"洋务运动"也是支持的。然而,这次机遇还是错过了。自给自足的小农经济仍然占据中国社会经济主导地位,传统社会结构性的变化相当缓慢。以至甲午战争以后,中国的半边缘化逐步深化。

(3) 革命化。泛指在衰败化和半边缘化的冲击下,出现的各种反西方侵略与拯救民族危亡的斗争。这一回应最初是传统形式和准传统形式的——民间起义和骚动、太平天国革命、义和团运动等等,逐步转变为准现代形式的和现代形式的——自强运动、维新运动、辛亥革命、国民革命等等。

(4) 现代化。指在世界变革浪潮下,内部新兴民族主义勃起,出现经济增长、制度革新、文化革命,从而引起中国传统农业社会向适应现代工业世界的新的社会经济体制缓慢转换的过程。由于新的资本主义因素和商业化的缓慢增长,鸦片战争后不到百年,国内市场扩大了40余倍,开放了105个通商口岸城市,全国人口流动加强等等,传统的乡土社会逐步解体。

2. 早期现代化的努力

中国现代化的起步,是在殖民主义侵略中断了中国社会自然经济正常发展进程的情况下,不情愿地进行的。19世纪中叶,现代化浪潮已从欧美席卷到世界各地,它打破了各国的隔绝状态,将不同的国家和民族连为一体,人类历史正经历着前所未有的巨大变化。而在中国,清王朝遇到了开国以来最大的统治危机:太平天国运动如火如荼,蓬勃发展;英、法联合发动第二次鸦片战争,"数千年来未有之强敌"凭借洋枪洋炮打败了"天朝"军队。日趋衰落的清王朝犹如一座将倾的大厦,处在风雨飘摇之中。政治统治的危机,促使统治集团发生了分化,开始了一场自上而下、按传统方式进行的改革运动。

(1) 自强运动。

19世纪60年代开始的自强运动,又称洋务运动,是中国现代化的最早启动。首先,洋务派是在中国传统思想框架中认识世界的大变局的,他们学西方是在排外、非外的心态和思想情绪支配下被迫进行的。当时无论是顽固派还是洋务派,都认为国家的根本即传统体制是不能动的,为此,提出了"中学为体,西学为用"的口号。这一思想最早是由冯桂芬在1861年提出的："以中国之伦常名教为原本,辅以诸国富强之术。"①后来,自强运动最重要的领导者李鸿章曾多次阐述过相同的观点,如1863年2月他在致曾国藩书、1864年春在致总理衙门书和1865年9月在《置办外国铁厂机器折》中,都反复强调了用外国长技来维护中国的"文物制度"的主张。② 另外,洋务知识分子如王韬等也都在其著述文字中阐述过类似的观点。直到1898年另一位洋务官僚张之洞发表《劝学篇》,才将"中学为体,西学为用"的思想加以理论概括和系统阐发。在19世纪60年代至90年代间,"中体西用"的思想成为洋务派的理论纲领。他们企图以军火武器和科学技术的"西用",来达到维护古老的封建王朝这个"中体"的目的。显然,这一思想体现了落后的生产关系与先进的生产力之间的矛盾,体现了传统因素与现代因素之间的矛盾。

然而,应当指出,洋务派主张"中体西用",已是一种深刻的变革。从理论上看,肯定了西学所指向的世俗价值,肯定其具有传统伦理价值所不能替代的实际功用,从而动摇了"礼义至上"的传统伦理价值观的绝对、惟一的权威地位。这是鸦片战争后中国思想界的一大进步。从实践上看,这一思想不再像经世派提出的"师夷之长技以制夷"的主张那样,停留在书本上和口头上,而对当时的社会产生了有效的影响,它具有冲破传统思想的禁锢,开阔人们视野,引导人们追求新知的积极作用。即以当时设立的学堂而论,尽管每所学堂以及每次派遣留学生几乎都强调"以义理为体,以格致为用",但在整个教学过程中,实际上是以西学为主的。毫无疑问,"中体西用"思想是中国最早的现代化理论,③它使中国人迈出了由"传统人"向"现代人"转变的脚步。

其次,自强运动从西方引进先进技术和机器生产,实现了中国从手工业制造转入机器生产的起步。美国比较现代化学者布莱克指出,在

---

① 冯桂芬:《采西学议》,《校邠庐抗议》,第69页。
② 参见《李文忠公全集》,"朋僚函稿",卷2,第46—47页;《同治朝筹办夷务始末》卷25,第9—10页;《李文忠公全集》,奏稿卷9,第35页。
③ 罗荣渠:《现代化新论续篇》,北京大学出版社1997年5月版,第144页。

人类历史中,有三次伟大的革命性转变,第一次革命性转变发生在100万年前,原始生命经过亿万年的进化以后,出现了人类;第二次革命性转变是人类从原始状态进入文明社会;而第三次革命性转变则是近几个世纪正在经历中的事,全世界不同的地域、不同的民族和不同的国家从农业文明或游牧文明逐渐过渡到工业文明。① 社会学者、历史学者一般把人类历史上的第三次大转变理解为现代化。② 从这个意义上说,自强运动就成了中国现代化运动的起点。1861年初,清政府宣布设立总理衙门和北洋与南洋两位通商大臣,是自强运动的先声,然后以派员采购外洋船炮并自行仿造为开路,随之在各地建立起一批机器局、船政局、枪炮厂等军事工业。19世纪70年代洋务运动进入了一个新的阶段,洋务派在继续兴办军事工业的同时,又着手兴办民用工业。洋务企业尽管受当时社会历史条件的种种限制,机械化的程度还很低,各企业内部仍大量使用手工劳动,但它们毕竟引进了西方先进的机器和工艺,在生产技术方面发生了空前的大变革,使中国破天荒出现了现代工业文明的曙光。再则,无论是军事工业还是民用工业,其主导产业为钢铁、矿产、铁路和棉纺织业,即当时所谓"机器矿路",这是符合工业发展本身的规律的。③

总之,自强运动使中国迈出了由"传统社会"向"现代社会"转变的第一步,中国社会现代化的进程从此真正开始。但是,洋务运动是一场没有成功的现代化运动,其不敢越封建专制主义统治秩序的雷池半步,使得现代化的努力受到了极大的制约。

(2) 维新运动和立宪运动。

1895年是中国现代化进程的一个转折点。甲午战争的失败,推动了中国转而学习日本,企图引进日本明治维新君主立宪的模式来推动现代化。资产阶级维新派的高明之处,就在于他们懂得:发展经济和文化,需要有一个良好的政治环境和政治条件。于是,他们首先致力于政治上的革新,从变革技术到要求变法。1898年在光绪皇帝的主持

---

① 布莱克:《现代化的动力:比较史的研究》,浙江人民出版社1989年版,第1—4页。
② 许纪霖、陈达凯主编:《中国现代化史》第1卷,上海三联书店1995年5月版,第1页。
③ 参见孙锡平:《中国的现代化与洋务运动》,《江海学刊》,1999年第二期。

下,匆忙推出了一个空前规模的对现行皇朝行政体制的大幅度改革方案,力图对封建专制政治进行带有资本主义性质的改良。由于他们的先天不足,在以慈禧为首的顽固派的反击下,一败涂地,这场政治现代化的尝试最终流产了。

在义和团运动失败和八国联军进占北京之后,变法的呼声迅速再起。慈禧被迫以被幽禁的光绪的名义下诏变法,下令京内外大臣官吏提出"全面维新"的建议,以"整顿中法,以行西法"。1905年开始的立宪运动,可以说是君主立宪维新的继续,在经济、政治、军事、教育等方面都进行了革新。

在经济方面,以"保护开通",制定了一些新的奖商和保商政策,设立商会等,推动了民族工商业的发展,大大加快了中国资本主义的发展步伐。如1894—1911年间,中国产业资本年均增长率为15%左右,其中外国在华资本年增长率为15.83%,本国资本年增长率为14.44%。①

在军事方面,重建新式军队,新军采用洋枪、洋炮,仿照各种兵种建制,聘用洋教习,开设武备学堂,培训各级军官,并派学生出国学习,还对士兵的年龄、体格、识字程度等作了规定。

在教育方面,废科举,断绝了中国知识分子通过科举出仕之路,对传统社会结构的变革,尤其是对知识分子走向革命化、现代化具有至关重要的意义。办学校、派留学,大量引进西方的科学技术和文化。当时出现了留学高潮,仅留日学生在1906年就达1.3—2万人。②

在政治方面,进行宪政改革。1908年颁布《钦定宪法大纲》,规定"按君主立宪政体,君上有统治国家之大权,凡立法、行政、司法皆归总揽,而以议院协赞立法,以政府辅弼行政,以法院遵律司法"。③ 同年,又筹划地方自治,起草了多种地方自治章程。

总之,由清政府所主持的立宪维新,是一种被动的调整,其出发点仍是保守的,最后导致辛亥革命推翻了统治中国两千多年的封建王朝。尽管早期的改良主义虽然失败,但是一些零零碎碎的改良主义措施,也

---

① 许涤新,吴永明:《中国资本主义发展史》第2卷,人民出版社1990年版,第1047页。
② 张琢,马福云:《发展社会学》,中国社科出版社2001年版,第291页。
③ 张琢,马福云:《发展社会学》,中国社科出版社2001年版,第291—292页。

在改变着中国的社会。

第一,出现了现代工业,特别是沿海地区。从1895—1913年这19年间,中国人自己开设的资本在万元以上并使用机器生产的企业有549家,资本总额12 028余万元,平均年增设38.9家,新增资本633.1万元。[1] 第二,出现了现代教育体系,废止了科举制度,建立了一批现代意义的大学,维新运动的最大成果就是废八股,变革科举,兴办新式学堂,推动了中国的第一个思想启蒙运动。1905年废科举以后,新式学堂直线上升,从1904年的4 222所增加到1909年的52 348所。第三,改变了封闭状态,派出了留学生到国外学习,派出了官员到国外考察,改变了中国人对世界的看法,扩大了视野。第四,引进了西方的科学技术。第五,形成了新的社会结构,产生了新的阶级,即资产阶级和无产阶级。

3. 早期现代化的特征

19世纪中叶以降的百余年间,中国演绎着"后发外生型现代化"的坎坷历程,经历了现代转型从迂回迟缓期到快速急进期的变化。作为"后发外生型现代化",中国的早期现代化具有区别于"早发内生型现代化"的一系列特征。

第一,防御性的现代化。由于中国现代转型是在巨大的外部压力下启动的,西方殖民主义的军事威胁使中国面临旷古未遇的国防危机,所以中国早期现代化首先是对这种危局的防御性反应。如果说,早发内生型现代化国家的工业化,是从较易实现原始积累、赢得利润的轻工业起步的,那么,中国的工业化努力则开始于重工业,特别是军事工业。第二次鸦片战争之后兴建的第一批现代化工厂,如1865年李鸿章设于南京的"金陵机器制造局"、1865年李鸿章设于上海的"江南机器制造总局"、1866年左宗棠设于福州的"马尾船政局"、1876年崇厚设于天津的"北洋机器制造局"等,莫不是制造枪炮、弹药、舰船的军工厂。所有这些是为"强兵"而设的。正如张之洞设铁厂也是出于这种认识:"今日之铁,明日之械","今日之铁,明日之轨"。后来建立的"纱布丝麻四局"

---

[1] 参见汪敬虞:《中国近代工业史资料》,第二辑(下),第869—919页统计表。

等轻纺工业,虽号称"求富",但其利润也主要用于填补铁厂、兵工厂的巨大财政亏空。

第二,政府起主导作用。中国早期现代化是在自身社会条件远未成熟的情形下,因外力逼迫,由政府自上而下发动的,所以这是一种"强政府、弱社会"的现代转型。因为中国是在文化的现代性与传统性不兼容的情态下开始实施现代化的,因而需要依仗超经济的强制手段,导致中央及地方政府的作用异常突出。晚清的早期现代化,在中央是由奕䜣、文祥等较早与洋人打交道的皇族亲贵主持的,他们在相当程度上得到掌握朝中实权的慈禧太后的支持;在地方上则由曾国藩、李鸿章、左宗棠等权倾一时的封疆大吏实际操办,继起者还有刘坤一、张之洞、袁世凯等也都是主政一方的地方大吏。中国的早期现代化与军政强人的活动关系密切,以至人存事兴,人亡事衰,现代化进程不断发生大起大落以至中断。这是政府大力干预的现代化所要付出的代价。

第三,二元结构明显。吴忠民等认为,近代中国现代化的低度发展使得中国现代化本身缺乏一种足够的扩散力和渗透力,因而对于旧事物的破坏力明显不足;近代中国日趋高涨的民族运动是侧重于为现代化的正常发展确立一种必要的民族独立的前提,而并非侧重于直接确定现代化的内容。这种情形直接造成了影响全局的二元性结构问题。

这种二元性结构首先表现为相对先进的现代工业与落后的旧式农业的对应;其次表现为先进的思想观念与传统的思想观念的对应。这种二元结构不仅对现代化的推进起阻滞作用,而且还可能对正常的现代化内容予以歪曲。

第四,冲突过多。这些冲突表现为民族性冲突,即中华民族同外国侵略者的冲突;新旧冲突即属于"现代"范畴制内的事物同旧的、落后的事物之间的冲突。相比较而言,前一种类型的冲突表现得激烈、充分,而后一种则相对隐蔽、曲折。"民族主义,在为统一和独立而奋斗的社会中,是一种实现现代化的力量,一旦国家获得成功,它很容易变成保守……的力量。"①

尽管早期现代化进程中,清王朝未能从专制王权制向君主立宪制转变,但其最初成果是现代化继续的物质基础和精神条件。

第二节 中国现代化的历史脉络

中国后发型现代化一开始是在殖民浪潮的外因压迫下被动进入现代化轨道的,而在国家赢得独立自主权的基础上,逐步进入自觉建设期,并以主动的姿态加入世界体系。在这一历史进程中,中国现代化经历了三次大的发展模式的转换。

1. 以辛亥革命为标志的转换

从1911年辛亥革命到1949年新中国成立,这是中国内忧外患同时加深、半边缘化与革命化同步发展的时期。这一阶段中国的现代化处于自发的游离状态,被挤压在一条窄缝中断断续续地进行的。

辛亥革命为中国进步打开了闸门,为中国走向现代化提供了契机。在政治上,辛亥革命的最伟大的成果是,通过暴力革命的方式,推翻了统治中国长达两千余年并日趋腐朽的封建君主专制制度,同时也迈出了中国的政治从专制走向民主的重要一步,为中国政治现代化奠定了基础。在经济上,开创了中国近代化的第一次腾飞。南京临时政府成立后,社会上迅速掀起了一个兴办实业的热潮,对中国工业化的发展起到了推动作用。在思想上,极大地冲击了传统的意识形态,中国的思想界获得了前所未有的解放,各种主义、思潮层出不穷,马克思主义也因此得到广泛的传播和普遍认同。

然而,辛亥革命不是西方资产阶级革命,没能建立稳固的政权,也不同于明治维新,出现中央集权的新局面,而是带来了权威失落、地方割据、社会失序的局面。因此,这一时期,现代化所面临的问题是:如何建立一个具有明确的现代化导向的、稳定而高效的政治体系,形成一

---

① 布莱克:《现代化的动力》,四川人民出版社1988年版,第38页。

个稳定、良好的社会规范秩序。这一任务在20世纪受到第一次世界资本主义发展危机的严重影响。

第一次世界大战导致了俄国脱离资本主义体系,选择了社会主义道路,而世界性的经济危机导致了法西斯主义的兴起,德、日、意走上了法西斯资本主义道路。这两大分裂直接影响到中国的现代化。1927年国共合作破裂以后,中国的现代化主要是沿着两条主线进行的,一条是以共产党为代表的,按照苏联模式进行的社会主义现代化探索;一条是国民党为代表的,按照西方国家模式进行的资本主义现代化探索。事实上,直到新中国成立,在中国这块土地上从未真正实现过共和政体。

这个阶段尽管是处在战乱之中,缺乏一个统一的强有力的政府来统筹推动,但是现代化的步子并没有停止,虽然进展是缓慢的。在沿海、沿长江流域、东北地区,现代工业逐步发展,到二战前夕已经占10%左右。教育也在发展,1949年全国高等学校学生达到17.7万人,中学生104万人,小学生2 400万人,而1912年小学生只有280万人,中学生6万人,大学生很少。

2. 以1949年革命为标志的转换

从1949—1979年,由资本主义模式转变为社会主义模式。中国在1950年的时候,还处于传统的农业社会,未进入第一次现代化的起步期。

表2.1 1950年世界部分国家的现代化进程

发展阶段		国家名称
第一次现代化	过渡期(1)	英国
	成熟期(14)	美国、加拿大、法国、德国、比利时、新加坡、阿根廷、以色列等
	发展期(13)	日本、芬兰、南非、意大利、奥地利、智利等
	起步期(17)	巴西、秘鲁、墨西哥、韩国、菲律宾、匈牙利等
传统农业社会(9)		中国、印度、泰国、埃及、土耳其、巴基斯坦等

(资料来源:《中国现代化报告2003》)

表 2.2 不同国家现代化起步期的比较

国家	时期	增长阶段(年)	人均 GDP 美元 (1965 年不变价)
中 国	1952—1972	20	85
印 度	1952/58—1963/67	10	77
菲律宾	1950/54—1963/68	13	118(1950—1954)
阿根廷	1900/04—1925/29	25	443(1900—1904)
日 本	1885/94—1905/14 1909/14—1925/29	20 17.5	74(1874—1879)
加拿大	1870/74—1880/99	22.5	508(1870—1874)
美 国	1869/78—1889/99	20	474(1836—1843)
德 国	1880/89—1905/13	24.5	302(1850—1859)
意大利	1885/99—1925/29	30	271(1859—1899)
法 国	1831/40—1861/41	30	242(1831—1840)
英 国	1801/11—1831/41	30	227(1795—1785)

(资料来源：吉·罗兹曼主编的《中国现代化》)

从表 2.2 数据可知，中国进入工业化、现代化的起步期，大约比英国、法国晚一个半世纪，比欧美其他发达国家和日本晚了一个世纪，比南美的阿根廷等国晚了半个世纪，而和印度、菲律宾等亚洲国家几乎同一时期。这一时期的现代化，罗荣渠将其分为两个阶段：

第一阶段(1949—1956)，仿效苏联模式与世界资本主义脱钩，建立中央指令性计划经济，通过内部积累，推行高速工业化战略，并进行一系列激进的社会改革。1952 年经济回归到战前水平，毛泽东提出过渡时期总路线，即一化三改造。社会主义工业化是以前苏联为蓝本，实行计划经济、优先发展重工业，第一个五年计划开始推行，由政府投资兴起 156 项大型项目，同时对农业、手工业和资本主义工商业进行社会主义改造。社会主义改造采取了群众运动的方式,很快就掀起了高潮,到1956年,三改造的任务就基本完成了,但工业化却并不那么容易。第二阶段(1957—1978),突破苏联的教条主义束缚,主要是强化政治手段与群众运动相结合的毛泽东式的改革。这次尝试是一种失败的尝试。在"不断革命论"的指引下,急于求成的强过渡造成了现代化的自我断裂,结果反而丢失了二十年难得的发展机遇。

3. 以1979年改革为标志的转换

如果说1949年革命完成了国家重建任务,从根本上抑制了衰败化和半边缘化的危机,使现代化有可能成为中国变革的主流趋势,那么,1979年开始的改革,最终使中国走上了创造性地探索有中国特色的自主型发展模式的现代化道路。

众所周知,中国的现代化是以西方现代化模式为主要参照系的学习、创造和超越的过程,无论是资本主义还是社会主义的现代化模式,都是舶来的观念、西化的过程。毋庸讳言,资本主义现代化是迄今为止惟一成功的现代化模式,但不是人类社会发展的最后、最佳的模式,其弊端在马克思的时代集中体现为人与人、人与社会的尖锐矛盾,引发了阶级斗争和社会主义革命的高潮,而在后工业文明阶段,人与自然的矛盾上升到主要地位,严重威胁着人类文明的可持续发展,因此,资本主义现代化模式不可全盘照搬。而针对资本主义弊端而提出的社会主义现代化模式,虽然准确诊断了资本主义的弊病,却尚未确定出高效的疗治方案,自身发展也处于困境之中。中国选择社会主义模式,在"五四"时期是作为拯国救民的手段,在改革时期则是作为强国富民的手段,并在具体的实践中,形成了中国特色的社会主义现代化的新型发展模式。

1978年党的十一届三中全会后,作出了改革开放的伟大战略决策,全党工作重心开始向社会主义现代化建设转移。在经过半个世纪的建设,中国的国民生产总值已经跃居世界第七位,约占世界经济总量的2.5%和发展中国家的12.5%,仅次于美国、日本和西方几个发达国家。但是中国仍然是一个发展中国家,现代化水平和国际通行的标准相比,还有很大差距。

表 2.3　2000 年第一次现代化指标的国际比较

	中国	世界平均	高收入国家	中等收入国家	低收入国家
人均 GDP(美元)	840	5 170	27 680	1 970	410
农业增加值(%)	16	5	2	9	24
服务业增加值(%)	33	64	68	55	44
农业劳动力(%)	50	49	5	32	69
城市人口(%)	36	47	79	50	32
医生数(每千人)	1.7	1.4	2.9	1.7	0.5
婴儿死亡率(‰)	32	54	6	31	76
预期寿命(岁)	70	66	78	70	59
成人识字率(%)	93	65(1990)	96	86	62
大学普及率(%)	7	13	60	19	6

(资料来源:《中国现代化报告 2003》)

表 2.4　2000 年第二次现代化评价指标的国际比较
(与第一次现代化指标不重复部分)

	中国	世界平均	高收入国家	中等收入国家	低收入国家
研究发展投入/GDP(%)	1.0	2.1	2.3	1.0	0.6
知识创新人员(每万人)	5		33	8	3
专利产出(每百万人)	12	134	790	33	3
中学普及率(%)	63	60	100	67	42
电视普及率(每千人台)	293	254	641	275	91
因特网普及(每万人用户)	178	605	2 989	324	38
人均能耗(千克石油当量)	868	1 671	5 448	1 325	567
人均 PPP(美元)	3 920	7 410	27 770	5 680	1 980
物质生产占 GDP(%)	67	36	32	45	56
物质生产劳动力(%)	73	69(1999)	30	46	84(1990)

历史地看,中国在世界性现代化潮流中处于相对落后的位置,在促使欧洲老牌资本主义国家及美国崛起的第一次现代化浪潮中,中国的封建统治者为维持其专制统治的"长治久安",而在经济上实行"崇农抑商",政治上实行高压,文化上实行禁锢政策,从而全方位地抑制了中国内生式现代化的萌芽,错过了这一次历史机遇;当殖民主义狂潮袭来,日本与俄国采取学习西方赶上西方的文化策略而成为追赶型现代化成功的范例,而中国却在步步为营地抵制西方文化侵入,又不得不在其强大的经济政治实力的压迫下步步退却,使自己在被动挨打的境地中越陷越深,错失了现代化的第二次机遇;"五四"新文化运动在中西文化全面交流的基础上为中国现代化提供了文化前提,中华人民共和国的成立使现代化建设有了一个和平环境,提供了现代化的政治前提,而在改革开放后中国才真正进入工业化和市场经济体系建构相配套的现代化正轨。中国赶上了世界范围内的现代化的第三次浪潮,并成为后发型现代化的典型,中国后发型现代化在复杂的背景中呈现出独特的发展模式和特征,较为突出的有混合过渡性、自觉建设性、经济先导性、政府调控性、跨越式发展性、文化裂变与整合交替性、发展模式创新性等等。这些特性使中国现代化与西方现代化经验模式形成鲜明对照,对人类文明的发展进程也有一定的影响。

第三节 中国现代化的发展与前景

现代化是中华民族几代人的梦想和追求。从严格意义上来说,中国现代化的历史进程是在 1949 年新中国成立后的社会主义制度下展开的。中国现代化是世界现代化的组成部分。如果不了解世界现代化进程,就不能全面了解中国现代化现状。如果不分析世界现代化发展趋势,就不可能展望中国现代化前景。

一、时代背景

(1) 世界现代化方向发生重大转折。20 世纪 70 年代以来,发展中国家继续进行以工业化、城市化和民主化为特征的经典现代化；发达国家则进入以非工业化（工业转移＋工业升级）、非城市化（城市扩散＋信息化）、知识化和全球化为特征的新现代化轨道。工业经济衰落（表2.5），知识经济崛起，反映了世界现代化方向的重大变化。

表2.5 发达国家工业经济的衰落

		三次产业占国民经济的比例					三产就业劳动力占全国劳动力的比例				
		1960	1970	1980	1989	1995	1960	1970	1980	1990	1995
美国	农业	4	3	3	2	2	7	4	3	3	3
	工业	38	35	34	29	26	36	34	31	28	24
	服务业	58	62	64	69	72	57	62	65	69	73
英国	农业	3	3	2	2	2	4	3	3	2	2
	工业	43	38	35	37	32	48	45	38	28	27
	服务业	54	59	63	62	66	48	52	59	70	71
法国	农业	11	7	4	3	2	22	14	8	5	5
	工业	39	39	34	29	27		40	35	29	27
	服务业	50	54	62	67	71	40	46	57	66	68

（资料来源：世界银行《世界发展报告1983—1997》）

(2) 世界现代化内涵发生本质变化。20世纪70年代以来，发展中国家的现代化内涵是从农业经济向工业经济、农业社会向工业社会转变；发达国家的新现代化内涵是从工业经济向知识经济、从工业社会向知识社会转变。随着知识革命、信息革命的发展，知识经济正在改变世界的面貌。知识产业的比重超过50%，表明世界现代化的内涵已经发生巨大变化。

(3) 经典现代化理论发生范式危机。经典现代化理论是在20世纪五六十年代形成的。在七八十年代，现代化理论面临诸多挑战：不能解释发达工业国家20世纪70年代以来的新发展。20世纪70年代以来，发达工业国家的非工业化、非城市化、信息化、知识化，工业经济衰落，知识经济崛起，知识社会来临，这些变化远远超出了经典现代化理论的范畴。尽管这种理论存在许多固有的缺陷，并因此受到种种批评,但是,它仍然被认为是用来阐述工业革命以来人类文明的革命性变化的有力理论。

二、发展的总体评价

新中国成立 50 多年,现代化的路子并不平坦,大起大落,这反映了中国现代化艰难和痛苦的历程,但是,纵观中国现代化的全部历程,这 50 多年的成效仍然是最显著的,进程是最快的。

表 2.6 中国第一次现代化指标

	1950 年	1960 年	1970 年	1980 年	1990 年	2000 年
人均 GDP(美元)	36	89	114	290	370	840
农业增加值(%)	59	26	35	30	27	16
服务业增加值(%)	20	32	28	21	31	33
农业劳动力(%)	84	82	80	76	74	50
城市人口(%)	13	18	18	20	26	36
医生数(每千人)	0.1	0.1	0.3	0.9	1.6	1.7
婴儿死亡率(‰)	138	165	69	42	29	32
预期寿命(岁)	48	41	58	66	70	70
成人识字率(%)		43	43	68	73	93
大学普及率(%)	1	1	1	2	2	7

(资料来源:《中国现代化报告 2003》)

根据《中国现代化报告 2004》,2002 年中国仍然处于以工业化、城市化为主要特点的第一次现代化的发展期,属于初等发达国家,第一次现代化实现程度为 79%,比 2001 年提高了 1 个百分点。2001 年中国综合现代化水平在 108 个国家中排名第 60 位,比 2000 年上升 1 位,比 1990 年上升 26 位,比 1980 年上升 33 位。其中,医疗服务、平均预期寿命和成人识字率 3 个指标达标,人均 GNP、大学普及率、农业劳动力比重、服务业增加值比重和城市人口比例表现一般。

从地区现代化的角度看,全国有10个地区已经完成或基本实现第一次现代化。北京、天津、上海、香港、澳门和台湾等6个地区已经达到第一次现代化的过渡期,2002年中国香港、澳门和台湾已经完成第一次现代化,香港和澳门已经进入第二次现代化。北京、天津和上海有9个指标达到第一次现代化标准,浙江、辽宁、江苏、广东、福建和山西等4个地区已经进入成熟期,湖北和山东等20个地区处于发展期,西藏和海南等2个地区处于第一次现代化的起步期。辽宁有7个指标达标,江苏、广东和黑龙江有6个指标达标。

根据综合现代化水平,2001年有14个地区现代化相对水平提高,与世界先进水平的差距缩小。这14个地区分别是:北京、浙江、辽宁、江苏、广东、吉林、黑龙江、四川、内蒙古、陕西、新疆、湖北、海南和上海。2001年中国大陆内地31个地区中,地区第一次现代化水平与完成经典现代化的国家的最大差距约为40个百分点,最小差距是3个百分点,平均差距为22个百分点;地区第二次现代化水平与世界先进水平的最大差距是78点,最小差距是24点,平均差距是69点;地区综合现代化水平与世界先进水平的最大差距是76点,最小差距33点,平均差距67点。

现代化在中国的发展极不均衡。这种不平衡表现为:① 达标指数不平衡。从整个国家来说,中国尚未进入第二次现代化,但一些二次现代化的要素已经传入中国。2001年衡量中国第二次现代化的4类指标发展不均衡,生活质量指数已经达到世界平均水平,但知识创新水平与高收入国家相比有较大差距。又如第一次现代化的10个评价指标中,中国有一些指标与标准值相差较大,如人均GNP、大学普及率、非农业劳动力比重、服务业增加值比重、城市人口比例指标等;② 地区现代化水平的地理分布不平衡,东部沿海地区现代化水平明显高于中部和西部地区。2002年,华东沿海地区第一次现代化实现程度平均值为92%,华北沿海地区平均为87%,东北地区平均为86%,是中国大陆内地现代化程度比较高的地区;西南地区现代化程度是全国最低的地区。

表 2.7 中国大陆内地八大地区现代化水平的比较

	2002年				2001年				
	人口比例	I现代化	II现代化	综合现代化水平	II现代化指数	知识创新	知识传播	生活质量指数	经济质量指数
东北地区	8.3	86	85	37	36	19	36	61	29
华北沿海	14.2	87	85	44	48	39	45	70	37
黄河中游	14.8	77	76	31	31	19	32	48	26
华东地区	10.6	92	90	45	46	31	47	68	39
华南地区	13.2	77	76	33	29	12	28	46	30
长江中下游	18.0	76	74	30	28	12	31	42	37
西南地区	15.7	68	67	27	25	10	24	41	26
西北地区	4.4	74	72	29	27	10	27	45	26
中国	100	79	78	32	31	21	50	45	27
高收入国家			100	100	100	100	103	98	99
中等收入国家			93	42	38	21	37	52	40
低收入国家			59	23	20	10	18	29	21
世界平均			90	51	46	54	39	46	45

有学者认为,中西部之所以发展缓慢还有两个因素,一是市场的程度低,改革相对滞后,现在全国市场化率为69%。中国已经基本成为社会主义市场经济的国家。从东、中、西三大区的市场化程度来说,其比例大致为80%:50%:30%。如以60为临界线的话,那么,中西部地区还没有实现市场化。二是城市化程度低,2002年全国的城市化率为39.09%。除吉林、黑龙江两个中部省以外,其余中西部省市的城市化率都在39.09%以下,有的还不足30%。农业人口占绝大多数,中西部的多数大中城市,经济社会的发展水平并不低。所以中西部与东部的差别,实质上也是城乡差距的表现。

此外,中国现代化建设中还存在一些薄弱环节,如教育现代化、社会分化中的整合问题,农村现代化和城市化等等。

三、发展前景

中国的现代化是在前现代与后现代的夹缝中进行的,前现代文化对现代化本能的抗拒和后现代观念对现代性的反思,都构成现代化途中的不可回避的因素,既有阻碍作用,又有一定的匡正功能,这使现代化的定向变得难以把握,中国后发型的现代化既不能重复西方的老路,也不可能完全绕开工业化另辟蹊径,只能走充分发挥高科技作用、低能源消耗、低环境污染、控制人口增长、维持文化生态与自然生态平衡的可持续发展之路,探索信息化与工业化相互促进的新型工业化之路。

此外,中国的新型工业化是在农耕文明的转型与信息文明的建设的错层间进行的,中国特有的农业文明、工业文明、信息文明长期共存的状态,是中国走新型工业化道路的现实基础,也是中国探索新型现代化道路的现实基础。中国的农业文明向工业文明的过渡与西方经验模式的不同点在于,它的城乡二元结构的改变在改革开放的早期阶段更多地不是通过农村经济解体强制实现城市化而达成,并通过城市的扩张而拓展的,而是通过农业产业化、农民工人化、农村城镇化而逐步实现的,乡镇企业的发展是中国内生式工业化的主干部分,真正改变了古老的村社的生产力水平,改变了农村的产业结构和社会结构,改变了农民的生存方式,农业纳入工业化和市场化的轨道,成为产业化的综合经营,实现了中国农业文明向工业文明的和平过渡,这似乎依然是农村包围城市的道路,异军突起的乡镇企业和普遍陷入困境而改组转向的国营企业的不同发展势头共同瓦解了小农经济和计划经济的基础,为现代工商文明的发展清道。

中国加入国际贸易组织,使开放作为第一动力源而迅速推进改革进程,城市化的浪潮席卷全国,越来越多的乡村成为乡镇,乡镇成为小城市,小城市成为中等城市,中等城市成为大城市,大城市成为国际都市,中国市场体系的完善化和规范化的步伐大大加快,这也将尚且稚嫩的中国企业推向了国际竞争的漩涡,优胜劣汰,中国真正的企业家和具有核心竞争力的企业群以及凝结了现代意识的企业文化逐渐生成,成为文化新质的核心部分。中国的信息文明不是工业化发达时期的产物,不是工具系统在高度机械化、自动化的基础上智能化的结果,不是科技文化充分发育后的自然趋势,而是与工业化进程几乎同时进行的,受国际新经济和高科技发展大潮裹挟的加速运动,并迅速成为新型工业化的重要支柱和导向性产业群,信息文化的高度国际化、全球化的特征有力地改变着惯性和惰性极强的中国文化体系,它的选民——年轻的知识层与传统观念和传统媒体迅速拉开距离,中国文化的现代化也随之进入加速期,中国传统文化中重视教育、尊重知识的因素成为了信息文明的有力促进因素,注重精神境界、修养和精神文化的传统也构成知识经济的有力支撑。这是中国可能在信息文明阶段发挥作用的重要基础,中国可能继日本、印度在信息技术发展中的出色表现后再展新高。日本调整发展战略意欲与美国在新经济领域再度较量,印度成为软件生产第二大国,中国网民数量现居世界第二位,这些似乎都预示着在信息文明时代,东方文化可能再度崛起,而这个可能性要变成现实,将取决于发展战略和发展模式的正确选择与顺利运行。

中国科学院专家预测,2050年的中国国家综合实力进入世界前三名的行列,总体可持续发展能力进入世界前15名的行列,人均GDP水平进入世界前30名的行列;平均预期寿命达到85岁(每10年提高3岁);平均恩格尔系数低于0.2;平均基尼系数保持在0.25—0.30;平均人文发展指数达到0.90以上;平均城市化率超过75%;人文发展指数进入世界前20名(平均每年提高1.5个序位);整个国民经济中科技进步的贡献率达到70%以上;全国平均受教育年限在14年以上(平均每10年提高1.5年);单位能量消耗和资源消耗所创造的价值在2000年基础上提高10—12倍;生态环境质量超出世界平均水平;能有效地克服人口、粮食、能源、资源、生态、环境、社会公平等影响国家发展的瓶颈约束。

何传启在首届科学家论坛中提出:中国2050年现代化目标是在全面完成第一次现代化基础上,基本实现第二次现代化。我国现阶段比较合理的战略选择应是,以第二次现代化带动第一次现代化,以第一次现代化促进第二次现代化,推动知识化、信息化和工业化的协调发展。21世纪上半叶,我国现代化建设将大致可分成三个阶段:第一阶段,知识化、信息化和工业化并举。第二阶段,以知识化和信息化为主。第三阶段,知识化。

中国社科院课题组则对2020年的小康生活提出了总体描述:

(1) 中等收入群体将扩大。20年后全国约有2.5亿多从业人员达到中等收入群体,中等收入者个人的年收入水平大体应在5万至8万元。

(2) 一部分人会率先达到较富裕的收入水平。科研人员、科学家和科技企业家;金融、IT业、房地产等热门行业或效益好的企业管理人员;律师、作家等自由职业者及工程师、会计师、建筑师和高级技工;党政机关和学术团体中的中高层管理人员;外企和外企服务机构中的中高级管理人员;私营企业家和收入较高的个体工商户;演艺人员、体育明星等7类人将会率先达到较富裕的收入水平。

(3) GDP总量增长速度即使从低线预测也会不错。以2000年为基数,今后20年分为前10年和后10年两个发展阶段,并按高、低两个速度测算,GDP的绝对额2010年高线预测值为18.38万亿元(略高于翻一番),低线预测值为17.64万亿元(略低于翻一番),GDP的绝对额2020年高线为36.16万亿元(略高于翻一番),低线预测值为33.11万亿元(略低于翻一番)。

(4) 人口已处于低增长但基数很大。2005—2020年为生育旺盛的新高峰期。据社科院人口研究所专家的预测,2010年将达到13.8亿人,2020年达14.8亿人,2050年控制在16亿人左右,50年后即可实现零增长。

(5) 人均GDP不乐观,人均PPP还不错。根据GDP和人口的测算,2010年的人均GDP为12 800—13 320元,2020年为22 370—24 430元。世界银行的发展报告中计算的中国按购买力平价(PPP)偏高,比按汇率计算的GDP高出3.7倍,如参照中等收入国家高出1.9倍(现按高1倍)的比例计算,2010和2020年分别为3 200美元和5 900美元,也超过了目前中等收入国家的平均水平。

(6) 城市化水平有望达到60%。据人口专家预测,到2010年,城镇人口比例将提高到48%,年递增速度为2.7%,2020年为60%,年递增速度为2.4%,接近目前中等收入国家的水平。

(7) 第三产业从业人员还会大幅增加。到 2010 年,三产从业人员比重达到 35%,2020 年为 50%,可超过目前中等收入国家 41% 的平均水平。

(8) 大学生普及率达到 20%。2010 年大学生普及率将达到 12%,2020 年达到 20%,按上述比例测算,两个时期的在校大学生应为 1 209 万和 2 072 万人。

(9) 城镇人均收入 22 000 元。今后两个发展时期均以 6.0% 的速度递增,2010 年为 12 300 元,2020 年为 22 000 元。

(10) 农民人均纯收入近 7 000 元。农民人均纯收入 2002 年为 2 476 元,到 2010 年达到 3 830 元,到 2020 年农民人均纯收入将有可能达到 6 860 元。

(11) 户均一套房,人均一间房。建设部提出了小康社会的住房标准:到 2020 年实现"户均一套房,人均一间房,功能配套,设备齐全"。按此标准换算成建筑面积则为人均 23—30 平方米。农村人均居住面积 2020 年可达 37 平方米。

(12) 恩格尔系数要降到 30%。恩格尔系数 50%—60% 为温饱型,40%—50% 为小康型,20%—40% 为宽裕型。2001 年我国城乡平均为 43%,已属小康型。今后 20 年内要求降到 30% 左右,农村要降到 38%,城镇要降到 25%。

(13) 基尼系数要降到 0.4。据世界银行发展报告中的中国基尼系数,目前已扩大至 0.458。今后如能在福利政策和税收政策方面加以调节,基尼系数是有可能逐步降低的。2010 年大致维持现有水平不再扩大,保持在 0.45 左右,2020 年略有下降达 0.40 左右。

表 2.8 中国现代化的标准

1. 在经济领域达到或超过世界中上水平国家的发展水平:(1) 在综合社会经济实力方面,达到中等以上收入国家的人均国内生产总值水平;(2) 在工业方面,形成以高新技术制造业为主体的工业生产结构;(3) 在农业方面,完成工业技术对农业的改造,部分农业达到高科技型和环保型水平,农业的产出率水平达到世界中上水平;(4) 在全国产业结构方面,形成符合国际趋势的服务业等第三产业占主要地位的产业格局;(5) 在反映社会主义经济制度属性方面,保持国有控股资本(或产值)在国内生产总值中的最低比重。

续 表

> 2. 在社会领域达到或超过世界中上水平国家:(1)在社会结构方面,形成符合国际趋势的社会城市化的格局;(2)在社会安定方面,保持低于中等国家的收入差距和社会犯罪率,保持社会的大体公平;(3)在人民生活消费方面,形成符合国际水平的合理、科学、营养、健康和有利于发展的消费方式;(4)在环境保护方面,达到或超过中等国家的环保水平,或达到国际标准;(5)在公共服务方面,主要指标达到国际中上水平,个别指标甚至超过国际中上水平。
> 3. 在科技领域接近、达到或超过世界中上水平。具体包括:(1)科技进步贡献率达到世界中上水平;(2)主要技术水平接近或达到世界发达水平;(3)科研投入和管理达到世界中上水平。
> 4. 在人的素质方面达到世界中上水平。具体包括:(1)生命水平达到或超过世界中上水平;(2)教育文化素质达到或超过世界中上水平。

(资料来源:刘瑞等:《中国现代化的标准探讨》)

思 考 题

1. 中国早期现代化的主要特征是什么?
2. 简述中国现代化建设的三次模式转换。
3. 建国 50 年来中国的现代化建设有哪些经验与教训?

相关阅读书目

罗兹曼:《中国的现代化》,江苏人民出版社 1997 年版
罗荣渠:《中国现代化历程探索》,北京大学出版社 1992 年版
罗荣渠:《现代化新论续篇》,北京大学出版社 1992 年版
吴忠民,刘祖云主编:《发展社会学》,高等教育出版社 2003 年版
张琢,马福云:《发展社会学》,中国社会科学出版社 2001 年版
章开沅,罗福惠主编:《比较中的审视——中国早期现代化研究》,浙江人民出版社 1993 年版
许纪霖,陈达凯主编:《中国现代化史》第 1 卷,上海三联书店 1995 年版
费正清,赖肖尔著:《中国:传统与变革》,陈忠丹等译,江苏人民出版社 1992 年版
费正清编:《剑桥中国晚清史》上下册,中国社会科学院历史所编译

室译,中国社会科学出版社 1985 年版

陈旭麓著:《近代中国的新陈代谢》,上海人民出版社 1992 年版

金耀基等著:《中国现代化的历程》,台北时报文化出版事业有限公司

第三章
经济发展

　　发展首先是经济的发展,经济发展是其他方面发展的基础,也是人类社会进步的前提条件。波提斯指出:"当非洲、亚洲、拉丁美洲的学者或领袖们谈到'发展'时,它们通常是指下列这些主题中的一个或几个,这些主题共同构成了这一概念的可资使用的定义:

　　(1)经济改造,就是指国民产品持续而又迅速的增加和制造业在国民经济中决定地位的确立,从而使国家掌握未来增长的主权(佛塔多,1964年)。(2)社会改造,就是指更加平均的收入分配,人们可以普遍地分享'社会财富'(如教育、医疗服务、充足的住房、娱乐设施)并被赋予参与政治决策的权力(维纳,1966年)。(3)文化改造,就是指确立民族意识和弘扬优良传统,在精英和大众之间树立起一个全新的自我形象,彻底驱除二等民族和对外依附的自卑感(拉格斯-马图斯,1963年)。"[1]

　　事实上,以上三方面对应为经济发展、社会发展和文化发展。其中,经济发展是推动社会发展的基础和基本手段。作为发展的基础,世界上的发达国家无一不是在经济发展的基础上获得优势的。

第一节　经济发展的涵义

　　经济发展构成了现代化的物质基础。在20世纪50年代和60年

---

[1]　波提斯:《论发展社会学:理论与问题》,《美国社会学杂志》,1976年,第55—85页。

代,许多国家都把经济指标看作是衡量社会发展的重要指标,在许多经济学文献中,在某些场合,经济发展和经济增长也是同义词。事实上,二者还是有一定区别的。

在近代以前,经济发展主要是以传统的自给自足农业为基本内容。近代以来,以英国产业革命为开端的工业化浪潮席卷全球,经济发展的含义发生了根本性的变化。它既指一个国家的经济以传统农业为中心的缓慢增长状态向以现代工业为中心的迅速增长状态的转变过程,即工业化的过程,也指以产业结构高度化为主要内容的整个经济的现代化,它包括第三产业的迅速扩张和农业在现代化技术条件下的改造等。

经济发展的含义不仅随着时代的变迁而变化,而且在不同的国家也有不同的内容。对于第三世界的国家来说,经济发展除了经济结构的变迁、人民物质福利的改善外,还包括建立独立自主的国民经济体系。对于迟发展的国家来说,通过引进外国技术和资本,在短时间内实现工业化。因此,金德尔伯格和赫里克指出:"正如经济发展的问题以及解决这一问题的政策是多方面的那样,经济发展的定义也是多方面的。经济发展的一般定义包括:物质福利的改善,尤其是对最低收入群的人来说,根除民众的贫困,以及与此相关联的文盲、疾病和过早死亡;改变投入与产业结构,包括把生产的基础结构从农业转向工业活动;以生产性就业普及于劳动适龄人口而不是只及于少数具有特权的人的方式来组织经济活动,以及相应地使有着广大基础的集团更多地参与经济方面和其他方面的决定,从而增进自己的福利。"[1]

经济增长指一个国家或地区在一定时期内的产出增长,它一般是以国民生产总值(GNP)或人均国民生产总值为主要指标来表示经济产出规模的扩大。库兹涅茨把经济增长解释为在一个长时期内提高为其居民提供种类越来越多的经济产品的能力,其中产品供应的持续上升是经济增长的结果;技术的进步是经济增长可以选择的缘由;而技术要得到广泛而有效的利用,则要制度和意识形态上的调整。并且他以国民总产值及其组织部分、人口、劳动力等常规衡量为基础的分析,得

---

[1] 金德尔伯格和赫里克:《经济发展》,上海译文出版社1986年版,第3页。

出了现代经济增长的六个特征:① 发达国家的人均产值增长率和人口增长率很高;② 生产力提高的速度快;③ 经济结构转变的速度快。结构变化主要包括从农业生产转向非农业生产,现在则是从工业转向服务业;④ 社会结构及其意识形态也迅速变化,人们很容易想到社会学家把城市化和世俗化作为现代化过程的组成部分;⑤ 经济上发达的国家利用技术力量的增强;⑥ 现代经济增长的传播仍然十分有限,经济状况远未达到现代技术潜力可能达到的最低水平。[①]

此外,发展经济学家还提出了许多关于推动经济增长的理论模型,如罗斯托的经济增长阶段论,哈罗的多马模型,罗森斯坦·罗丹的"大推进"理论,刘易斯、拉尼斯和费景汉等人的"二元经济理论",舒尔兹转变农业的理论(人力资本投资理论),钱纳里和塞尔昆的"发展形式"等等。

至于什么是经济现代化,这并不是一个很容易回答的问题。艾森斯塔特认为,从经济变化的角度来谈论现代化,其表现如下:① 非生物性动力取代人力作为生产、分配、运输和通讯的基础;② 经济活动与传统环境相分离;③ 手工业工具逐步为机器和技术所取代;④ 高水平的技术必然导致门类繁多的第二产业(工商业)和第三产业(服务业)的增长,它们在数量上超过第一产业(天然生产业);⑤ 从事生产、消费、市场活动的经济角色和经济单位日益专业化;⑥ 经济上一定程度的自主性增长,至少增长到足以经常地增加生产和消费;⑦ 日益增长的工业化。

按照罗斯托的观点,使社会具有经济上自我持续增长能力的过程就是现代化。罗斯托认为,经济增长有五个阶段,即传统社会阶段、起飞前的聚集阶段、起飞阶段、趋向成熟阶段和高额消费阶段。在经济的起飞阶段,生产投资率(当年的工业投资占国民总收入的比例)从5%以下上升到10%以上,再提高到20%以上。哈罗的多马模型也强调投入的增加,认为要提高GNP增长率,就要扩大储蓄率(投资率)。罗森

---

① 库兹涅茨:《现代的经济增长:发现和思考》,选自谢立中、孙立平主编《二十世纪西方现代化理论文选》,上海三联书店,第439—440页。

斯坦·罗丹的"大推进"理论强调集中资金投入到某个部门,使某个部门先发展起来,进而带动其他部门。刘易斯的"二元经济理论"强调最低生存部门和先进部门之间的联系,指出不发达部门向发达部门提供廉价、丰富的劳动力是经济发展的关键。而舒尔兹的人力资本投资理论则强调再开发人力资本上的投资。所有这些模型都强调投资的重要性。然而关键的问题是:由谁来投资?是由政府来投资,还是由政府推动个人或者民间来投资?这个问题将直接关系到现代化的成就。①

主流学派的经济学家们对经济现代化的理解首先表现在对"效率"与"公平"的关系上。刘易斯提出:"我们的主要兴趣不在于分析经济分配,而在于分析增长",即分析"人均产出的增加"。这就是著名的"先增长后分配"的模型,即先把蛋糕做大,然后再进行分配,这一理论直接影响了后来巴西、阿根廷的"官僚-权威主义"时期、韩国的朴正熙时期等许多政府的经济政策。先增长后分配的模型包含着对平等价值取向的否定。在他们看来,应该促进的是"机会均等",而不是收入分配的平等。机会均等的努力,可以导向个人主义的、充分竞争的有效的体制,而收入分配的平等则导致一种集体化的经济体制,这种体制是低效率的,阻碍经济的增长,从而使社会经济长期处于落后状态。现代化的社会转型是由经济增长带来的。经济增长带来社会结构的变化,而新的社会结构又为增长创造条件。钱纳里和塞尔昆的发展模型,提出结构变化既包括生产、需求、贸易、资源的使用和人口等方面的变化,也包括城市化和收入分配等过程的变动。他们否定了片面强调投资,但所列举的证据都是一些量化处理的技术指标。因此,这种结构分析的模型使人们对经济现代化的认识停留在表层,人们很容易陷入"数字陷阱"②。

总之,经济发展强调的是经济结构的变革和国民经济系统内部协调与外部环境变化适应能力的增强,是指量与质的共变,即除了规模扩

---

① 尹保云:《什么是现代化——概念与范式的探讨》,人民出版社2001年版,第125—129页。
② 尹保云:《什么是现代化——概念与范式的探讨》,人民出版社2001年版,第124—126页。

大的量变外,还包括经济结构性的变化和人民生活质量的变化,它是一种比量的变动更深一层的变迁过程。而经济增长则是强调国民生产总值的增加,它不仅包括增加投资和获得的增产,也包括由于劳动生产率的提高而带来的增产。[1]

由于结构变动具有特殊的经济和社会意义,因此我们倾向于把起因于结构变迁的经济增长叫做经济发展,而把非结构变迁而导致的经济增长仅仅称之为经济增长。一般说来,经济增长和经济发展是同步效应,但也有例外。克劳尔在《没有发展的增长》的研究论文中,描述了主要为外国种植园所拥有的利比亚出口初级产品生产的迅速增长,但这种增长既没有经济结构上的变化,以使其他经济部门有补充的增长,也没有分配制度上的变革,以便把实际收入所得分到所有的社会阶层中去。[2]

而经济现代化本身包含三个层面:第一是物质层面,即人均产值、工厂、铁路等的增长与增加;第二是制度层面,即私营企业成长状况;第三是观念的层面,指人们对经济生活的世俗化态度,如是否具有"经济人"的意识等。[3]

《1995年人类发展报告》中提出了四种方式,建立增长与发展(现代化)之间的理想联系:① 重视对教育、健康和技术的投资,为人们提供就业机会,参与增长并享受增长的利益;② 更平等的收入和财产的分配是建立增长与发展之间密切联系的关键因素;③ 依靠政府机构合理的社会开支,即使是在没有好的增长和好的收分配的情况下,政府的这种支持亦能明显促进发展;④ 授予人民权利,尤其是给妇女权利,是把增长与发展联系起来的可靠途径。

第二节 经济发展的理论考察

经济增长与发展,从严格意义上说,是经济学的主要议题。然

---

[1] 梁荣迅:《社会发展论》,山东人民出版社1991年版,第86—88页。
[2] 梁荣迅:《社会发展论》,山东人民出版社1991年版,第89页。
[3] 尹保云:《什么是现代化——概念与范式的探讨》,人民出版社2001年版,第139页。

而,经济发展和社会发展关系十分密切,二者互为前提和条件。因此,在社会学的分析中,经济因素也日益占有重要的地位。首先,对发展问题的研究始于经济发展问题,不了解一个国家或地区的经济特征,就无法了解其内在的社会结构;其次,经济发展水平、结构、模式决定着社会发展的水平、结构、模式;第三,经济生活的社会、制度、心理因素,与社会生活中的经济因素具有同等重要的地位;第四,经济学分析和社会学对发展问题的研究并不因为对象而有所区别,它们的区别仅仅在于对同一个发展问题,从不同的侧面加以研究。

表3.1 经济发展各个侧面的分析

	经济发展的一般性经验	经济学分析的侧面	社会学分析的侧面
总体的侧面	(1) 人口增加: 人口多与人口增长率高; 死亡率与出生率下降; 加速人口增长率; 经济发展与人口增长不平衡; 因经济原因而出现大量国际移民 (2) 生产总值及人均产品的增长: 各先进国家人均产品增长率较现代以前并不显著(每10年增长70%以上); 各先进国家人均产品增长率长期以来比较稳定; 各先进国家生产总值增长率极高,但各国之间差距很大(每10年增长20%—40%)	(1) 劳动力增加: 各种年龄人口的构成中生产性年龄层扩大; 通过降低幼儿死亡率来保证未来的劳动力; 通过降低患病率来保证劳动力; 提供规模经济机会; 提供市场及产品扩大机会 (2) 效率的提高: 单位劳动时间内产品增长率的提高; 生产资料效率的提高;资源质量的改善、组织的变化、技术的变化	(1) 社会密度与社会性流动增强: 人口的集中化——社会组织规模的扩大; 提高活动密度; 促进城市化; 传媒的发展; 教育活动与教育组织的发展 (2) 社会分化: 职能的分化:专业化的发展、人员分配原则的法理社会化、成果主义价值的优越地位; 社会功能分化的加速;功能性集团的形成、小家庭化

续 表

	经济发展的一般性经验	经济学分析的侧面	社会学分析的侧面
结构的侧面	(1) 产业结构变动——国民产品分配的侧面： 农业部门在总产值中所占比重下降； 工业部门在总产值中所占比重提高； 服务部门在总产值中所占比重的变化不明显（总体上说变化不大） (2) 产业结构变动——劳动力分配额侧面： 农业部门在总劳动力中所占比重下降； 工业部门在总劳动力中所占的比重上升，但上升的绝对量及比率都很小； 服务部门在总劳动力中的比重或是不变的，或是上升的 (3) 生产要素中国民收入分配的趋势： 国民收入中资产收入所占比重下降； 国民收入中经营者及自营者收入所占比重下降； 国民收入中雇佣者报酬所占比重提高 (4) 各种规模收入分布的趋势： 各种规模收入分布的平均化； 因累计税与社会性服务而出现的上层收入分配	(1) 比较生产率的差距(配第法则)： 农业部门的生产率停留在与一个国家的总生产率相同的水准上； 工业部门生产率的增长速度高于一个国家总生产率增长的速度； 服务部门的生产率低于一个国家的总生产率水准 (2) 收入弹性上的差距： 对农产品的收入弹性下降； 对工业产品的收入弹性保持高水准； 对服务部门产品的收入弹性显示高增长率 (3) 资产收入： 同国民收入比较资产比率下降； 收益率下降 (4) 经营者自营者收入： 国民收入中资本收益比重下降； 总劳动中自营者比重下降 (5) 雇佣者报酬： 总劳动力中雇佣者所占比重增加； 雇佣者人均收入增加	(1) 产业结构的变化： 产业部门中工人地位的变化 (2) 职业阶层的结构变动： 职业阶层的开放性的加强； 社会移动的增加； 职业阶层更加复杂 (3) 权力结构的结构变动： 产业权力的扩大化——经营专家的形成； 对抗权力的扩大化——工会抗衡力的增强 (4) 组织的官僚制化： 自营者的减少与雇佣化； 所有权的衰退——从所有者经营向专家经营转化 (5) 权力的民主化： 传统支配的衰退； 经营民主化的发展； 阶级斗争的制度化 (6) 职业收入阶层的平均化： 工人社会地位的提高； 生活方式的中间层化 (7) 累进税与社会性服务：

续　表

	经济发展的一般性经验	经济学分析的侧面	社会学分析的侧面
结构的侧面	的下降与下层收入分配的提高 (5) 产品支出模式趋势： 政府消费支出在一国生产总值中所占比重的提高； 民间消费支出在一国生产总值中所占比重的下降； 国民总资本形成在一国生产总值中所占比重的提高	(6) 收入分布的平等化： 产业部门中工人人均产品不平等的缩小； 劳动力就业上各种地位分布的变化——经营者、自营者比重下降； 雇佣工人中非熟练工人所占比重下降 (7) 政府消费支出： 国防支出的增长（暂时性的）； 一般行政支出增长 (8) 民间消费支出： 人均消费支出增加； 生活条件的变化； 消费者偏好变化； 收入分配的变化 (9) 国民总资本形成： 公共、民间法人部门所占比重的长期上升； 家庭经济部门所占比重长期下降	平等主义观念的增强； 公民权的发展（向社会权发展）； 社会政策的扩充 (8) 政府、行政组织的庞大化； 群众社会的出现； 民主主义有名无实 (9) 生活水平提高： 生活水平的提高与群众消费社会的出现； 社会问题的产生 (10) 消费者主权的衰退： 消费的制度化； 消费者运动的高涨
国际的侧面	(1) 国际上相互依存关系的趋势： 先进国家的技术，社会知识积累的增加； 国家间资源及物质资料移动的发展；国家间移民的增加、世界贸易增长率的提高、国家资本移动的增加；	(1) 技术社会知识积累：教育和科研投资的增加 (2) 国与国间资源及物质资料的移动：少数先进国家保持优越地位 (3) 现代经济增长的影响：局部地区经济	(1) 技术、社会知识积累：文盲率下降与高等教育的普及、知识、信息社会的出现 (2) 国与国之间资源及物质资源的移动：国际人种阶层的形成 (3) 现代经济增长的影响：

续 表

	经济发展的一般性经验	经济学分析的侧面	社会学分析的侧面
国际的侧面	现代经济增长对全世界的影响 (2)国际间收入差距的趋势： 目前后进国家的人均产品比先进国家一个世纪前水平还低； 目前后进国家的增长率比先进国家成长率还低； 先进国家与后进国家之间收入上的差距有越来越大的趋势	增长的形成 (4)国际间的收入差距：各发展中国家贫困问题的产生	"社会主义"体制的扩大； 面对"新殖民主义"、"帝国主义"而兴起的民族主义运动 (4)国际间的收入差距： 国际社会阶层的形成； 民族主义的兴起

（资料来源：刘佐，章俗：《发展社会学教程》）

一、经济发展研究的起源

从古典经济学开始，国民财富的增长或经济增长一直是经济学的一大主题。

亚当·斯密从资产阶级利己本性出发，认为一国经济发展，最重要的是要充分发挥个人建立在自利心基础上的积极性，让每一个人都为了自己的利益参与公平竞争。他强调自然法则，反对政府干预，认为市场机制就像一只"看不见的手"调节着价格的升降，一切生产和消费活动都应受市场调节。大卫·李嘉图则首次比较系统地研究了国际贸易对一国经济发展的影响，提出了依照生产成本的相对差别而实行国际分工的自由贸易理论——"比较成本说"和"比较利益说"。

与英国古典政治经济学针锋相对的是德国的历史学派，主张对社会经济进行归纳的历史方法的研究，反对古典学派的自由放任思想，主张国家干预经济生活。其中李斯特的经济学说，以促进国内市场的形成、德国的统一和德国资本主义工商业的发展为中心思想。在他看来，不存在各国共同的普遍的经济规律,只有各国或各民族特有的经济发展的特殊道路;不存在各国通用的政治经济学,只有特定的国民经济体系的政治经济学——国民经济学。

受德国历史学派的影响,美国经济学界在19世纪末和20世纪初出现了制度学派,采用结构分析或制度分析的方法来说明社会经济现实及其发展趋向。他们认为,资本主义的弊病和社会矛盾是由于制度结构的不协调造成的。由于制度学派与社会学的结构功能主义在分析方法上相一致,在研究资本主义国家的现实问题和第三世界发展问题上具有共同性,因而,在一定程度上推动了发展社会学的发展。

此外,马尔萨斯的人口论、熊比特的创新理论、马歇尔的渐进发展论、柯布-道格拉斯的生产函数模型、托达罗的劳动力迁移模式等,都为经济发展研究的深化作出了积极的贡献。

二、经济发展研究的演变[①]

经济学对经济发展的研究是在20世纪四五十年代,第三世界国家争取到独立和步入发展进程之后在西方发达国家兴起的。发达国家的经济学家从各种目的出发,对后发国家怎样摆脱贫困、落后,如何进入发达国家的行列进行了研究,这类发展研究大都集中在对发展中国家的经济发展障碍的分析以及研究如何创造发展条件上。他们提出了各种经济发展模式来描述不发达国家的特征,解释其贫困的原因以及摆脱困境的战略。

1. 西方的经济发展理论

按照时间顺序和理论特征,西方的经济发展研究分为两个基本阶段:

第一阶段:20世纪40—60年代,占统治地位的是"线性阶段模型"。这个阶段的西方发展经济学具有以下特点:① 直接用资产阶级的经济学说,结合发达国家的成功经验,提出解决不发达国家面临问题

---

① 主要参考:梁荣迅,《社会发展论》,山东人民出版社1991年版;肖枫,《西方发展学和拉美发展理论》;吴忠民,刘祖云,《发展社会学》,高等教育出版社2003年版。

的对策和方案;② 认为贫困与落后是一连串因果联系的链条所组成的,用线性阶段模型来解释不发达的问题,强调资本积累;③ 关注于国民经济的总量增长。

(1) 拉格勒·纳克斯的"贫穷的恶性循环"理论

纳克斯认为,不发达国家的贫穷的恶性循环表现为资本积累能力方面的两个恶性循环的存在:一个表现在对资本的供给方面,一个表现在对资本的需求方面。

在供给方面,由于人们的储蓄能力小,因而资本缺乏。储蓄能力小是因为人们实际收入水平低,实际收入水平低是因为整个经济的生产率低下,生产率低下主要是由于资本缺乏造成的。如此循环不已。在需求方面,由于人们的购买力有限,因而对投资的吸引力小,购买力有限是因为实际收入水平低,实际收入水平低是因为生产率低下,生产率低下是由于在生产中使用的资本数量少,资本数量少是由投资的吸引力小造成的。这样又形成一个恶性的循环。

两种恶性循环所隐含的意思是:由于不发达国家存在着经济发展的主要障碍——储蓄能力低和缺乏投资,因而不可避免地再生产着贫穷。因此,在纳克斯看来,要使贫穷国家摆脱这种恶性循环,关键是要提高储蓄能力和增加投资。他认为,只要提高投资的数值,循环中所有其他的变数都会因之而提高,从而造就经济增长的良性循环。为此,纳克斯提出一方面必须寻找出从国民吸收更多储蓄的途径;另一方面必须找到那些来自国外的可用来进行投资的各类资金款项。

这种基于西方市场经济原理的逻辑推论,并不符合或不能解释不发达国家中的真实现象。贫穷的恶性循环理论存在着不切实际和简单化的缺陷。这一理论并没有考虑到发展中国家的更为复杂的经济体制和社会文化因素。过于看重资本积累对经济发展的制约作用。除纳克斯的"贫穷的恶性循环"理论外,"大推动理论"、"两个部门的模型"理论都将最低数量的资本积累和投资看成是发展得以成功的必要条件。在20世纪50年代,强调"资本积累"因素的经济发展理论,还曾极大地影响到联合国及一些国际经济组织的决议和资本援助行动。联合国及其他国际经济组织的资本援助虽然在一定程度上有助于改善贫穷国家的经济条件，但是并不能从根本上解决这些国家的经济发展问题，因为经济发展问题并非仅仅是资本积累问题，而是一个经济社会系统的综合改革问题。

(2) 罗斯托的经济增长阶段论

罗斯托认为，根据历史事实，每一个国家的经济发展都要经过传统社会、为起飞创造前提条件、起飞、向成熟推进、高额群众消费时代和追求生活质量这六个阶段。其中，起飞阶段最为关键。这个阶段是由一个或更多的主导部门推动的，它的迅速增长，带动了辅助部门和派生部门的增长。当然，按照罗斯托的意见，要实现主导部门的增长必须具有一些相关的条件，如现代科学和技术的应用，投资达到足够的水平，要有一个强有力的中央政府的存在，此外，还须形成一个企业家阶层以及具备所谓的"企业家精神"。一旦实现了经济起飞，一国经济就会从低增长率（或没有增长）持续地过渡到健康的发展速度。

罗斯托的"起飞"概念，是指在工业化初期的较短时间内实现基本经济结构和生产方法上的巨大转变，而不是一个渐进的过程。"起飞"就像飞机摆脱地心引力和空气阻力一样，突破不发达的停滞状态。他认为，一个国家一旦超越了传统社会而起飞起来，经济就可以持续增长了。"起飞"的第一个条件是：资本积累率要达到10%以上。第二个条件是：建立起飞的主导部门，它们能激起许多辅助性工业部门的发展（主导部门的扩散性效应）。第三个条件是创造一种社会机制，以便使剩余价值习惯地进入生产投资的渠道，而不被消费掉。"成长必须以利润不断重新投资为条件"。

西方经济学家对罗斯托的经济增长阶段论褒贬不一。卡尔多、索洛、萨缪尔森均认为，经济增长阶段论的非连续发展的假定——即由最初的缓慢增长，在经历起飞阶段后变为迅速得多的增长速度，经不起经验的检验。另外，罗斯托将投资达到国民收入的10%的水平作为起飞的条件不符合经验事实。他们认为，在经济出现持续增长以前，投资不一定要迅速增加。后一种批评实质上指出了罗斯托的发展条件的规定只是对发达国家经济增长的经验的总结，而并非是对广大发展中国家经济发展的经验事实的反映，因此，罗斯托的经济发展理论只能算是一种特殊发展条件的理论,而非一般的发展条件理论。罗斯托的经济发展理论的另一个缺点是,未能对影响一国经济发展的外部力量做出应有的分析。罗斯托虽然指出了从传统社会转向"过渡阶段"的两种途径:一是靠自己力量所实现的自然转变,另一是靠外部力量所推动的强制转变,但他并未具体分析较为普遍的第二种情况。他只强调先进国家侵略落后国家而引起的加速传统社会解体的作用,而闭口不谈由此可能造成的殖民地经济的依附性。在论及发达国家对贫穷国家的贷款援助时,他强调了发展援助所带来的刺激经济增长的正效应的一面,而忽视了它对发展中国家的发展失衡的负效应的一面。总之,罗斯托对经济发展的外部因素的分析较之对内部因素的分析显得有些粗略。①

第二阶段:20 世纪 60 年代末的"结构变动模式"。这一阶段研究的中心问题是:不发达经济利用什么样的机制才能使国民经济结构以传统农业为主的社会转变为以制造业和服务业为主的社会。其中,刘易斯提出的二元结构论影响最大。

二元结构论后经费景汉和拉尼斯等人的发展,被称为刘易斯-费-拉尼斯模式,用以解释第三世界劳动剩余国家经济发展过程的"普遍真理"。

刘易斯的二元结构理论有三个假设前提:不发达经济部门分为两个部门,即城市中以制造业为中心的现代化部门和农村中以农业、手工业为主的传统部门;劳动力无限供给;工资水平不变。

刘易斯认为,在不发达经济的两个部门中,只有现代化的城市工业部门是增长的主导部门,农村中的传统农业只是被动地起作用,工业部门增长的动力来自资本积累,资本积累来自利润的再投资,利润又来自剩余劳动的有效利用。因此,要实现经济发展,就要扩大城市工业,而城市工业的扩大,没有资本积累和技术进步是不可能的。在他看来,经济发展的中心问题是要理解一个由原先的储蓄和投资不到国民收入 4％或 5％的社会本身转变为一个自愿储蓄增加到国民收入 12％到

---

① 汪和建:《现代经济社会学》,南京大学出版社 1993 年版,第 356—365、367—371 页。

15％以上的经济过程。[①] 经济发展就是资本主义部门相对于农村自给自足农业部门不断扩大的过程。经济可以发展到劳动力短缺、工资不得不上升的状况。因此,在发展过程中,资本形成和技术进步的结果,不是提高工资,而是提高国民收入中利润的份额。

费景汉和拉尼斯认为,刘易斯的模式有两个缺陷:一是忽视农业在促进工业增长方面的重要性,会造成农业的停滞;二是忽视农业生产率的提高而出现剩余产品,应该是农业中的劳动力向工业流动的先决条件,否则工业中新吸收的来自农业中的劳动力就没有口粮和其他农产品的供应。为此,他们进行了修正。刘易斯-费-拉尼斯模式反映了发展中国家经济发展过程中城乡对立运动的客观规律,大致上符合西方经济增长的历史经验,为许多发展中国家的政府所采纳。

既然现代化的中心聚焦于经济发展,在经济学领域的分析中,也就更多地展现出了这种定向的特征。无论是刘易斯的经济增长理论,还是罗斯托的工业化起飞理论等等,虽然着眼点、主题和形式各异,但具有共同的特征,即都是以18世纪以来的西方经验为依据,利用加速与力的力学观点,描述工业成长的自然过程,藉以理解现在的第三世界,并付诸于实践。这些理论,导致了人们对"现代化"概念的理解局限于"经济-技术"的层面,而忽视了这一概念所蕴含的、由西方知识—权力框架所塑造的霸权关系意义。

2. 拉美的经济发展理论

二战以后,西方经济学家面对不发达国家的发展经济的迫切需要,并没有任何思想和理论上的准备,他们对发展中国家的研究往往局限于联合国的统计资料,以及其他一些相关文献,缺乏分析小农经济社会经济发展的理论依据,所作的研究往往不能很好地理解发展中国家。与此同时,拉美地区的经济发展理论也应客观需要而兴起,并随客观实践的发展而发展。这一时期的经济发展理论经历了一个"经济增长理论"→"经济发展理论"→"社会整体发展理论"的演变过程。从理论派

---

① 刘易斯:《劳动力无限供给条件下的经济发展》,《现代国外经济学论文选》,商务印书馆1984年版,第63页。

别来说，主要有：发展主义、依附论、巴里洛克模式、新经济自由主义、外围资本主义变革论、重新定向论等。

发展主义理论出现于20世纪50年代初，在拉美影响最大、统治时间最长。它的理论特色是：从批判传统的国际贸易理论入手，揭露发达国家对落后国家的剥削，创立了"中心—外围"的分析体系，相应地提出了以"工业化"为中心、以国民生产总值高速增长为目标，以国家规划和必要的干预为手段，以改善国际经济秩序为条件的发展主义模式。依附论出现于20世纪60年代，将"中心—外围"概念推向了极端，倡导拉美国家要取得独立自主的发展，必须同资本主义国际经济体系脱钩，而不是结合进这个体系中去"争取改善"发展中国家的地位。巴里洛克模式出现于20世纪70年代，在西方"未来学"热潮的推动下，提出的第三世界未来的发展模式。该理论因该基金会于1976年发表的《是灾难还是新的社会？》研究报告而得名。这一模式的出现，标志着拉美经济发展理论向政体综合发展理论的过渡。但其影响仅限于国际学术界。与此同时，西方新经济自由主义对拉美经济发展思想也产生了很大冲击。他们主张减少国家干预，让市场自行发挥调节作用，被认为是对凯恩斯国家干预主义的革命。这股思潮对20世纪70年代上台的智利军政府、阿根廷军政府的政策影响很大。20世纪80年代，拉美经济陷入危机时，这一经济自由主义的政策为越来越多的政府所采纳。与此同时，拉美学术界开始进行理论反思，经济发展理论也出现了调整的态势，但理论建树少，对策性建议多。①

综观拉美经济发展理论，具有以下特征：① 立足于第三世界的角度、发展中国家的立场和利益来研究经济发展问题；② 立足于拉美国家和其他国家的实际来研究发展，实用性强；③ 大多数人既肯定市场的作用，也认识其局限性，主张将经济自由主义与国家适当干预结合起来。这一理论发展与国际学术界密切联系，深受西方发展经济学理论的影响。

---

① 肖枫：《西方发展学和拉美发展理论》，第116—120页。

3. 经济转型的研究①

关于经济转型的研究，长期以来为各个国家的经济学家和社会学家所重视，随着东欧社会主义国家的相继解体，经济转型的研究达到了一个新的高潮。

所谓经济转型，狭义上讲，经济转型意味着原社会主义国家所进行的计划经济向市场经济过渡的过程。就广义而言，经济转型意味着在一段时期内全面的过渡、转变以及变化，即表现为经济制度的转变以及变化。② 中国学者根据现状，将经济转型一分为二：即体制转型和结构转型。前者是指从高度集中的计划再分配经济体制向市场经济体制转型，后者是指从农业的、乡村的、封闭的传统社会向工业的、城镇的、开放的现代社会转型。体制转型是在一段时间内完成的制度创新，而结构转型则是在漫长的过程中改变一个国家在世界经济体系中的地位。③ 因此，经济转型是指一个国家或地区的经济结构和经济制度在一定时期内发生的根本性变化。

到目前为止，对经济转型的研究尚未形成一套完整的理论，正如布林德所说，当经济学理论达到完善的时候反而对政策的影响甚少，当它在众说纷纭的时候，对政策的影响最大。④

西方理论界对经济转型的研究通常借用的理论工具是新古典经济理论和传统的产权理论。这些理论主要把西方经济制度作为对象进行研究，它相信界定清楚的私有产权制度是最佳的经济制度。正是基于这一结论，迅速的私有化在这些理论中被认为是计划经济向市场经济转型的首要步骤。但是，当今经济转型的复杂性往往令经济学家不知所措，以上的理论不足以解释当今社会特别是在社会主义国家中所发生的经济转型，于是有些经济学家从制度经济学角度着手研究经济转型，并对一些经济现象做出解释。

---

① 黄海峰：《加入WTO后中国经济转型》，新浪财经。
② 盛洪：《中国的过渡经济学》，上海人民出版社1994年版，第2页。
③ 李培林：《中国改革中期的制度创新与面临的挑战》，《社会学研究》，97.1，第3页。
④ Alan S. Blinder (1987): Hard Heads, Soft Hearts, Reading, Mass: Addison-Wesley, P1.

对于发展中国家,经济增长理论和经济发展理论也有其借鉴作用。有的学者认为,可以从制度经济学理论的角度来探讨经济转型,因为传统的制度理论仍然具有诠释力。有的学者则从制度变迁理论来分析经济转型,认为制度变迁是指制度的转变、变迁和交易过程,即是一种效益更高的制度对另一种制度的替代过程,其变迁具有路径依赖的性质。制度变迁理论与经济增长理论不同,它认为制度是内生变量,通过制度变迁能提高劳动生产率和实现经济增长。①

在中国学者看来,中国经济转型理论是制度转型理论的一个分支。他们用制度转型理论来分析中国的经济转型,一是研究农业经济的转型体制,二是研究国营企业的改革。有学者通过对农村经济技术转型理论的研究,将转型分为诱致性转型和强制性转型。还有的学者借助于经济发展理论来研究经济转型中的特有现象,认为经济发展在某种程度上是经济转型的要素之一。经济转型必然存在着经济结构的调整,产业结构的转换势必形成劳动力的持续流动。对中国而言,20世纪80年代以来,农村劳动力大规模的跨区域流动,是中国经济转型过程中最为引人注目的经济现象。此外,对早期研究中国的学者而言,虽然他们没有直接研究经济转型理论,但是他们从人类学的角度探讨了中国社会转型的方式,其经典理论仍然有借鉴作用。影响较大的两个理论分别是:施坚雅创立的区系理论和费孝通创立的乡村理论。前者将研究重点集中于村落以外的集镇和经济网络,后来又转向对宏观区域的研究。正是他在经济区和行政区的研究中,具体研究了中国的村落、集镇、城市以及中国早期的都市化,从而推动了学术界的实证研究。后者则注重对社区的研究,揭示了中国社会的"差序格局"现象,正是中国有这种社会结构的差异,使得中国的经济行为与西方有很多不同。除此之外,还有的学者从文化比较、发展比较、政治制度的比较理论来揭示经济转型的差异。②

总之,关于中国经济转型的研究正朝着实证化方向发展。这在很

---

① 黄海峰:《加入WTO后中国经济转型》,新浪财经。
② 黄海峰:《加入WTO后中国经济转型》,新浪财经。

大程度上借鉴了社会转型的研究手段,研究对象也从过去以乡村为主的社区研究扩展到对城镇、县甚至一个特定区域的研究,主要集中在小城镇、城乡社区、城乡关系、边区开发和地区性发展战略等方面。

第三节 影响经济发展的因素[①]

人类社会是一个由若干相互联系、相互作用的要素组合而成的有机整体或系统。在这个大系统中,经济只是一个子系统。根据系统论,系统的要素与要素之间、要素与系统整体之间,以及系统与环境之间都是相互联系、相互依存、相互作用、相互制约的。作为社会系统的一部分,经济的发展不仅受到其内部要素的影响,而且会受到外部环境的影响,这些因素共同作用推动经济的发展与不发展。[②]

一、人的因素

劳动力是生产力中最革命、最活跃的因素,其数量、质量、构成、地理分布等方面的状况,对经济发展有着不同程度的影响。

1. 人口质量

人口质量的高低是经济发展快慢的决定性因素之一。所谓人口质量是一个社会的人口的思想道德素质、科学文化素质和身体素质的有机结合的统称。它不仅表现为健康的体魄和健全的心理,更重要的表现在教育程度、技术水平、进取精神、价值取向、组织纪律、道德品质等方面。因此,在发展研究中,通常用"教育程度"作为人口质量的基本标志。在现代社会,一个国家的经济和军事力量取决于科技发展水平和科技人才素质以及劳动力素质,而后者又最终取决于教育。英国初等教育的普及不可不谓早,但其教育结构尤其是普通教育与职业教育、人文教育与科技教育的结构不合理,在20世纪80年代以前一直是一个没有得到较好解决的问题,这直接影响到英国经济实

---

① 参照梁荣迅:《社会发展论》,山东人民出版社1991年版,第171页。
② 影响经济发展的因素是多元,现择其一二分析,其中政治因素和文化因素将在后面的章节中讨论。

力和国际地位的提高。而德、日对科技教育的作用认识较早,其后来居上与此是有关的,这也是英国在20世纪七八十年代要向德、日学习的原因。

教育发展与人力资源的开发程度决定着一个国家的发展水平,是经济和社会发展的最主要动因。20世纪以来,世界经济史上曾先后出现三次后进国家追赶先进国家的成功范例:

第一次追赶,美国对英国的追赶。1871年到1913年是美国经济迅速超过英国的重要时期,也是美国人力资本对英国加速追赶的时期,此后90年,美国经济、军事、人力资本水平一直处于世界首位。美国经济强盛不衰的主要动力来自高水平的人力资源、发达的教育水平和先进的教育科技发展战略。美国是世界上最早普及初等和中等义务教育,高等教育最早进入大众化、普及化的国家,25—64岁劳动力平均受教育年限世界第一。美国长期以来保持高水平的教育投入,各级教育平均经费都居世界前列。

第二次追赶,日本对美国的追赶。日本被视为世界上最成功的"追赶"国家,它创造了从1820年到1992年人均GDP提高28倍的世界记录,教育在其现代化进程中发挥了极为重要的作用。长期以来,日本的教育投入一直保持在较高水平,近20年来,全国教育经费占GDP的比例基本处于6%以上。文盲率只有1%,是世界上最低的国家。如果没有这样一支受过良好教育和严格训练的劳动力,很难想象日本能够在资源如此贫乏、人口压力如此沉重的情况下开发高技术,发展了成熟的工业经济。

第三次追赶,韩国对西欧国家的追赶。1965—1995年中,韩国GDP实现了年均经济超过8%的增长速度,目前经济实力已跃升入中上等收入国家行列,支撑其经济快速赶超的原因在于政府加强了教育投入,充分调动社会力量办学,重视普及义务教育和高等教育,不失时机大力发展职业教育以及产学研结合等基本方针。

大量研究证明,现代经济增长是以现代教育为基础的,工业化水平越高,对人才依赖性就越大,人力资本需求就越强,知识对经济发展的作用也日益强烈。正如哈比森所说的那样:"是人力资源——而不是资本、收入、物质资源——构成了国民财富的最根本的基础。资本和自然资源是被动的生产要素;人才是积累资本,开发自然资源,建立社会、经济、政治组织和推动国民经济发展的能动因素。显然,一个国家如果不能提高其人民的技能和知识,并将他们的技能和知识有效地用于国民经济建设,它就不可能有什么发展。"①

2. 人口数量

人口数量也是影响发展的重要因素。朱利安·西蒙认为,对发展中国家来说,人口的适度增长有利于生活水平的提高。人口增长的结果不仅刺激新技术的发明,也推动现有技术的应用。库兹涅茨认为,在一定的生活水平和劳动技能的条件下,较多的人口意味着较大的知识总量,较大的知识存量会产生知识增长的乘数作用,这是人口多的好处。但在第三世界国家过多的人口反而会导致原有生活水平和技能水平的下降,这同"规模经济"超过一定界线之后会产生"成本递增"现象一样。换言之,在人口密集而可资利用的资源有限的国家中,迅速的人口增长虽然为经济发展提供了一个无限量的劳动力来源,但降低了国民收入中的积累基金的比例,从而减缓国民经济的发展。

表 3.2　与人口数量相关的统计指标

(1) 粗出生率(Crude birth):指特定年份每 1 000 人口中的全年活产婴儿数。
(2) 一般生育率:(The fertility rate):指每 1 000 育龄妇女的全年活产婴儿数。
(3) 粗死亡率(Crude death rate):指特定年份每 1 000 人口中全年发生的死亡数。
(4) 婴儿死亡率(IMR, the infant mortality):指出生婴儿不满周岁内死亡人数同出生人数的比例。
(5) 寿命或平均预期寿命(Longevity or life expectancy):指对某个年龄段中活着的人的平均寿命的预测。

由众多人口统计学家和社会学家对人口增长所作的调查结果表明:① 经济的繁荣是国家降低出生率的最有说服力的预测器;② 不断

---

① 哈比森:《作为国家财富的人力资源》,英国伦敦大学出版社 1973 年版,第 3 页。

增长的社会繁荣往往因进入劳动力市场的妇女数量的不断增长而打上深深的印记,而这些妇女常常处于育龄阶段;③ 提高妇女地位,并为她们提供更高级的教育机会,还会降低家庭的规模;④ 对人口和家庭来说,富有与更少的孩子联系在一起的;⑤ 生育控制的测量要比经济繁荣在效率上低得多;⑥ 在发达国家,人口学的主要问题是低出生率。①

哈耶克认为:"理解人口增长的关键是变异,我们有必要在此稍加展开。人类无与伦比的成就,是变异与多样性,并由此产生了其他种种特性。除少数物种由于人类的人工选择而出现了明显的多样性外,人类差异纷呈的局面是举世无双的。这种现象之所以发生,是因为在自然选择中,人类发展了高效能的学习器官。从而在人类史上的大多数时期,正如在其他案例中一样,不是由于自我限制,而是由于自我刺激,导致了人口数量的扶摇直上。人口增长仿佛是按链式反映方式进行的,土地占有密度越大的地方,越能为专业化提供机会,越能造成个人生产率的提高,它反过来又进一步刺激着人口的增长。在如此密集的芸芸众生中,得到发展的不光是自然秉赋,而且还有各种文化传统的流变,正是在这种文化传统里,人类绚丽多彩的智力活动给了他们不断选择的能力——特别是在不断延长的青春时期,尤其是这样。""到目前为止……最高的人口出生率恰恰不是出现在发达的市场经济中,而是出现在发达经济的边缘地区,出现在穷人中。……但是,这些边缘地区现在已经逐渐消失。""总而言之,在那个我们为之焦虑不已的可预见的未来,并不存在任何世界总人口将超过原材料资源承受力的危险。我们而且有充分的理由相信,即使存在这种危险,自然界固有的力量也将在此之前很久就遏制其发生。"②

因此,只要人口的增长低于国民收入的增长速度,人口数量保持在本国资源和生态环境可以承载的限度之内,而且人口数量的增加不危及人口质量的提高,那么,人口的增长就不能阻碍国民经济的发展。

---

① 罗宾·科恩:《全球社会学》,社会科学文献出版社2001年版,第288—290页。
② 哈耶克:《不幸的观念》,第177—180页。

表 3.3 人口统计的转变

第一阶段	稳定的,但具高潜力的增长	高出生率和高死亡率	人口是稳定的,但又是内在的,具有扩张的因素,因此具有高增长的趋势	农业社会
第二阶段	过渡阶段	继续高出生率,但降低了死亡率(例如通过更好的卫生、污水处理以及低 IMR)	这是真正的人口扩张时期	工业发展的起飞阶段
第三阶段	人口稳定	低出生率和低死亡率	人口规模保持在一个平稳或较低的时期	具备完善的福利系统的富裕社会阶段

(资料来源:罗宾·科恩:《全球社会学》)

二、科学技术因素

现代经济发展提高了广大人民的生活水平,其首要原因是它大大提高了人均产出水平,而人均产出的提高主要来源于人均资本的增加和技术的进步。当代经济增长理论和经济增长核算都从数量上指明,人均产出增加的绝大部分应当归功于技术进步,就是人均资本的增长也只有靠技术进步才能长期维持。

历史生动地表明,科学技术的快速进步是现代经济发展的关键。18 世纪后期蒸汽机的发明,引起了产业革命,使人类在不到一个世纪的时间里创造出了比过去一切时代总和还要多的物质财富。19 世纪后期电力的发明和使用,又将人类推进到了电气时代,使人类社会的物质财富更为迅速地积聚起来。当代科技革命为现代经济发展创造出了前所未有的、效率强大的生产工具和技术设备,提供了日新月异的劳动对象,新技术、新工艺、新能源、新材料的使用大大提高了劳动生产率。

随着社会的发展,科学发现转化为技术发明并广泛应用到生产中去的周期越来越短,科学和技术日益紧密地结合在一起。为了维持和进一步提高自己的技术优势和竞争能力,许多发达国家都在认真加强基础研究,争取成为新技术的首创者。

以日本为例,自20世纪70年代末期以来,"创造性科学技术立国论"在日本应运而生。1981年,日本政府也开始采用了"科学技术立国"的口号。要求日本从借用别国技术的地位,向自己创造崭新技术,并向他国提供新技术的地位转化。此后,官方和民间都强调要加强基础研究,为此,日本政府逐步采取各种具体措施来推动一些重点领域的基础性研究。而从民间企业方面来看,随着日本经济的结构性调整和进一步国际化、企业界的经营方针也日益重视技术。根据通产省的一项调查,关于企业最重要的经营目标,回答"强化技术能力"的企业数居第二位。比回答"销售额最大化"、"经营多角化"和"国际化"的企业数都多。关于扩大利润的最有效手段,则回答"加强技术开发"者占90%以上。在这样的背景下,民间支出的研究费迅速增加。最近5年间,尽管日元升值和汇率不稳,民间支出的研究费去除物价因素外仍以9%以上的速率增加。由于科研资金的大量投入和企业间技术开发竞争的激化,以及一部分大企业基于长期经营战略积极向尖端科研领域进军等原因,民间的科研活动日益向高层次发展,特别是基础研究的意向正在加强。根据科技厅的一项调查,过去5年加强了基础研究的企业占38%,而今后准备加强的企业则高达70%以上。与此同时,几乎所有企业近几年都在采取加强科研组织的措施。其中引人注目的是以基础研究为主要任务的研究所数量正在增加,海外建所的趋势也在增长。当然,大学和政府研究机关在基础研究方面依然必须担任主要角色。这种结构今后也不会有什么根本性的变化。

表3.4　日本政府推动基础研究的主要措施

1. 扩大科学研究费补助金,推进以大学为中心的独创性尖端学术研究。科学研究费补助金是日本大学中除经常研究经费以外的一项最重要的科研补助费。其用意是从研究人员个人或小组自发的研究计划中选择特别重要者予以补助,以期获得重大的研究成果。1987年度在这项补助金中增设了"重点领域研究"项目,将"海外学术调查"扩充为"海外学术研究",并充实了"一般研究"、"奖励研究"、"试验研究",以及"研究成果发表促进费"等项目。

续 表

> 2. 利用"科学技术振兴调整费",对国立试验研究机关的基础研究进行重点推进。科学技术振兴调整费创设于 1981 年,其目的是根据社会和国家的长远需要,比较灵活地推进一些重要的研究项目。其使用基本方针由科学技术会议决定。1985 年开始,在该项费用中增设了用于国立试验研究机关的"重点基础研究"项目。1987 年度又特别加强了物质和材料科学技术以及生命科学等重点领域。1988 年度又增设了"国际流动基础研究"项目。
>
> 3. 加强"创造性科学技术推进制度"。该项制度创立于 1981 年,由科技厅新技术开发事业团负责实施。为了广泛吸收产、学、官各方面以及海外的优秀科研人员,采用了"流动研究制度",即:在保持研究人员终身雇用制不变的条件下,打破单位之间的界限,集中优秀人才组成研究小组,进行某个项目的创造性科研活动。研究项目一般以 5 年为期,项目结束后研究小组解散,人员各回原单位。研究设施则是利用民间企业已有的研究所。该制度 7 年来进展顺利,据说已经产生了一些引人注目的新技术种子。1983 年度该项制度的预算额为 22 亿日元,到 1988 年度已增加至 38 亿日元。年均增长率为 11.6%。
>
> 4. 设立"国际前沿研究制度"。这是 1986 年 10 月日本科技厅在下属的理化学研究所设立的制度,其目的是发掘可能成为 21 世纪技术革新主要基础的知识。该制度也采取流动研究和对外开放的体制。
>
> 除上述各项措施外,国立试验研究机关的组织和体制的改革或改组也正在进行。在重视国际性方面,除积极推进国际科技合作协定外,还颁布了《研究交流促进法》,以期扫除国际共同研究方面的法律障碍。在人才和情报方面形成开放型体制。

(资料来源:《日本科学技术发展的战略与政策》)

因此,从科学技术促进经济发展的角度来看,日本之所以有今天,多有赖于有效地引进、消化、吸收和改进外国开发的先进技术,建立自己独具特色的高效率生产体系,同时不断培育自己的研究开发能力的"追赶战略"。

《世界经济发展宣言》(草案)指出:"科学技术对经济发展起着重要的作用。科学技术应该有利于建立高效、合理的经济体制。推进科技进步并合理利用科技成果,推动世界各国经济发展和提高人民生活水平。采取切实可行的措施,促进经济发达国家的先进技术向发展中国家转移,防止科学技术变成单纯为少数垄断者牟利的工具。"

著名未来学家格雷厄姆·莫利托预测新的千年,世界经济将出现五大浪潮:第一个浪潮是"休闲时代",从休闲性的企业——从酒吧到录像厅到歌剧院——在2015年不久将占美国国民生产总值的50%；第二个浪潮是"生命科学时代"，到了2100年以及其后的很长一段时间里，生命科学将主导经济活动，对生命蓝图的理解将使遗传工程师们能够控制植物、动物和个人的进化；第三个浪潮是"超级材料时代"，包括能够在原子及亚原子水平上对物质进行分解的超级材料技术，将彻底改变自然科学……超级材料之谜将解开物质的状态及构造之谜；第四个浪潮是"新的原子能时代"，热核聚变将带来新的原子能时代。聚变是以实际上无限的氢作为燃料，因而具有满足不尽的能源需求的潜能；第五个浪潮是"新的航天时代"，在新的千年里的某个时候，外星企业将成为经济活动的主要动力。所有这些预测都与科学技术相关，因此，要使世界经济的发展真正增进全人类的福利，就必须加快科学技术的进步及其在全世界的传播，并切实保证科学技术能够真正造福于全人类。

三、经济因素

自从英国产业革命以来，工业化一直是经济发展的中心内容。工业化推动着经济的发展，这主要表现为：

① 工业化过程提供了现代生产方法，使生产率大大提高，创造了比传统社会多得多的财富，从而使人均国民收入成倍增长；② 工业化创造的产品，品种之丰富，数量之庞大，为人类社会前所未有，使人们不再满足于基本的生活需求，转而享有丰富多彩的高层次物质和文化消费，从而提高了人们生活的质量和人们的福利水平；③ 工业化创造的巨大国民收入反过来又创造了巨大的市场需求，给工业化生产带来了广阔的市场容量；④ 工业化改变了传统社会的产业结构，且收入的提高和工业消费品的供给改变了居民的消费结构和生活方式，消费结构和生活方式的变革又从需求方面不断推动产业结构的高级化；⑤ 工业化为经济发展提供了交通、能源基础，提供了原材料、机器设备、厂房、通讯等等，从而为经济发展向前推进奠定了物质基础；⑥ 对于后起的发展中国家来说，进口替代工业化，将逐渐增强自身独立发展经济的能力，逐步摆脱对发达国家以及整个国际市场的依赖，节省外汇、实现稳定、均衡发展；⑦ 工业化的发展导致城市化的进展，而两者互为推动，

工业化产业和城市第三产业的发展容纳和吸收着传统农业转移出的劳动力和人口；⑧ 工业化改变着人们的工作方式、生活方式、文化观念以及精神面貌，促进上层建筑和意识形态发生有利于经济发展的变化，从而为经济发展提供政治、法律制度保证和精神方面的刺激力量。

表 3.5　工业化和社会系统的变迁

	不完全变迁		变迁	
	行动者分配	财物分配	行动者分配	财物分配
经济子系统	工业化势必在各产业中改变行动者的相对分配以使第二产业的人数相对于第一产业来说是增长的	工业化势必引起使用不属于他们自己所有的生产工具进行劳动的人口比例增大（减少自愿劳动者）	工业化势必扩大那种以成就来评价活动的职业数量	工业化势必扩大获得财物是以市场为机制的范围
政治子系统	工业化势必增加向上流动达到掌权的位置的机会	工业化势必带来工作场所中权力等级结构的扩散，因为这对达到工业生产的目标是有效的，结果是不断增多的劳动者很少有权控制他们的劳动生活	工业化势必带来在根据科层制原则组织起来的位置中工作的人口比例增大	工业化势必在政治系统中通过投票扩大大众参与的机会
整合子系统	工业化势必加强职业群体和威望群体之间的流动	工业化势必引起将较高威望分配于那些对工业系统的运行贡献最多的职业之中	工业化势必产生职业角色的永远增加专业化	工业化势必带来具有抵消权力作用的各种类型组织的出现
文化子系统	工业化势必扩大那些具有操纵复杂符号的能力的人数，即平均教育程度的提高，更多的人掌握文化的机会	工业化势必导致收入分配的拉平	工业化势必提高人力分配以正规教育程度为基础的程度，工业化势必渐渐导致财物分配由个人成就所决定	

（资料来源：刘佐，章俗：《发展社会学教程》）

战后发展中国家的发展经历表明,工业化和收入水平增长有着很高的相关性,同时由于资源天赋和政府政策的不同,发展也会形成很大的差异。

较之于发达国家,发展中国家的工业化进程具有以下特点:① 重工业生产增长率明显高于轻工业;② 工业化目标多样化,有以进口替代为目标,有以出口导向为目标,也有以建立综合性的产业体系为目标;③ 工业化模式的选择并不能带动国内需求;④ 工业化进程与农业经济相脱离,往往将经济资源优先配置于工业部门,而置农业部门于不顾。这种将牺牲农业作为工业化不可避免的代价,使用一切手段加快工业化进程的做法,其后果首先是造成人民福利水平的下降;⑤ 工业生产中劳动者素质低,劳动密集型特点较浓,工业吸纳新劳动力的能力和速度有限;⑥ 工业资本的形式来源较多,一是工农业产品剪刀差,二是农业税,三是农村的金融信贷,四是援助。

从发达国家工业化的经验来看,牺牲农业发展工业,是标准的工业化发展模式。发达国家工业化成功的原因在于:① 发达国家是在世界大多数国家处于农业文明阶段时,率先走向工业化的,这就使其工业产品能够很容易地打开国际市场,出口到各农业国家;② 18、19世纪率先发展工业的国家,处于全球性农业文明的包围中,自然不怕出现粮食危机,他们可以以其特有的工业品出口换取粮食。

而对于发展中国家来说,其工业化是步发达国家后尘而开始的。因而其产品的出口,必须同发达国家的产品在世界市场上展开竞争,这对于大多数发展中国家来说,其结果几乎是不证自明的。其次,发展中国家的人口压力,使其粮食供给成为重大问题,使其不可能牺牲农业靠进口粮食发展工业,更何况其工业品出口市场是不容乐观的。第三,在工业化的同时兼顾农业,就要分散发展的资源,进一步削弱工业发展的能力。第四,后起的发展中国家,易受发达国家消费模式的影响,产生示范效应,消费早熟,更易使其最低食物需求曲线斜率提高。第五,正如现代化理论家来说,资本形成是经济发展的一个基本条件,对于广大后发国家来说,资本短缺是影响经济起飞的主要障碍。

因此,发展中国家工业化成功的道路有两条:一条是解决人口问题和压低国内消费水平,尽量将资源转用于生产用途;另一条是将其产品成功地推向世界市场,换取外汇以此进口必需的农产品和先进的机器设备和技术。如果既不能做到第一个方面,又不能走第二条道路,则农业与工业并重发展,只能是一厢情愿的乌托邦空想。

四、环境因素

世界上的一切事物都处在普遍联系之中,因此,在考察一国经济发展时,不能不考虑其周围环境的影响。

1. 国际环境

日本在二战之后的经济复兴是与有利的国际环境分不开的,是与美国的扶持政策分不开的。如当日本于1946年发生饥荒时,美国开始承担起预防瘟疫和社会动乱的责任,并向日本提供粮食援助。到1946年底,美国决定允许日本经济恢复到战前水平。最后,到1948年底,美国开始大力支持日本政府稳定和发展经济,将经济发展推进到超过战前的水平。在这段时间内,美国以"占领区经济基金"和"占领区复兴基金"的名义,先后向日本政府提供了21亿美元的援助。美国对日政策的转变和对日经济援助,是从其全球战略目的出发的,为了与共产主义相抗衡,与之相适应,美国不仅在日本推行了更为有利的经济政策,而且不顾其盟国的反对而提议结束对日本的军事占领,恢复日本的主权。而朝鲜战争的爆发,对日本战后的历史产生了极其深远的影响,日本成了美国对朝鲜作战的最主要的物资供应和后勤基地。据统计,在朝鲜战争的三年里,仅"特需"一项,日本就从美国人那里得到了23.7亿美元的收入。朝鲜战争不仅直接给日本创造了广阔的市场,而且促进了它的出口贸易,日本经济出现了战后第一次繁荣,为日本日后的经济起飞奠定了基础。

总之,国际环境的变化为日本发展对外经济关系开辟了道路,增强了日本经济增长的潜力。有利的国际环境对日本经济发展的积极作用表现在许多方面,如技术革新,一下子缩短了与西方国家在技术水平上的差距;国际货币基金组织的成立与关税贸易总协定的生效,使日本能够从贸易增长中获取更大的收益,而且使日本企业直接参与国际竞争,在竞争中提高产品质量,降低生产成本,扩大销售市场。

按照内生理论,如果发展中国家能更快地吸收发达国家的技术,增加研究和开发,实现规模经济,减少价格的扭曲现象,提高部门之间对国内资源的有效使用率,鼓励专业化生产和提高效益,发展更多的产品和服务等,减少贸易壁垒将增加经济持续发展的速度。

1995年1月1日开始生效的乌拉圭回合协议,是历史上最宏伟和最复杂的多边贸易协议。它为限制新保护主义的发展制定了严格的规定,将会使发达和发展中国家的贸易、投资、收入和福利有较大的增长。发展中国家将从发达国家市场准入的扩大中获得更大的好处,各个发达国家自己的开发承诺也将带来一定的好处。

表3.6 乌拉圭回合对部分国家实际收入的影响

工业化国家	增长比例	发展中国家	增长比例
澳大利亚	0.1	尼日利亚	−0.4
新西兰	0.1	南非	0.6
加拿大	0.2	其他非洲国家	−0.2
欧洲联盟	1.4	中国	2.5
欧洲自由贸易联盟	1.4	印度	0.5
日本	0.9	印度尼西亚	−0.7
美国	0.2	亚洲其他低收入国家	0.6
其他国家		亚洲其他高收入国家	2.6
欧洲	0.1	海湾地区	0.5
前苏联	0.1	马革利	−0.5
		中东其他地区	−0.4
		巴西	0.3
		墨西哥	0.0
		其他拉美国家	0.6

(资料来源:世界银行,《世界经济展望》,1994)

然而,贸易自由化并不一定能促进经济快速增长和发展。从东亚奇迹中我们可以发现,这些国家和地区之所以能获得成功,是因为他们即使在高度保护和政府干预的情况下,也能有效地提高效率。也就是说,在政府对国内行业进行保护和补贴的同时,仍能使企业之间进行有效的竞争,使许多企业在国际上的竞争能力越来越强。

因此,对促进经济快速增长和发展来说,贸易自由化是必须的,但不是万能的。经济的增长与发展主要取决于国内因素。

2. 国内环境

自从古典政治经济学开始,国家和经济发展的关系就一直是人们关注的焦点。然而,对于国内环境的考察,主要应该包括以下两个方面:

(1) 社会稳定是经济发展的一个必要条件,社会内部冲突是阻碍经济发展的一个重要因素。在后发国家中,社会内部冲突一直是经济发展的破坏力量,这种冲突包括:社会内部的政治斗争、宗教对抗。军事政变、地区隔离、民族争端、社会集团之间和社会集团内部的利益纠纷等。纵观日本近代历史,不论是在天皇专制时期,还是在实行了议会内阁制以后,日本的政治局势一直都是很稳定的,从未发生过像中国近代史上曾多次发生过的大规模的农民战争、军阀混战、帝国主义侵略、领导集团内部的倾轧以及不正常的政权更迭,这种政治上的稳定性和政权的连续性为经济发展提供了一个良好的环境。

(2) 国家干预经济的有效性与合理性。国家对经济生活的干预是否有效和合理都是推动或者阻碍经济发展的一个重要因素。国家经济干预,尽管在不同的国家中代表着不同的阶级利益,但从根本上,都是为了避免经济活动的盲目性,减少自由竞争和垄断所带来的不应有的损失,尽可能满足广大公众的物质文化需要,以期实现社会稳定和国民经济的持续发展。当国家软弱无力时,就不可能充分调动一切力量去实现既定的、符合公众利益的发展目标;而当国家干预缺乏合理性时,也容易产生决策失误,将经济发展引入歧途。

在日本的现代化进程中,日本政府比其他国家的政府更广泛地参与了经济活动。如前面讲到的,明治时期,日本政府通过开办模范工厂、修建基础设施和引进西方机器生产技术而开辟了工业化道路。在战后,政府仍积极地发挥着作用,据统计,在1946—1948年,日本政府的价格补贴总额达985亿日元,政府还对重点产业实行低息贷款政策,如经济复兴金库贷款,从1947—1949年,向重点产业提供的贷款达1 239亿日元。从1961—1970年,政府减免税额达25 819亿日元,可以说,日本政府的产业政策和财政金融政策,对战后产业结构的形成和经济起飞起了重要作用。总之,在有效的国家经济干预下,日本在整个现代化过程中一直保持了较高水平的国民教育、资本积累、工业发展和技术进步,为经济起飞做好了人力、物力、财力和技术上的准备。

就中国的现代化进程而言,自20世纪初以来,提升民族的自身地位以及寻求经济现代化的任务一直围绕着中国的历史舞台,其目标是摆脱对外部列强的依赖。如张之洞和李鸿章主张的"洋务运动"是借国外科技之力,在不改变社会秩序的基础上,实现没有自由化的民族资本主义。虽然康有为希望能模仿俄罗斯、日本和德国的模式对中国进行改良,尤其是在教育制度、军队和政治体制领域,但是帝制仍予以保留;孙中山坚持国家资本主义原则,力图对银行和重要的经济部门实行国有化,吸引外国投资,以发展民族产业。但迫于当时中国的地方割据和各国列强的利益冲突,孙中山未能如愿以偿;蒋介石实行官僚资本主义,以社会和经济管制为核心,由于缺乏有效的市场经济体制,导致经济不能全面发展。一直到毛泽东时代,模仿苏联,奉行中央计划经济,实施彻底的国有化经济政策,但这种经济体系是建立在僵硬的意识形态之上,因此人们为此付出了巨大的政治和经济代价。其主要的失误有:1953—1957年,以苏联模式为蓝本,重点发展重工业,导致农业和重工业比例失衡;1958—1960年,推行大跃进政策,实质走的是低度发展的道路;1966—1976年,政治运动阻碍了经济发展。一直到1978年,面对毛泽东之后的经济危机,以邓小平为核心的中国政府走上了以"经济建设为中心"的发展道路,其所倡导的社会主义市场经济导致了中国经济从自由化、市场化、民营化向国际化的转型。特别是加入

WTO,将使中国的经济运作和社会管理更富有成效,成为现代化的效率社会。①

综观中国的现代化之路,其相同之处在于,大都希望中国通过经济发展强化政治力量,以巩固统治阶级中精英分子的政治权力,不成为外国的附庸;其不同之处在于,当前的经济改革政策在广大的人民中有着良好的基础,而不是集中在精英阶层,它有着与国际接轨的市场经济政策和良性循环的经济发展,在政府有效的领导下和相对稳定的社会环境中实施了较为自由的经济政策。此外,中国政治和经济保持其独立性,曾在克服亚洲金融危机中,以稳定的货币政策维护了国际社会的安定。②

总之,有效的政府对于持续发展是不可或缺的。拥有一个有效的政府,人们能够拥有高质量的公共生活,从而能够有效地处理各种各样的冲突和纠纷;而不拥有一个有效政府的国家,则往往不能有效地处理各种冲突和纠纷,社会矛盾重重,道德败坏,到处充满着犯罪,整个社会甚至陷入战火之中,连生存都存在问题,根本谈不上发展。就如世界银行的发展报告所说:"一个有效的政府对于提供物品和服务——以及规则和机构——是必不可少的,这些物品和服务可以使市场繁荣,使人民过上更健康、更快乐的生活。没有一个有效的政府,不论是经济的还是社会的可持续发展都是不可能实现的。"③

思 考 题

1. 影响经济发展的因素有哪些?
2. 简评西方经济发展研究的主要理论观点。
3. 简评拉美经济发展研究的特点。
4. 比较经济发展、经济增长、经济现代化三个概念。

---

① 黄海峰:《加入 WTO 后中国经济的转型》,新浪财经。
② 黄海峰:《加入 WTO 后中国经济的转型》,新浪财经。
③ 世界银行:《1997 年世界发展报告:变革世界中的政府》,中国财政经济出版社 1997 年版,第 1 页。

相关阅读书目

布莱克:《比较现代化》,上海译文出版社 1996 年版
布莱克:《现代化的动力》,四川人民出版社 1988 年版
梁荣迅:《社会发展论》,山东人民出版社 1991 年版
吴忠民,刘祖云:《发展社会学》,高等教育出版社 2003 年版
托达罗:《第三世界的经济发展》,中国人民大学出版社 1991 年版
汪和建:《现代经济社会学》,南京大学出版社 1993 年版

第四章
经济发展相关问题

《2003年世界发展报告》显示,过去30年全球发展中国家和发达国家为取得发展收益而付出了高昂代价:贫富差距加大、战乱频仍、空气污染、淡水稀缺、土壤沙化。报告指出,在全球化时代,增长规模和人类活动的变化速度,在某些情况下正在超过自然过程和生命维持系统所能适应的速度。全球化和快速的技术革新也能使社会相互作用的性质发生变化,使现行制度的效率受到影响。虽然全球化和技术革新能提供许多实惠,但如果地方、国家和国际这些层面上的各种制度进化不快,不足以应付负面的溢出效应,那么这些制度也会产生有害的作用。以前的发展格局造成的后果,也在开始对某些增长方式产生约束和限制作用,或者使它们付出更高的代价。

第一节 经济发展与生态环境

"要使可持续发展得到保证,不仅要关心经济增长,而且还要关心环境和社会问题。除非把社会变革和对环境的管理同经济增长结合在一起考虑,否则增长本身随着时间的推移将会变得岌岌可危。"[①]

一、环境问题

环境问题由来已久,它与人类的生存与发展息息相关,人类自产生

---

① 《2003世界发展报告》。

以来就与环境资源发生互动。尤其是工业革命以来,工业发展为人类带来了空前丰富的物质产品并使其享受到前所未有的繁荣,但环境恶化的巨大阴影却日益显现,它不仅笼罩着发达国家,也弥漫到发展中国家。影响可持续发展的十大环境祸患有:

(1) 土壤遭到破坏。据《参考消息》报道,110个国家(共10亿人口)可耕地的肥沃程度在降低。在非洲、亚洲和拉丁美洲,由于森林植被的消失,耕地的过分开发和牧场的过度放牧,土壤剥蚀情况十分严重。一些地方,土壤的年流失量可达每公顷100吨。从20世纪50年代起,全世界约有200万公顷土地发生了沙化,占全部耕地、牧场和林场的23%。目前,全球沙化土地正以每年5万至7万公顷的速度扩展,已有110多个国家、40%以上的陆地表面、10亿以上的人口受到荒漠化的影响。

(2) 气候变化和能源浪费。温室效应严重威胁着整个人类。据2 500名有代表性的专家预计,海平面将升高,许多人口稠密的地区(如孟加拉国、中国沿海地带以及太平洋和印度洋上的多数岛屿)都将被水淹没。气温的升高也将对农业和生态系统带来严重影响。据预计,1990—2010年,亚洲和太平洋地区的能源消费将增加一倍,拉丁美洲的能源消费将增加50%—70%。

(3) 生物的多样性减少。由于城市化、农业发展、森林减少和环境污染,自然区域变得越来越小了,在地球1/4的表面积上,各种陆地生物有1/3已成为岌岌可危的"热门生物",而且因为一些物种的绝迹会导致许多可被用于制造新药品的分子归于消失,还会导致许多能有助于农作物战胜恶劣气候的基因归于消失,甚至会引起新的瘟疫。

(4) 森林面积减少。从1960年起,热带森林有1/5被砍伐一空。按照联合国粮农组织FAO的统计,遭到砍伐的森林主要集中在发展中国家,在1980—1990年,世界上有1.5亿公顷森林消失了。在1980—1995年间,发展中国家失去了约2亿公顷森林。按照目前这种森林面积减少的速度,40年以后,一些东南亚国家就再也见不到一棵树了。

(5) 淡水资源受到威胁。全世界有1/3的人生活在缺水国家,这些国家对缺水的感觉已从一般发展到严重的程度。除非修改制度以保证更好地保护和分配水资源,否则在未来的30年内这一比例按照当前对人口的预测将会增加到一半或更多。

(6) 化学污染。工业带来的数百万种化合物存在于空气、土壤、水、植物、动物和人体中。即使作为地球上最后的大型天然生态系统的冰盖也受到污染。那些有机化合物、重金属以及有毒产品,都集中存在于整个食物链中,并最终将威胁到动植物的健康,引起癌症,导致土壤肥力减弱。

(7) 混乱的城市化。到21世纪末,大城市里的生活条件将进一步恶化:人口拥挤、水源污染、卫生条件差、无安全感——这些大城市的无序扩大也损害到了自然区。因此,无限制的城市化应当被看作是文明的新弊端。

(8) 海洋的过度开发和沿海地带被污染。由于过度捕捞,海洋的渔业资源正在以令人可怕的速度减少。因此,许多靠摄取海产品蛋白质为生的穷人面临着饥饿的威胁。集中存在于鱼肉中的重金属和有机磷化合物等物质,有可能给食鱼者的健康带来严重的问题。沿海地区受到了巨大的人口压力。全世界有60%的人口挤在离大海不到100公里的地方。这种人口拥挤状态使常常很脆弱的这些地方失去了平衡。

(9) 空气污染。发展中国家城市空气污染超出世界卫生组织健康标准的数倍,尤其在中国。据国际能源机构统计,中国目前的二氧化碳排放量占世界总排放量的1/7,仅次于美国(占1/4),与1990年相比,增长了44.5%。

(10) 极地臭氧层空洞。在1987年,许多国家的代表汇集蒙特利尔,签署了《关于消耗臭氧层物质的蒙特利尔协定书》,但每年春天,在地球的两个极地的上空仍再次形成臭氧层空洞,北极的臭氧层损失20%—30%,南极的臭氧层损失50%以上。

环境恶化乃积渐所至,正如《汉书·贾谊传》所言:"安者非一日而安也,危者非一日而危也,皆以积渐然。不可不察也。"过去二百年的工业化进程直接导致今天的全球性和区域性环境恶化。迄今为止,发达国家在环境恶化问题上负有不可推卸的责任,而在以消除贫困和发展经济为当务之急、工业相对不发达的发展中国家,环境问题甚至更为严重。

在中国,随着经济的持续高速发展,资源与开发的矛盾、生态-环境与经济增长的矛盾迅速激烈化和外显化。近年来,黄河断流,长江泛洪,淮河变黑,西北等地的快速荒漠化,华东、华南等地的大气污染和水污染等等,危害着很多人最基本的生存条件,剥夺着他们的生存权利;许多城市的垃圾公害和食品污染也正在对人(特别是工薪阶层和贫困阶层)的生命健康和生活质量构成威胁。据国家有关部门统计:中国目前有30%的水资源遭到污染,33%的耕地受到水土流失的危害,每年因环境污染造成的损失上千亿元,占国民生产总值的6.75%,这意味着环境-生态代价几乎将抵消掉经济增长的绝大部分。环境污染已成为不可忽视的公害。

二、环境保护

保护和改善人类赖以生存的生态环境、促进社会经济的可持续发展已成为中外学人的共识,已经越来越受到人们的重视。许多环境问题看起来无关紧要,微不足道,但是,空气污染、水体污染、固体废弃物、有毒危险物、酸雨等等诸如此类,作为发展的副产品,反过来正在损害着人类自身的健康与福利,而且加剧了全球和地区范围的经济、社会、政治、文化和族群的冲突乃至危机。因而,需要有全球化的解决方案。

表 4.1 政府与联合国对环境运动的支持

事件/会议	主要发起者和与会代表	主要成果
斯德哥尔摩,1972	瑞典政府:来自113个国家和250个非政府组织的政治家	同意成立联合国环境计划署
纽约,1983	联合国大会号召成立世界环境与发展委员会,以研究经济发展和环境安全如何能兼顾	1987年世界环境与发展委员会发表《我们共同的未来》报告,成为可持续发展的指导原则

续表

事件/会议	主要发起者和与会代表	主要成果
纽约,1989	联合国大会号召于1992年在里约热内卢召开联合国环境与发展大会(保护地球的国际峰会)(UNCED),以讨论可持续发展战略的实施	
里约热内卢,保护地球的国际峰会,1992	联合国大会、联合国环境计划署、联合国环境与发展委员会;来自178个国家的政府代表,其中包括120个国家元首、5 000名记者和来自9 000个NGO和国际非政府绿色运动组织的代表	达成各种协定,主要是气候变迁和生物多样性等原则问题的声明,但不是强制义务。21项议事日程为各国如何实施可持续发展提出了切实可行的指导原则
日本京都,1997	联合国环境计划署、联合国环境与发展大会;来自159个国家的领导人和官员、10 000名记者、绿色运动者和企业界人士	达成一项协议,决定到2012年全球温室气体减少5.5%(保持1990年的水平),但各国的目标各不相同

(资料来源:罗宾·科恩:《全球社会学》)

  环境保护的国家和国际政策历程,大致可分为两个阶段,第一阶段是:最初的地方性和国家性自然资源保护政策;第二阶段是:各个国家乃至全球范围的环境治理政策。从19世纪70年代到20世纪30年代,"保护资源"是环境政策的主题。典型的例子是美国于1872年建立黄石国家公园,于1879年通过立法保存美国广大的自然森林系统。虽然各界不能就保护的标准达成共识,对具体采取什么样的策略也各持己见,而且环境保护的限度也仅是"保存"珍贵的自然资源,但环境保护的脚步毕竟迈开了。第二次世界大战以后,环保活动经历了三个主要的变化:[①]

---

  ① 罗宾·科恩、保罗·肯尼迪:《全球社会学》,社会科学文献出版社2001年版,第483—484页。

(1) 尽管像世界自然基金一样,保护野生动物和自然界继续引起人们的关注,但环保活动已涵盖其他问题,如各种污染所造成的威胁、生物多样性的减少以及全球变暖引起的长期气候变迁等。

(2) 从20世纪60年代以后,为了解决人类不断增长的需求与自然有限供给能力之间的矛盾。各种国际组织和研究应运而生,如"人与生物圈计划"、"全球地圈、生物圈计划"、"国际减轻自然灾害十年"等都是围绕人与自然关系这一主题展开的。全世界环境非政府组织的数目也迅速增加,加入各种环境非政府组织的人越来越多,人类正在为实现发展而采取世界范围内的一致行动。

表4.2　三个重要的绿色运动国际非政府组织

组织名称和成立日期	联盟组织国和1997年成员人数	运动和计划
世界自然基金会(WWF),1961	31个国家,其中12个发展中国家,成员470万人	与96个国家的政府与地方组织有合作保护计划;保护谈桑布亚的大象和犀牛;支持巴基斯坦的环境教育项目
国际绿色和平组织,1971	32个国家和4个地区机构,其中13个发展中国家,在158个国家有成员300万	20世纪70年代初因为反对前苏联和法国的核试验而赢得媒体和国际社会的赞誉。1975年对抗前苏联的捕鲸船队。1991年为将南极洲定为世界原始公园作出了贡献
地球之友,1971	在56个国家有独立成员组织,其中23个发展中国家,成员100万	1992年发起了"砍伐红木就是谋杀"的运动,鼓励消费者抵制来自巴西热带雨林的木材。至1994年英国最大的6家木材连锁店停止销售红木,使1992—1996年红木进口下降了68%

(资料来源:罗宾·科恩等:《全球社会学》)

(3) 环保活动不再局限于发达国家,在发展中国家,森林的破坏、因修筑大坝而使人们流离失所以及严重的工业污染都引起了人们的关注。环境问题和环境保护已引起世界各国、各地方的广泛关注。

表 4.3　保护臭氧层——成功的案例

　　1987 年蒙特利尔议定书作为合作性努力,通过规定减少氯和溴等破坏臭氧的物质,从而减缓了臭氧减少。二十年后,条约和继之而来的协议都取得了良好的效果。CFC(氟氯化碳)的全球产量大大下降,这些物质的大气浓度不仅稳定下来,而且开始下降。虽然与臭氧有关的所有问题并没有得到全部解决;CFC 黑市尽管衰落,但估计其交易仍达每年 20 000—30 000 吨;但是,阻止臭氧恶化的全球性合作,仍被广泛认为是成功的典范。蒙特利尔议定书的协调者们能够达成这样一个有力的国际协议,关键在于:

　　1. 各方都认识到臭氧减少会带来危害,不仅使人们患上疾病,而且使社会为此付出高成本。1987 年蒙特利尔会议以后六个月,国际臭氧预测专家小组报告宣布了 CFC 和臭氧层破坏之间存在着联系,并证明北半球中纬度和高纬度地区人口过分拥挤而造成的破坏。这一结果不仅得到科学研究的证实,而且被 CFC 生产国的政策制定者接受。这种良好的普遍共识促进了 1990 年伦敦会议各方就放弃破坏臭氧层的化学物质达成协议。这个协议和之后的一系列相关协议囊括了 97 种破坏臭氧的化学物质——远多于蒙特利尔议定书所规定的 8 种。

　　2. 各方一致认为,只有各方共同参与,才能更好解决问题,合作将会带来成功。臭氧公约取得成功的另一个至关重要的要素是:所有生产或消费(及有可能生产或消费)大量破坏臭氧的物质的国家——包括发展中国家——都在积极参与遏止臭氧层恶化的行动。蒙特利尔议定书包括发展中国家的参与。为确保发展中国家的合作,发展中国家有一个时期可以不执行这些协议,以便进行经济调整,这样就有时间缓冲。各种以此建立起来的基金帮助发展中国家支付经济调整所带来的成本,同时有时间对技术支持进行融资。例如,议定书规定,中国和印度签署公约,伦敦会议将提供 1.6 亿美元(由世界经合组织国家支付)和另外的 8 000 万美元。同时,蒙特利尔议定书禁止签约国与非签约国之间就 CFC、包含 CFC 的产品和 CFC 技术进行贸易。这种制度提供起码明确了一点,违背协议将会受到贸易制裁。例如,贸易制裁的威胁已激励俄罗斯同意兑现自己的义务——即到 2000 年为止逐步结束 CFC 生产。

　　3. 各方对问题的解决充满信心,认为有能力从技术上和制度上找到有效的替代性解决办法,同时要充分利用经济付费和惩罚,并建立满足条约目标之条件的灵活机制。例如,美国在 1977 年开始管制 CFC,在 1978 年禁止排放所有不重要的 CFC 悬浮微粒,给予 CFC 生产商时间(及激励)研究替代性生产方法。尽管日本高度依赖 CFC-113 清理计算机芯片,但日本通过对臭氧破坏化学物的总生产设立限制,从而可以遵守条约。因为条约是允许各国家在其总限度内使用任何形式 CFC 的。

然而,在寻求全球解决方案的过程中,发达国家和发展中国家存在着严重分歧,1992年的里约热内卢的保护地球的国际会议上这种分歧特别明显,主要表现为:

① 保护环境问题上,发展中国家认为发达国家应负主要责任,并承担大部分费用。而发达国家不愿意改变它们的生产和消费模式,不愿意向发展中国家提供治理环境所需要的绝大部分资金和技术。据估算,发展中国家每年用于环保的费用将达6 250亿美元,发达国家将提供其中的1/5。迄今为止,大部分发达国家并未为发展中国家提供这笔资金。

② 保护生物多样性问题上,在生物资源的使用上,发达国家主张自由开发遗传基因资源,而发展中国家则主张限制发达国家企业对遗传基因资源的任意开发。在资金来源和管理上,发展中国家提出,实施生物多样性公约每年需要的200亿美元资金应由发达国家负担,并建立一个新的基金会负责管理和发放。发达国家则主张由世界银行设立全球环境基金并负责发放。

环境问题需要世界各国共同努力来解决。从地方化角度看,各个国家要有具体的、行之有效的环境政策与环境保护措施,而从全球化环境保护则呼唤国家之间更多的联合。为此,需要建立复合多样的制度安排,改善全球的环境状况。

第二节 经济发展与社会保障

发展实践证明,社会保障是一种积极的投资。没有社会保障因素作为促进经济发展的必要因素,经济发展的有效性、持久性是难以维持的。

一、辩证关系

不言而喻,一个国家如能连续数十年使经济获得成功的发展,那它一定会比其他国家更好地改善收入在金字塔底层的人的经济状况。因此,国家的社会保障功能的发挥主要取决于一国的经济发展水平的高

低。经济发展对社会保障制度的积极影响,主要表现为:

(1) 经济的发展势必引起产业结构的调整,从而创造出更多的就业机会。对于发展中国家而言,农村地区公开的或隐蔽的失业正是贫困和无生活保障的主要根源。

(2) 经济的发展为扩大福利范围,提高福利标准奠定了经济基础,为由福利经济社会向社会福利社会转变创造条件。

(3) 经济的发展为社会保障制度提供其所必需的经费、人员和机构,以及社会经济、社会文化、社会政治环境。

(4) 经济的发展和需要促进了科学技术的发展,而科学技术又为提高人们的生活质量提供了工具,从而有助于提高社会的保障水平。

同时,社会保障制度反过来又能推动经济的发展、效率的提高,这主要体现为:

社会保障制度作为市场经济中一种保护弱势群体的制度,它以名义上的经济公平(每个工作者平等缴费或交税而获得平等的保障权利)引导出实际的道义公平(经济弱者受到经济强者扶助),正是这种道义上的公平赋予了社会保障对经济发展或经济效益的巨大的间接促进作用。主要体现在以下几个方面:

(1) 社会保障可以为经济发展创造良好的社会环境。社会保障的实施可以缓解贫困,保障人们的基本生活,调节收入差距,缓和阶层矛盾,倡导和谐的人际关系,解决一定的社会问题,从而创造一个安定的社会环境,这是经济发展所需要的环境条件,无疑也是提高社会效率的重要前提。

(2) 社会保障可以免除社会成员的后顾之忧,调动其生产积极性。社会保障的实施可以为社会成员提供基本的生活保障,消除各种社会风险的侵害,从而调动社会成员的劳动积极性。这是提升社会效率的主观前提。

(3) 社会保障可以保证社会再生产所需劳动力的供给。社会保障的实施不仅可以提供基本的生活保障,维持社会成员的生活,使其恢复、补充和保持充分的劳动力以备发挥,而且社会保障还提供健康保障和教育培训保障,从而提高社会成员的身体、心理和技能素质。因此,社会保障可以提高人力资源的存量。

（4）社会保障可以促进劳动力市场的完善，促进劳动力的合理流动，有利于劳动力资源的有效配置。完善的劳动力市场是提升市场效率的重要一环，社会保障制度对完善的劳动力市场的促成，也就间接地推动了经济的发展。

以新加坡的社会养老保险基金制度为例，1995—1997年，新加坡的储蓄率、投资率和GDP增长率的3年平均值分别为53.1%、36.7%、8.0%，在东亚国家（地区）中高居榜首，意味着高储蓄转化为高资本形成，从而带来了经济的高速增长。由于养老储蓄基金具有较强的稳定性，新加坡政府通过中央公积金制度筹集的大量资金，成为推动经济高速发展稳定的资本供给来源。与高储蓄率相对应的是，新加坡的社会总消费率与日本、韩国和中国香港特区相比则处在最低水平，1995—1997年平均水平为49.2%，低于上述其他国家（地区）约16—20个百分点；同一时期，随着储蓄率上升2.6%，消费率相应降低了1.4个百分点。这在一定程度上说明，在以储蓄或消费为起点的两条资本形成路径中，新加坡主要依靠前者增加资本积累，但与此同时，高储蓄率"挤出"了社会消费支付能力，从而降低了由消费引致的投资引诱。

表4.4 东亚国家（地区）储蓄、投资、消费与GDP增长

GDP增长率	1995年	1996年	1997年	平均值
日　本	1.5	5.0	1.4	2.6
韩　国	8.9	6.8	5.0	6.9
新加坡	8.4	7.5	8.0	8.0
中国香港地区	3.9	4.5	5.3	4.6
储蓄率	1995年	1996年	1997年	平均值
日　本	30.7	31.4	31.0	31.0
韩　国	35.5	33.5	32.8	33.9
新加坡	51.9	52.9	54.5	53.1

续　表

GDP 增长率	1995 年	1996 年	1997 年	平均值
中国香港地区	30.5	30.7	31.8	31.0
投资率	1995 年	1996 年	1997 年	平均值
日　本	28.6	30.0	28.7	29.1
韩　国	37.2	37.9	34.2	36.4
新加坡	34.5	37.0	38.7	36.7
中国香港地区	34.8	32.1	35.4	34.1
总投资对 GDP 增长的贡献	1995 年	1996 年	1997 年	平均值
日　本	0.41	0.7	3.68	1.6
韩　国	4.14	3.24	－2.83	1.5
新加坡	4.89	6.29	5.58	5.6
中国香港地区	6.00	－0.55	4.70	3.4
总消费占 GDP 的比重	1995 年	1996 年	1997 年	平均值
日　本	69.9	69.5	70.1	69.8
韩　国	64.3	66.2	66.8	65.8
新加坡	49.9	49.3	48.5	49.2
中国香港地区	69.5	69.3	68.2	69.0
总消费对 GDP 增长的贡献	1995 年	1996 年	1997 年	平均值
日　本	1.53	1.92	0.71	1.4
韩　国	5.30	4.66	2.06	4.0
新加坡	3.25	4.34	3.38	3.7
中国香港地区	1.19	3.13	4.20	2.8

上表中的数字表明,总投资对新加坡 GDP 增长的平均贡献率为

5.6%,总消费的平均贡献率为3.7%。两条路径在资本积累中的作用此消彼长,但对于资本相对短缺的新加坡来说,以牺牲消费来增加储蓄不失为促进资本积累,推动经济增长的有效方式,完全积累制的养老基金制度恰好与经济增长的路径选择相一致。

事实上,经济现代化关注的是两个方面,即经济的增长和福利的改善。经济增长的衡量标准是人均国民收入和第三产业在经济活动中所占的比例。福利的改善是人民生活质量提高的客观生活条件的反映。换言之,经济增长是社会保障体系维持的基础和前提,而社会保障又反过来极大地刺激了国家消费需求的增长,促进了劳资关系的改善,缓和了社会矛盾,凝聚了向心力,为经济增长提供了一个良好的社会环境,这样就形成了完善的良性循环。

二、高福利的陷阱[①]

福利国家和社会市场经济模式在战后的大部分时间里曾经促进了西欧经济和社会的协调发展。坚持私有制,坚持市场经济,鼓励自由竞争和自由贸易,又兼顾社会的公正,提供全面的社会保障,人民病有所医,老有所依,欧洲尤其是北欧国家成了世界的楷模。

这些国家的社会保障资金主要来源于两者:雇主和雇员分别交纳的社会保障税和政府税收的再分配,前者占53%,后者占36%左右。[②] 这些社会保障资金构成的主要部分是家庭补助、失业补助、医疗补助、工伤事故补助和养老金。其中,除了家庭补助基本上是由政府税收、通过发放家庭补助或税收减免提供之外,其余4项基本上来自企业,即雇主和雇员交纳的社会保障税。从比例上讲,工伤事故补助最小,家庭补助和失业补助约分别占10%左右。但是各国差距很大,最高的英国家庭补助占整个社会保障资金的15.9%,最低的希腊仅占1.9%,平均为10%;失业补助最高的是爱尔兰,占17%,最低的是意大利,只有2.2%,平均为9.3%;医疗补助最高的葡萄牙和荷兰,都在44%以上,

---

① 主要参考:《周末画报》"国际经贸",2003-08。
② 这只是平均值,像丹麦政府税收比重高至75%,而在另一些国家最低的仅为20%。

平均为33%;养老金比例最高的希腊占66.8%,最低的爱尔兰仅占26%,平均43%以上。

以德国为例,长期以来,德国人过着衣食无忧的安逸生活。"从摇篮到坟墓",国家大包大揽,国民充分享受着国家提供的一切生活保障。在这里,家庭可以领取子女补贴,学生享受免费高等教育,失业者可以领取失业金,低收入者不仅可以不交税,还可以享受低费用的医疗保险以及其他补贴。生活困难者可以领取社会救济金,他们的生活费包括房租都由国家负担。德国社会福利制度可谓是一个无所不包的"安全网",德国人就连补牙、镶牙、配眼镜也都由国家报销。

艾哈德认为,德国的社会保障制度是建立在不损害国民经济生产率,不违背市场经济制度的基础上,他进一步认为,最好的经济政策就是最好的社会政策。在这种理念下的德国经济一直运行良好,德国人享受着世界上最完善的社会保障体系,德国的老人战后一直过着衣食无忧的生活。也正是依靠着经济的强势增长、完善的社会保障体系,使得德国人在二战后,即使在军事上备受打击,道德上为千夫所指,依然可以扬眉吐气。

表4.5 德国的社会福利制度

德国社会福利制度的确立迄今已有一百多年的历史了。德国社会福利制度源于中世纪。当时煤矿工人生活艰辛,工作条件恶劣,常有意外事故发生。工人们便自发筹建了互助性质的"公积金",用以资助遇难或贫困的伙伴。直到19世纪末,德意志帝国宰相俾斯麦出于政治目的,给当时蔚然成风的工人运动以釜底抽薪,才宣布建立广泛的社会福利制度。俾斯麦在解释为何要搞社会保险时直言不讳地说:"一个希望得到养老金的人,一般不会好斗,而且易于管理。"客观上讲,德国实施的保障制度确实起到了调整劳资关系、缓和社会矛盾的效果。因此历届德国政府都延续了社会福利保障政策,使之成为德国经济政策的一个重要组成部分,并在德国宪法《基本法》中将它确立为德国社会制度中的一块基石。《基本法》第20条第1款就规定,联邦德国是一个民主制和社会福利的联邦国家。

德国的社会保障制度是其社会市场经济体制的一个组成部分。它反映了这个体制的3个基本理念:自由竞争、社会秩序和社会公正。之所以要在自由竞争的市场经济上加上社会字样,就是区别于古典式的自由放任经济,在强调效率的同时,也重视人民的福利。社会保障制度被看成是社会发展过程中的减震器和社会竞争的安全网,使得经济在增长过程中的破坏力减至最小的程度。

续表

> 在市场经济体制下,建立德国社会保障制度的基本原则有三项:第一,社会保障要有利于发挥市场经济的作用;第二,社会保险要保持在收入再分配的合理范围内,以维护经济效率与社会公正二者的内在统一;第三,社会保障应由国家、企业和个人三者合理分担,其将社会保障视为一个维护社会稳定的过程,并将国家担负的社会保障任务与每个人根据其能力自主决定命运的天然义务严格分开。

但是20世纪90年代以后形势发生了变化。德国经济进入了缓慢增长的时期,在进入21世纪后的三年中,甚至两度陷入经济衰退,拖累了整个欧盟的经济。其中两德统一是造成困境的一个重要原因。西德用了整个90年代的时间,耗费了近1万亿美元的整合支出来填补东德的缺口。经济低迷,导致德国政府的税收大幅度下滑,可是高福利的支出却有增无减。目前,德国的社会福利支出几乎占国内生产总值的30%,是除瑞典外最高的国家,几乎为美国的两倍。社会保险领域更为糟糕,养老保险缺口达60亿欧元,医疗保险亏空20亿欧元。以至政府只能通过提高税率支撑日益增长的支出,但由此引发了一个新的危机——国内失业率飙升,达11%,从而令靠救济度日的人数进一步增加,政府支出再度上升,形成了一个恶性循环。

许多经济界人士认为,"德国病"出在几十年来社会市场经济过于福利化——普遍的高工资、僵化的劳动市场、庞大的官僚机构以及守旧的管理方式。德国总理施罗德曾大声疾呼,德国不能再养懒汉了。德国要彻底走出经济发展停滞的低谷,就必须进行痛苦的大刀阔斧的改革。施罗德在演讲时慷慨陈词:"我们的国家怎么了?明确地说,经济活力受损,社会僵化,难以置信的精神抑郁。这是危机的关键词。"

事实上,整个欧洲的高福利制度都受到了前所未有的冲击,因为这些国家面临着同样的发展困境,其中出生率下降、寿命延长、人口老龄化最为突出。

法国《论坛报》的统计数据显示,在欧洲发达国家中,意大利64岁以上的老人比例最高,占人口的18%,德国、英国和法国大致16%,荷兰14%;按照现在的老人增加幅度,德国因为出生率低,人口将从目前的8 200万下降到7 000万,劳动力减少1/3,届时100个劳动者将养活77个退休者。老龄化趋势将影响消费观念,加重社会保障体系的负担,让已经捉襟见肘的欧盟财政更难有作为。

另一个制约因素是劳动生产率的降低和因此出现的普遍高失业率。在二战后,为重建欧洲的热情所鼓励,1960—1989年间,欧洲的劳动生产率增长,平均为3.7%,美国同期只有1.1%,但20世纪90年代美国出现的以互联网为代表的新经济和大企业收购兼并的浪潮,为其经济发展注入了活力,即使在经济下滑的2002年,劳动生产率增长仍为4.8%,而同期欧洲由于缺乏技术的革新和刺激经济的手段,生产率增长从2.5%下降到1.3%。增长率的差距带来了就业率的差距,20世纪60年代,西欧的失业率只有美国的一半,到2000年,欧盟国家平均失业率为10%,而美国当年的失业率则低于5%。

由于上述种种原因,在欧洲创造福利的人在不断减少,而享受福利的人却在不断增加。因此,要走出经济发展的低谷,只有改革社会保障制度。

20世纪90年代,欧盟国家一直在反思他们的高福利政策,布莱尔领导下的工党政府首先提出5年内让英国从高福利国家中脱胎换骨的计划;意大利1997年制定了10年计划,1998年削减福利30亿美元,1999年40亿,2000年以后每年递减5%;西班牙、法国都在制定改革就业市场僵化的政策。连任成功的法国希拉克总统承诺在任期内大幅度降低个人所得税,实行总额300亿欧元的减税计划。德国修改了税收政策,将税率调低,使之更为合理。针对企业,也降低了企业所得税,从45%降至40%,2001年再逐步降至25%,同时免征企业出让自己拥有的其他企业股份时的所得税,从而打破了让外界讥讽的"德国堡垒"。并且已提出减少失业救济、向私有保险公司开放医疗保险系统、削减数亿美元的政府补贴、放宽保护工人免受解雇的法律等各项措施。其中包括从2003年起,单身的失业者必须在全国范围内寻找工作,否则将失去福利。其他措施还包括:拒绝接受空缺职位的失业者所获得的福利将相应减少,强制失业者参加政府资助的临时雇工机构等。

尽管如此,欧洲社会保障制度的改革任重而道远。首先欧元区国家的工会势力非常强大,他们常常以罢工和示威游行阻挠改革政策的推行。如法国政府就是由于工会的反对,放弃了对税收和养老金全面改革的计划。其次,欧元区的经济货币联盟是史无前例的,成员国有历史借鉴,联盟则无经验可寻,经济结构整合的难度大大超过货币的整合。欧元区成员国的民族主义思潮盛行,任何一项改革方案无一不是各国之间长期讨价还价的结果,经济政策也就成了政治选择,所以往往不是最优的。

三、中国社会保障的难点

社会保障制度是社会的"安全网",关系到社会稳定与经济社会的协调健康发展。中国从20世纪80年代开始进行社会保障制度的改革。自90年代中后期以来,社会保障制度的改革与建设步伐明显加快,目前已取得了一些突破性的进展。但是,作为世界上人口最多的发展中国家在经济体制转轨和工业化进程中进行的人类有史以来最巨大的社会工程之一,中国社会保障制度的改革与发展仍面临着很多困难与问题。

难点之一:公平与效率问题。

改革初期,收入分配方面的主要问题是平均主义。要打破长期形成的平均主义并非易事,我们不仅在一次分配中大力贯彻按劳分配原则,改变过去企业吃国家的大锅饭、职工吃企业的大锅饭的局面,允许一部分人先富起来;还提出了在二次分配领域也要坚持效率优先,公平与效率相结合的方针。经过20多年的努力,中国的收入分配格局发生了巨大的变化,与此同时,贫富差距也呈现扩大趋势,出现了"有钱的无消费意愿,有消费意愿的无钱购买"的局面,成为近年来居民消费需求不足的重要原因之一,已经影响到经济的发展。这意味着当前中国贫富差距程度不仅违背了公平原则,也损害了效率原则。这种状况本来是自由市场经济国家都曾经历过的,也是他们建立社会保障制度,以期通过社会共济适当缩小收入差距的出发点。

历史经验证明,平均主义不能调动广大职工的积极性,贫富悬殊同样也不利于全社会提高经济效率,不利于国家的长治久安。当前,加强对城镇居民贫富差距的调节,防止两极分化,已成为全局性的大事。本来社会保障制度应当具有缩小贫富差距的功能,例如,加拿大通过税收和社会保障转移,不仅在不同收入群体间实行一定的共济,也在富省和穷省之间调节基本保障和福利水平,使收入最高的 1/5 家庭与收入最低的 1/5 家庭的收入之比由 21∶1 缩小为扣税和转移支付后的 5∶1。在中国,效率与公平的关系并没有及时得到相应调整,强调效率高于公平,注意向低收入者倾斜不够,在某种程度上还有加大分配差距的问题。

首先,中国存在着巨大的城乡差别。以户口性质而定,中国有近 80% 的农业户口。长期以来,他们完全被摒弃于国家的社会保障体系之外。全部的保障依赖于家庭和土地。目前,农村中惟一的国家正式推行的社会保障制度就是农村社会养老保险事业。但目前仍处于起步阶段,各地实施的情况也相去甚远。广大农村人口的社会保障水平仍然很低。反观城市人口的社会保障水平,比农村人口高得多,相对于我国的基本国力而言,所享受的社会保障已是极充分了。

其次,在城市人口中,不同的社会成员之间所能享受的社会保障待遇又千差万别。例如,据国家统计局 1995 年对 2.5 万户的调查,城镇居民从国家和单位得到的各种保障和福利收入有逆向转移倾向,富裕户比贫困户多得 87%,其中养老保险待遇高低两组相差 4.2 倍,医疗保险相差 62%。再加上住房补助和其他福利,经过二次分配,中国居民收入差距,包括地区差距和国有经济内不合理的行业差距、部门差距反而进一步扩大了。如何通过保障和福利的转移支付缩小一次分配差距,同时避免重蹈"大锅饭"或陷入"福利病",是经济体制转轨新阶段中社会保障制度面临的严峻挑战。

难点之二,养老保险基金不足以养老。

与其他国家相比,中国老龄化具有两个显著特点:一是基数大、增长速度快。据联合国预测,1950—2000 年期间世界老年人口增长 176%,中国增长 217%;2000—2025 年期间世界增长 90%,中国增长 111%。另据美国人口普查局的统计和预测,65 岁以上老年人比重从 7% 升到 14% 所经历的时间,法国 115 年,瑞典 85 年,美国 66 年,英国

45年,日本30年,而中国大约只要25年。二是底子薄、负担重。发达国家的人口老龄化是在人均国民收入较高水平情况下出现的,而且建立了较健全的养老保险体系。例如,美国1935年建立社会保障体系,当时还没有进入老龄化社会;日本进入老龄化社会时人均国民收入已经达到1 689美元,有较充裕的财力建立养老保险制度。中国的老龄化是在人均国民收入较低的情况下出现的,到2000年,65岁人口占总人口的7%以上,步入老龄化社会,人均GDP也不过800美元,这迫使中国在经济还不够发达的时期来解决比发达国家还严重的老龄化问题。

国内外的有关资料证明,人均医疗费用和年龄密切相关,一般情况下,60岁以上年龄组的医疗费用是60岁以下年龄组医疗费用的3—5倍。美国、日本以及欧洲一些国家医疗费用大幅度增长的原因,除了医疗技术发展造成的费用增加,主要是人口老龄化。人口老龄化不仅直接带来劳动力市场供求关系的变化,从而影响到失业保险。而且对社会福利、社会救济以及优抚安置等社会保障项目都将产生不同程度的影响。

20世纪90年代中期,中国在设计基本养老保险基金模式时,曾反复测算过人口老龄化对养老基金的压力,选择了社会统筹和个人账户相结合的部分积累基金制。当时认为采用企业约20%的统筹缴费率与个人8%左右的缴费率比较适中。做出这一测算的假设条件是在50年左右时期内,工资增长与储蓄利率基本同步增长,且积累基金的回报率比储蓄利率高2%。按这一方案,企业平均缴费率在20%左右就可以度过中国的人口高峰,而且到2050年还可以有6%的部分积累。考虑到老职工和新制度实施前参加工作的职工过去没有个人账户积累,为了避免新制度启动时企业既要为老职工缴纳养老金,又要为在职职工积累养老基金的"双重负担"过重的问题,曾设想个人账户中企业交纳的部分先作为"空账",通过保持较高的企业交费率今后逐步填实。但实际情况是不仅个人账户中企业缴纳的部分没有填实,连职工个人缴纳的部分也被挪用发放养老金。一些地方的交费率高达29%,仍然入不敷出;不仅个人账户全被透支,就连过去实行现收现付时略有结余的积累基金也都花光了。从全国看,1998年全国基本养老保险基金收入1 459亿元，比上年增长9.1%；支出1 511.6亿元，比上年增长20.8%；期末滚存结余611.6亿元，比上年减少10.4%，首次出现当年基本养老保险收支赤字。到1999年个人账户空账已近上千亿元。预计今后一段时间个人账户还将以每年名义积累500亿元左右的速度增加，实际积累却在减少，个人账户"空账"规模在迅速扩大。从长远看，个人账户基金"空账"将导致改革的初衷落空。在目前情况下，如要做到个人账户实积累，势必大幅度提高企业缴费率，这将给国有企业雪上加霜，并影响非公有制企业参加基本养老保险制度。如个人账户长期"空账"运行，社会统筹基金将继续向个人账户基金大量透支，最终使统账结合蜕变为养老金的一种计发办法，部分积累制将名存实亡。1998年，国务院加快了基本养老保险的省级统筹和属地管理改革的步伐，这对于扩大基金的共济性，解决一些地方养老金发放困难起了积极作用。但是，在现今制度范围内，通过省级统筹或属地管理等方式，以一些地区或行业历年滚存结余基金来缓解当前养老金拖欠问题，从整体和从长远看，仍是向个人账户透支，动用本来已经积累不足的个人账户。如不尽快做实个人账户积累基金，进一步完善基本养老保险制度，势必引起基金支付风险，无法度过老龄化高峰。从中国人口金字塔所显示的发展趋势看，至少到2030年之前，人口老龄化的压力都不会减弱。应当充分认识人口老龄化始终是中国社会保障制度改革和社会保障事业建设的一个客观背景，把当前的紧迫问题和长远的重大问题结合起来统筹解决。

难点之三，高失业风险。

国有企业和机关事业单位的改革将进一步向社会释放大量冗员。如果中国的经济体制转轨能够在21世纪前10年基本完成，以1998年为起点，这期间国有企业应完成战略性改组和下岗分流任务，预计将向社会释放1/3以上的冗员，大致在3 000万到3 500万人。同期国家行政机关的改革要分流约400万人，事业单位的冗员按1/3估算，也有近1 000万人。考虑到下岗分流人员中约有20%因年龄可以提前退出劳动力市场，还有约3 000多万需要社会为他们提供新的就业岗位。此外，据国家信息中心经济预测部的测算，"十五"期间仍是劳动年龄人口增长高峰期,每年将净增 1 000 多万人。如果"十五"期间中国国内生产总值平均每年增长 7%,按"八五"时期每增长一个百分点可新增 75 万就业人员估算,5 年只能容纳 2 600 多万人。这样,经济体制转轨所造成的体制性失业和人口自然增长、产业结构调整造成的就业压力,有可能使我国的失业率在近 5 年内实际达到 12% 左右。目前,中国的登记失业率不到 4%,这是以企业内部容纳上千万下岗职工和大量提前退休为背景的。按一般市场经济国家的标准,4% 是"自然失业率",说明就业形势非常好了。近年来,美国由于技术结构、产业结构调整加快,结构性失业增加,把"自然失业率"调高到 6%。而中国承认面临严重的就业问题,失业率却一直保持在 3% 左右,一些城市的登记失业率在 2% 以下,还提出压低失业率的目标,结果造成大量冗员仍然滞留在国有企业内部,大量应当进入失业行列的人员错位进入了养老队伍。据劳动部门的典型调查,一些城市领取养老保险的人员平均年龄仅 51.4 岁。这说明有大量人员在 40 岁或更小的年龄就过早退休了。这是把失业保险对社会的近中期压力扭曲为养老保险对社会的长期压力。实际上,40 多岁的人退休了也不会真的退出劳动力市场,他们拿着养老金再去求职,这是经济转型期间必须尽快认真解决的重要问题。

难点之四,社会保障的覆盖面。

在经济转型时期,扩大社会保障覆盖面问题主要表现在社会保险方面。近年来,城镇社会保险的覆盖面有所扩大。但除了养老、失业保险,其他保险的实际覆盖面都过小,医疗保险连国有企业职工的覆盖面都不大。即使覆盖范围最大的企业职工基本养老保险,集体企业和其他经济类型企业职工的覆盖面也不大。这不符合经济转型时期所有制结构调整的需要,既不利于不同所有制企业之间平等竞争,也不利于保护非国有企业职工的应有权益。但要扩大社会保险覆盖面,又会遇到许多具体困难。

(1) 基本保险制度改革不到位,扩大覆盖面可能产生"高福利、广覆盖"的问题。一般来说,社会保险的覆盖面越广,互济功能越强。但是,中国的社会保险制度是在计划经济体制下建立起来的,具有低工资高福利的特点,主要覆盖全民单位。在这样的条件下,如果社会保险制度改革不到位,"高福利"没有降下来就急于扩大覆盖面,可能出现"高福利、广覆盖"的局面,国家财政将不堪重负。因此,中国的社会保险只能保基本,即把国家单一保障模式转变为多层次保障模式,同时把原来国家过高的保障水平降到基本保障线。在这样的前提下,才能扩大覆盖面,达到"低水平、广覆盖"。又如基本养老保险交费率在一些地区高达29%,远远超过国际上一般15%—20%的水平。外商投资企业、私营、个体经济组织自然不愿被这样高的交费率覆盖过来。因此,扩大城镇社会保险覆盖面方向是正确的,但具体实施要根据不同项目的改革进度加以确定。

(2) 劳动力市场不健全,隐形就业、退休人员再就业现象大量存在,使许多地方扩面工作严重受挫。据江苏省徐州市1999年的一次"拉网式"调查,在15 000多个私营、个体从业人员中,约有国有企业下岗职工6 400人、退休人员2 700人、停薪留职1 300人、从事第二职业的180人、休病假的100人,占私营、个体从业人员的70%。余下的还有1 380多领取失业保险金的"失业人员"和2 000多农民工。这个典型调查证明了一些经济学者的推测,即有相当数量的国有单位职工享受着国有单位的社会保险和住房等福利,却通过各种途径在为私营企业和个体工商业者打工。这在一定程度上减轻了国有企业下岗职工对社会的压力,但也应看到,这种情况将导致许多国有企业变相成为私营和个体经济组织的社会保险机构,使其在市场竞争中处于极为不利的地位,也使扩大社会保险覆盖面的工作处于尴尬局面。

(3) 社会保障立法滞后,现有的法规立法层次不高,扩大覆盖面的法律约束力不强。1979年以来,全国人民代表大会及其常委会审议通过了几百部法律,没有一部属于专门调整社会保障关系的基本法律。社会保障制度改革多是以部门行政规定出台,有的以改革指导意见出台,对企业的约束力有限。已经颁布的一些部门行政规定,在实施过程中也存在缺乏法律责任制度的问题。一些企业不参加社会保障,靠社会保险机构的工作人员"说破嘴皮、跑破鞋底、撕破脸面"去做工作,这与一般市场经济国家通过立法强制推行社会保障的力度相差甚远。近年来,中国在扩大社会保障覆盖面方面加大了行政力度,特别是1999

年提出全覆盖的目标,下达"扩面指标"。"扩面指标"根据城镇就业人员与已经覆盖人员的差额计算,结果各地难以完成"扩面指标",多数只能完成指标的20%左右。这其中既有立法滞后、执法力度不够的问题,也有行政指标过高的问题。实际上,即使是在发达市场经济国家,也不是都要求基本养老保险全部覆盖所有就业人员的。例如,国际劳动组织1967年通过的《残疾、老年和遗属津贴公约》第37条规定,"凡立法保护雇员的国家,下列人员可不包括在覆盖范围之内: a. 临时工作人员; b. 居住在雇主家并为雇主工作的雇主的家庭成员; c. 其他类别的雇员,其人数不超过全体雇员的10%。"

社会保障体制是经济繁荣的关键,也是世界主要发达国家社会契约的重要支撑力量。现在,中国正处于向市场经济的转型时期,因此,有必要对现行的社会保障制度进行一次梳理。景天魁把中国社会保障改革的难点归纳为四点: ① 经费十分紧张。失业保险的经费难以维持,城镇养老金也入不敷出。统计数字显示,中国失业保险基金分摊在每一个失业者身上也只有210元左右。另外,医疗改革目前在整个社会保障基金中所占的比例较小,群众较高的医疗需求已经和有限而昂贵的医疗资源形成巨大反差,成为当前最大的政策难题。让医院自己创收,成为经营机构,是目前医疗保障中明显的政策失误。② 覆盖面太低。目前,将所有的社会保障都计算在内,不及中国总人口的1/10。中国尚未实现全覆盖的社会保障制度,而是针对特殊人群的特殊待遇。弱势人群涉及低保、养老、医疗、就业等一系列问题,需要政府面对并重点解决。③ 宏观决策有待改进。政府对于社会保障的研究,拘泥一些技术问题,反反复复都在计算方式,如发放方式、筹资方式等,而对于基础政策、宏观政策等反思研究得不够。④ 体制不顺。如养老,国企职工归劳动部门负责,公务员归人事部门负责,贫困群体归民政部门负责,多头管理现象严重。好管的大家争着管,不好管的大家都推。这是造成中国面临社会保障诸多问题的关键所在。

针对上述问题,景天魁提出,应从体制上入手,重新进行国家公共权利的整合,初步在中国建立一个基础整合的社会保障体系。概括起来就是:守住底线,卫生保健;强化服务,就业优先;依托社区,城乡统揽。这是一个非常复杂艰苦的工作,特别是针对目前实际出现的基层没人、没钱、没权的问题,国家应加强中下层机构的权力,达到权力下放、高层监督的模式。

第三节 经济全球化趋势

20世纪中叶以后,全球化趋势日益明显,"作为一个概念,全球化既指世界的压缩,又指世界使一个整体的意识的增强"[①]。这种趋势首先表现在经济领域。经过农业、工业、服务业和信息业的多次发展浪潮的推动,经济全球化已经成为全球经济的主要发展趋势。世界各国都越来越深刻地感觉到,激烈竞争的国际市场正在日益切入本国的国民经济。

一、经济全球化的定义

关于经济全球化的定义五花八门,但大致上依然可以把它们归为三类,即制度论、网络论和传统论。

1. 制度论。制度论者的共同点是,他们都从制度的角度观察当今的经济全球化,不过彼此也有所差别,从一般生产关系论到美国主使论,一层比一层更加尖锐。第一种制度论者认为,全球资本并不是不停地在全球范围内从一个国家流到另一个国家的民族资本的代数总和,而是一种有机的、超国家的和生产的社会关系。第二种制度论者着重考察的是全球市场经济。第三种制度论者则直截了当地指出,经济全球化乃是资本主义体系在世界范围内的扩展。第四种制度论者的观点更加尖锐。他们认为,全球化只是正在扩展而遍及整个地球的西方市场的帝国主义化过程,这是一种由全球化的受害者使之内在化的帝国主义。全球化是对西方经济行为大规模摹仿的结果。第五种制度论者则是把全球化判定是美国激发的一场取消全球经济管制的运动。[②]

---

① 罗兰·罗伯森:《全球化——社会理论和全球文化》,上海人民出版社2000年版,第11页。
② 《国际先驱论坛报》,1997。

2. 网络论。网络论者认为,经济全球化既是一种状态,又是一个过程。这个过程是网络化的增长。对于这一网络化的发展进程,有些学者比较侧重从全球视角进行考察,另一些学者则强调全球化乃是世界中心区域的网络化。

3. 传统论。传统论者用来界定经济全球化的概念和判断其进程,主要是借助于国际贸易等等一系列重要的经济指标。他们认为,对全球化最贴切的概念理解是以贸易联系的密切程度为基准。根据这种见解,世界出口率越高,贸易额在世界生产中所占的比例越高,世界经济就越是全球化。有的学者更强调国际贸易自由化是经济全球化的基础。在当今的经济全球化中,国际金融市场与国际直接投资的重要性正在以更快的速度提高。

从上述三类定义可以看出:首先,经济全球化是生产的全球化,企业能在全球范围内寻找便宜的资源,资源配置不再受国界的限制。其次,经济全球化是消费的全球化,不仅在本国市场上购买消费品,同时也在国际市场上购买消费品。最后,经济全球化是体制的趋同或一体化过程。从逻辑上来讲,企业在同一个国际市场上竞争必须要有一个公平的竞争规则,而全球性的规则就意味着体制的趋同。

全球化是经济发展到一定程度的必然结果。其主要表现为:

1. 国际贸易和投资的增长反映了全球化的进程。1950年全球总贸易额为1 130亿美元,1997年已达11万亿美元,增长了97倍,远远超过GDP的增长速度,贸易额已达GDP的35%,其中服务贸易占总贸易额的1/4左右。1980年的国际投资额为5万亿美元,现在已近8万亿美元,增长也是非常快的。

2. 区域一体化的加速反映了全球化的进程。亚太经合组织(APEC)属于最低层次上的合作,是一个进行自愿协作的谈判场所。层次再高一些的合作就是自由贸易区,最典型的自由贸易区是北美自由贸易区。合作层次最高的是区域一体化组织,也就是欧盟。经济发展到一定程度之后,市场就要扩大,如果不对外开放的话,就无法实现规模经济。

3. 跨国公司的发展反映了全球化的进程。根据联合国有关机构最近的统计,全球 6.3 万家跨国公司通过近 70 万家子公司,已经渗透到了全世界的各个国家和地区的各个产业。跨国公司的贸易量已经占了全球贸易总额的 40%,它们控制着 40% 的全球产出、60% 的贸易、70% 的技术转让、90% 以上的直接投资,一个以跨国公司为主轴的国际经济体系正在形成。

4. 世界贸易组织的成立反映了全球化的进程。世贸组织下面有三个主要条约,关税和贸易总协定只是其中的一个条约,其他还有服务等方面的条约。世贸组织的成立和新一轮谈判反映了全球化的必要性和必然性,同时也说明全球化进程有着各种各样的困难,主要困难在于世界各国的体制和发展阶段的巨大差异。例如,在发展初期,农产品有比较优势,价格较低,不需要保护;但是在发展的较高阶段,农产品没有比较优势,价格较高,农业保护就比较厉害,如日本、欧洲;如何取消农产品保护是一个很大的问题。只有通过世贸组织,通过多边谈判才能解决问题。

表 4.6　全球经济聚焦

在经过两年半的疲软之后,21 世纪初全球经济开始了艰难的复苏历程。
(1) 美国经济重焕生机。2003 年美国经济增长速度达到 8.2%,成为 20 年以来的最佳水平;公司利润比 2002 年同期增长了 30%,是 20 年来之最;住房开支增长了 20%,是 26 年以来的最高值;劳动生产率增长了 9.4%,是 20 年来增长最快的一次……这些数字说明美国依然是全球经济增长的强大引擎。此次复苏的主要动力来自于国内日益膨胀的需求,而企业效率提高则是经济增长的根本原因。当然复苏中的不稳定因素有:失业率的高水平;庞大的贸易逆差及巨额的财政赤字;以及美元的贬值。
(2) 日本经济提振信心。随着日本面向亚洲的出口环境有所改善、企业收益出现好转、从业人员收入略有增加以及制造业复苏,日本经济出现持续增长,当欧洲和美国出口增幅低于 2% 时,日本却上升了 13%,促进了产业循环。当然,日本经济的复苏很大程度上要依赖由美国主导的外部需求增长。
(3) 欧盟经济步履蹒跚。经济规模占欧盟 1/4 的德国连续在经济负增长和零增长之间徘徊,它的低速发展对欧盟和欧元区产生不利影响。欧盟经济长期不振的主要根源在于内部的结构性问题,包括不能及时适应经济全球化的新形势和欧元区统一市场的要求。同时在经济发展前景的不确定性,目前消费者信心不足,致使个人消费支出持续下降。此外,高失业带来的高补贴成为欧盟经济不能承受之重。

续　表

> （4）发展中国家前景乐观。根据国际货币基金组织的预计,2003年亚洲（日本除外）经济增长率为6.4%,处于全球引领地位,远高于拉丁美洲。而拉美虽然摆脱了经济负增长的局面,但失业问题仍很严峻,人均收入比1997年低了2%,非洲经济则较为稳定,取得了3.7%的增长。
> 　　然而全球经济在大步前进中仍有些失衡。首先是世界经济对美国经济的严重依赖仍未改变,此外失业形势仍然严峻;工业国家财政状况普遍趋于恶化;多哈多边贸易谈判步履维艰,世贸组织坎昆会议无果而终,全球多边贸易体制与谈判中的利益冲突加剧,贸易争端愈演愈烈,主要工业国家的贸易保护主义显著抬头;国际油价大幅度波动,并持续居高。

（资料来源：《周末画报》"财富"2004.01.03）

二、经济全球化的挑战[①]

经济全球化带来的优势主要表现为：

一是可以实现生产要素的"晋材楚用"。中国在这一方面已经积累了不少成功的经验,在利用国际上的资金、经验、人才、技术等方面受益匪浅。

二是有利于实现产业发展的合理化。国家的竞争力有赖于产业的竞争力。在全球化背景下,各国产业的发展将从一开始便显露在全球的视野之中。因此,产业的进入壁垒将减少,"门槛"总体上可能降低,新兴工业国家由此将获得好处。

三是可以降低学习管理经验的成本。跨国公司前来攫取利润的同时,也必然带来其管理经验,发展中国家将有更多机会从管理中学习,从学习中创新。

同时,经济全球化是一把双刃剑,它给我们带来巨大机遇的同时,也给发展带来了巨大的挑战。

1. 趋向同一性与日益多样性并存

随着全球化和市场原则普遍化的进程,各国之间的经济、政治、社会和文化的交织和相互依存日益密切,这种趋势必然导致同一性的增

---

① 引自裘元任：《经济全球化与中国国家利益》,《世界经济》。

强。这种同一性涉及到不同的社会组织模式、法律与社会制度以及机构的设置及其运作等,所有这一切都将日益以是否符合世界市场经济的要求和国际规则为准。同时,这种同一性还表现为最有竞争力的某些强国的垄断性,它们力图将一种全球的生产方式逐渐扩展到所有国家。

当然,我们也应该看到,日益加剧的竞争必然会促使人们寻找更加多种多样的办法来适应和解决世界市场上出现的新问题,产生更加丰富多彩的经济、政治和社会创新,形成各不相同的经济和社会形态。所有这些受历史影响铸成的各种的体制结构、模式标准和文化特点,都将继续突破全球市场的定则。

2. 超越主权与主权国家在同时加强

经济全球化正在把人们引进一个世界经济发展的新时期,其标志是,由西方国家主导的资本主义经济管理的全球化空间与其政治与社会管理的民族国家空间之间的分裂。在这些条件下,居统治地位的资本利益的逻辑会要求赋予全球化的经济管理以优先权,其代价是削弱民族国家的功能。这是一系列作用的结果,其中包括国际资本日益增强的流动性、跨国公司跨越国界的经济活动、市场全球化、地区和国际经济一体化、国际经济组织的功能以及日益加剧的国际竞争等。

在经济全球化时代,国家的作用比以前变得更加复杂、更加矛盾。在新的时期,国家的任务就是要在日益具有跨国性的环境中执行民族政策。现代国家的任务就是要解决这一矛盾。在某种意义上可以说,这是一场全球化与本土化之争。全球化与本土化两个动力之间的紧张关系构成了当今世界事务的核心。而且两股力量相互联系,互为因果,好像全球化的每一次扩展都会导致本土化的增加,反之亦然。

3. 市场力量与政府作用在同时加强

在经济全球化的背景下,有一系列因素在促进市场力量的加强,但在经济事务中国家权力却在相对减少。过去 20 年间,世界范围内普遍实行的放松管制甚至取消管制就反映了这种趋势,反过来又强化了这种趋势。但是,促进政府作用加强的因素也在增加:资本主义国家经济与社会生活本身越来越复杂,需要加大政府的调节力度。

事实上,全球化在加强政府的作用。政府的作用虽然与过去有所不同,但它仍然是至关重要的。从20世纪七八十年代自由市场经济理论与政策在西方占上风以来,在那里的三类国家中(以美国、日本为代表,政府总支出约占国内生产总值的1/3;以德国、法国为代表,约占1/2;以瑞典为代表,约占2/3),政府总支出在国内生产总值中所占的比重迄今为止均呈上升趋势(英国持平)。

4. 地区化与全球化在同时加强

到目前为止,根据世界贸易组织的统计,世界上已出现了144个区域性经济集团,而国际货币基金组织的调查数为68个,贸易振兴会的推算数则为101个。在进入20世纪90年代以后,地区化的发展势头特别猛烈。这种状况表明,当前我们所面临的也许更多的并不是全球一体化,而是诸如北美、日本、欧洲等发达国家内部的区域一体化。对于西方国家来说,区域化首先是为了确保自己在区域内的各种利益,同时借此力争在外部世界获取更多利益。此外还可以用来作为政治筹码。对于发展中国家而言,它们当然也要借此保护自己的利益,同时把区域化作为将来进入世界经济一体化更高层次的一个阶梯。

但是,区域化并不一定能够成为通向全球化可靠的阶梯。相反,地区性协定有可能成为国际冲突的新根源。世界贸易组织前总干事鲁杰罗认为,地区主义无疑还将继续扩散,问题在于这些集团是会向着独自发展,还是能够日益融合成为一种普遍的全球化环境,最终消除它们各自的倾向性特征。

5. 世界经济财富增长与社会分配更加不公

经济全球化通常使各项生产要素在世界范围内更自由、更有效地流动和配置,从而在客观上导致经济财富的增加。从长期来说,世界财富增加将有助于普遍提高民众的福利水平。但目前我们所看到的却是社会分配的更加不公。这是由下述一系列原因促成的。第一,制度的原因。在资本主义制度下,正如黑格尔所说,富裕社会也不会富足到可以减少由其制造的大量苦难。第二,市场力量发展的原因。全球化往往同自由市场力量发展联系在一起,它促进了那种威胁社会整合的不平等的发展,因为它使半垄断又回到市场力量之中。第三,竞争的原因。

福利国家本是劳资妥协的历史产物,它是资本为满足一些社会要求而作出的一项策略调整。但全球化破坏了这一社会契约。第四,结构变动的原因。全球化的另一个严重后果是就业人员结构的变化,它导致了收入变化。调查表明,收入很高的专业技术人员的劳动岗位在增加,中等收入的工人职员的劳动岗位在减少,低工资的劳动岗位则大幅度增加。

这种发展的结果是,社会分配不公的现象在加剧。1960年,世界最富的20%的人口,人均收入为最穷的20%人口的大约30倍,而1998年上升到78倍。随着全球化的发展,大约自七八十年代开始,一些旧的标准价值模式已渐渐不被重视,代之而起的是后福利主义资本主义。它的意识形态理论内容主要是更加提倡个人自由、个人主义以及推崇个人成就,强调由个人自我承担责任等。在经济上则是标准化商品的大规模生产和与此相联系的劳动形式被种种灵活化所取代。与之相对应的则是一个越来越分裂的社会。

在过去的20年中,特别是在最近的10年里,经济全球化确实发展得相当迅速,其影响力不可低估,但它还远没有根本改变世界经济依然是由各民族国家经济作为主体的格局。经济全球化亟须建立国际经济新秩序,即公平、合理的国际经济"游戏规则",否则,经济全球化就不会惠泽于全世界,反而会使"富者愈富,穷者愈穷"。

第四节 经济与可持续发展

经济发展是可持续发展的基础,没有经济的快速发展,可持续发展的目标不可能实现。但是如果单纯片面追求经济发展而不顾自然资源的承载力和环境容量,那么,这种经济发展不仅不能加快,反而还会延缓社会可持续发展的进程。可持续发展作为21世纪全球面临的焦点问题之一,虽然是从环境保护问题发端,但归根结底是与传统的经济发展模式、经济增长方式有着密切的联系。

一、可持续发展的内涵

可持续发展思想的形成与人们对经济发展问题的认识有关。从某种程度上讲，正是由于不断对原有经济发展模式进行深刻的反思，才使人类的发展观不断深化和完善。20世纪70年代以来，人类开始对产业革命以来的工业化发展道路、发展观念和发展模式进行全方位的反思和批评，对人与自然的关系进行理性的审视和评价，试图寻找一种新的发展理念，一条能够保证人类持续地生存与发展下去的道路。可持续发展就是在这样的背景下提出来的。

可持续发展最初由挪威首相布伦特兰夫人于1987年在《我们共同的未来》中提出，并被1992年联合国环境与发展大会采纳，并达成共识，所谓可持续发展就是"在满足当代人的需求基础上，又不损害子孙后代满足其需求能力的发展"。其内涵包括：

(1) 可持续发展的公平性内涵。"人类需求和欲望的满足是发展的主要目标"。然而，在人类需求方面存在很多不公平因素。可持续发展的公平性涵义是：一是本代人的公平。可持续发展要满足全体人民的基本需求和给全体人民机会以满足他们要求较好生活的愿望。要给世界以公平的分配和公平的发展权，要把消除贫困作为可持续发展进程特别优先的问题来考虑；二是代际间的公平。这一代不要为自己的发展与需求而损害人类世世代代以公平利用自然资源的权利；三是公平分配有限资源。目前的现实是，占全球人口26%的发达国家，消耗的能源、钢铁和纸张等都占全球的80%。

(2) 可持续发展的持续性内涵。布伦特兰夫人在论述可持续发展"需求"内涵的同时，还论述了可持续发展的"限制"因素。"可持续发展不应损害支持地球生命的自然系统：大气、水、土壤、生物……"持续性原则的核心是人类的经济和社会发展不能超越资源与环境的承载能力。

(3) 可持续发展的共同性内涵。可持续发展作为全球发展的总目标，所体现的公平性和持续性原则是共同的。并且，实现这一总目标，必须采取全球共同的联合行动。布伦特兰夫人在《我们共同的未来》的前言中写道："今天我们最紧迫的任务也许是要说服各国认识回到多边主义的必要性"，"进一步发展的共同的认识和共同的责任感，这是这个分裂的世界十分需要的"。

从经济角度看可持续发展,可持续发展追求经济持续性,不少学者认为可持续发展的核心是经济发展,并从经济属性来理解可持续发展。

如巴伯在其著作中,把可持续发展定义为"在保护自然资源的质量和其所提供服务的前提下,使经济发展的净利益增加到最大限度"。

经济学家皮尔斯还提出了以经济学语言表达的可持续发展定义:"当发展能够保证当代人的福利增加时,也不会使后代人的福利减少"。

而经济学家科斯坦萨等人则认为,如果要对可持续发展下定义,那么,一种有用的定义是:能够无限期地持续下去——而不会降低包括各种"自然资本"存量的量和质在内的整个资本存量——的消费数量。例如,"在企业中,资本存量包括长期资产,诸如作为生产资料的建筑物和机器。自然资本包括土壤和大气的结构、动植物的生物量,等等。而土壤、大气、动植物等则共同构成整个生态系统的基础。自然资本存量利用阳光这一初级投入生产各种生态体系劳务和物质自然资源流量,其例证包括森林群落、鱼类群落和石油储量。由上述自然资本存量生产出来的自然资源流量分别是:木材砍伐量、捕鱼量和原油产量。现在,我们已经进入了一个新时代。在这个时代中,资源开发的限制因素已不再是人为资本而是残留的自然资本。木材产量受制于森林残留量,而非伐木厂的生产能力;捕鱼量受制于鱼类群数量,而非渔船数量;原油产量受制于残留的石油储量的可接近性,而非抽油和钻井能力。大多数经济学家将自然资本和人为资本看作是替代品而不是互补品,因而认为两者都不是有限的,因为只有互补的生产要素才是有限的。生态经济学家认为,人为资本和自然资本是互补的,从而强调有限的生产要素的重要性和稀缺性条件下的变革。"接着,科斯坦萨等人提出了可持续发展定义:"可持续发展是动态的人类经济系统与更大程度上动态的、但正常条件下变动更缓慢的生态系统之间的一种关系;这种关系意味着:人类的生存能够无限期持续,人类个体能够处于全盛状态;人类文化能够发展;但这种关系也意味着人类活动的影响保持在某些限度之内,以免破坏生态学上的生存支持系统的多样性、复杂性和功能"(Costanza,et al.,1991)。

当然,定义中的经济发展已不是传统的以牺牲资源与环境为代价的经济发展,而是"不降低环境质量和不破坏世界自然资源基础的经济发展"(WRI,1993)。这种符合可持续发展原则的健康的经济发展,是在保护资源与环境的条件下,促进经济的有效增长。它至少包括:经济总量的不断增加,经济与资源和环境的协调程度,经济的发展不应以"透支"资源和环境为支撑。

二、经济可持续发展的实现

第二次世界大战以后,西方一些资本主义国家为了迅速摆脱战后贫穷落后的状况,把经济增长、国民生产总值的增加当作惟一的目标,不惜以破坏生态、浪费资源、环境污染为代价,疯狂地追求经济增长。

在这种片面的发展观的指导下,虽然经济繁荣了,物质财富增加了,但由此也引发了灾难深重的一系列社会问题的产生,例如,人口不断膨胀,达到了前所未有的增长高峰;耕地、淡水、森林和矿产等自然资源被大量消耗;生态系统遭到严重破坏,水土流失加剧,沙漠化蔓延;水污染、空气污染、土壤污染等环境污染现象日益严重。这些问题迫使人们不得不对这种现代化的发展道路开始反思,逐步摒弃以高投入、高消耗、高污染为特征的传统发展方式,开始寻求既发展经济又保护环境的"绿色经济"的发展道路,以逐步扭转走入"误区"的经济。

绿色经济不单单指保护资源和环境,其实质是在保护资源和环境的前提下,寻求经济的健康稳步发展,使经济与环境相互协调发展。如果离开了经济发展来谈资源利用和环境保护,那么,追求和实现可持续发展也就变得没有现实意义了。

1. 清洁生产

自20世纪50年代以来,世界上发生了多起令人震惊的公害事件,而且这些公害事件的发生大多数与工业生产排放的"三废"(废水、废气、废渣)有关。因而,消除公害的影响,使污染排放量减到最低限度,一直是人们不断探索的课题。从严格的意义上说,清洁生产是一种近乎完美的理想目标,代表着工业可持续发展的方向。

1976年,欧洲共同体在巴黎举行了"无废工艺和无废生产"国际研讨会,同年在德国召开了第一届国际低废无废技术讨论会,首先提出了清洁生产的概念。1989年,联合国环境规划署工业与环境规划活动中心对清洁生产进行了明确的界定。

清洁生产是通过产品设计、原料选择、工艺改革、技术管理,促进生产过程的内部循环利用等环节的科学化与合理化,使工业生产最终产生的污染物最小的工业生产方法和管理思路。主要包括清洁的生产过程和清洁的产品两方面的内容,即不仅要实现生产过程的无污染或少污染,而且生产出来的产品在使用和最终报废处理过程中也不对环境造成危害。清洁生产的概念中不但有技术上的可行性,还包括经济上的盈利性,体现了经济效益、社会效益和生态效益的统一。目前,推行清洁生产已成为全球工业界、环境界、经济界、科技界的共识,是世界各国孜孜以求的目标。

清洁生产作为实现可持续发展战略的重要内容,已纳入《中国21世纪议程》。在联合国工业开发组织和环境署的支持下,中国于1994年建立了国家清洁生产中心。国家环保局选择性质、规模和行业分布不同的企业进行清洁生产审计试点工作。1994年企业清洁生产审计结果表明,18家企业采取边审计边削减的办法,环境效益和经济效益非常明显。从总排放量估计,总削减量可达30%左右,并且削减污染的资金投入可在较短的时期内返还。中国工业发展和资源环境的特点表明,要保持经济的持续稳定发展,就必须摒弃过去那种高消耗、高投入的发展模式,大力推行清洁生产,走科技进步、提高经济效益、节约资源的集约化的道路。

2. 生态农业

生态农业一词是由美国土壤学家威廉姆·阿尔伯卫奇于1970年首先提出的,是运用生态学原理和系统科学方法,充分利用生物之间的相生相克关系,建立起一个在生态上能自我维持,低输入、高产出的农业生态系统,并把现代科学成果与现代农业技术结合起来,具有生态合理性、功能良性循环的一种现代化的农业发展模式。

生态农业与近几年全球普遍追求的持续农业的内涵是基本一致的,至少是持续农业的一种最基本模式。1980年国际自然资源保护联盟第一次提出"持续发展"概念以后,1987年7月,世界环境与发展委员会等国际组织提出"2000年转向持续农业的全球政策"。1991年4月联合国粮农组织在荷兰丹波斯召开了持续农业与环境会议。在有关国际组织的推动下,发展持续农业已成为全球的共同行动。

持续农业的内涵,就是通过重视可更新资源的利用,更多地依靠生物措施,来增加土壤肥力,减少石油能源的投入,在发展农业生产的同时,保护资源,提高食物的安全性,实现农业的可持续发展。

20世纪80年代初期,中国开始引用生态农业这一术语。中国所倡导的生态农业是指:在经济和环境协调发展原则的指导下,总结吸收各种农业生产方式的成功经验,按生态学原理,应用系统工程方法建立和发展起来的农业生产体系。生态农业要求协调经济发展和资源利用、环境保护之间的关系,形成生态上和经济上的良性循环,实现农业的可持续发展。这种持续发展应是资源得到保护、无环境退化、技术上适宜、经济上可行的发展途径。珠江三角洲的"桑基鱼塘"就是一个很好的例子。鱼塘周围的塘基上种桑树,桑叶喂蚕,蚕沙(即蚕粪)和蚕蛹喂鱼,这些饵料先被水体上层的鱼儿吸食,上层鱼产出的粪则被水中的浮游生物吸收,而浮游生物又是中层鱼的食物,鱼的排泄物沉到塘泥中,又成为桑树的肥料。

经济可持续发展的实现除了要转变经济发展的方式以及依靠科学技术的推动以外,还依赖于适当的经济政策,这些政策包括:

(1)价格政策。建立合理的价格体系,对自然资源实行有偿使用的政策,减少与资源和环境保护目标不相符的财政补贴,取消促使资源破坏的措施。换言之,资源价格应不仅能反映它本身的价格,而且也能反映使用资源对环境造成破坏的代价,使产品或商品的价格能够反映出资源的消耗和环境成本,这是经济走向可持续发展的必需条件。

(2)绿色国民生产总值。现行的国民生产总值统计,不仅不能反映对自然财富的破坏,也未能将对环境资源的消耗所造成的影响及对生态功能、环境状态的损害考虑在内。这种统计制度的缺陷会导致人们热衷于追求国民生产总值的增加而不顾环境的损耗程度,虽然自然生态已濒临崩溃,但国民生产总值却仍然节节上升。因而应以考虑资源环境成本的国民生产总值,来衡量经济发展水平。

(3) 绿色税收。税收是引导经济向更有利于环境健康发展的有利的调节手段之一,通过对污染、破坏或使自然生态系统退化的产品和活动征税,使人们在从事经济开发或产业活动中,将环境因素、环境成本作为考虑的要素之一,尽可能减少环境代价,使环境资源得到更有效的保护。目前,中国在环境领域采取的经济手段主要是征收污染费,其次还有环保补贴、环境许可证制度、环保投资、环保贷款、环境押金以及环境标签制度等。这些经济手段在很多情况下是其他手段所不能代替的。

思 考 题

1. 经济全球化带来哪些影响?
2. 经济发展和社会保障的关系怎样?
3. 中国的环境现状及对策。
4. 可持续发展的内涵。

相关阅读书目

《2003 世界发展报告》

钱纳里:《工业化和经济增长的比较研究》,上海三联书店 1989 年版

斯梅尔塞:《经济社会学》,华夏出版社 1989 年版

布莱克著:《现代化的动力》,中译本,四川人民出版社 1988 年版

横山英编:《中国近代化の经济构造》,东京亚纪书房 1972 年版

第五章
社会发展

1970年10月24日,在纪念联合国宪章生效25周年的会议上,通过了"联合国第二个发展十年(1970—1980年)的国际发展战略"。大会决议认为:"发展的最终目标是为了使个人的福利持续地得到改进,并使所有的人都得到好处,如果不正当的特权、贫富悬殊和社会不正义继续存在下去,那么就其基本目的来说,发展就是失败的。这就要求有一个以发展中国家和发达国家在经济与社会生活的一切领域中,在工业与农业、贸易与财政、就业与教育、卫生与居住、科学与技术等领域中,采取以共同和集中行动为基础的全球性发展战略。"可见,发展越来越体现为社会的发展,几乎可以视为社会发展的同义词。而且,社会发展问题已经成为全球性的问题,涉及了社会的诸多层面。

第一节 社会发展和社会现代化

一、社会发展的涵义

社会始终处在变化和发展之中。社会发展作为一种正向的社会变迁,是社会变迁的一种最基本的形式。究竟什么是社会发展?国内外大致存在着四种说法,其划分标准取决于对"社会"一词涵盖范围的理解。

(1)社会发展是社会的整体性发展,包括经济发展、政治发展、文化发展和人的发展等各个方面的发展。这样理解的社会发展,不是与经济发展并列平行的概念,不是社会的"非经济"部分的发展,而是包括经济在内的社会有机体的发展与协调运行。如世界银行每年公布的《世界发展报告》,所列的发展指标既有经济指标,也有非经济指标。

《1996—2010年中国社会全面发展战略研究报告》认为,社会发展作为一个整体的概念,涉及经济增长在内的社会结构、人民生活、科技教育、社会保障、医疗卫生、社会秩序等多个方面的内容,并把消除贫困、公平分配、大众参与、生态保护、社会稳定和可持续发展等多种社会价值作为发展目标。国家统计局制定的社会发展水平评价指标体系也是从广义社会发展的概念出发,囊括环境、人口、经济基础、收入分配、劳动就业、社会保障、卫生保健、教育科技、文化教育、社会治安等十个方面的内容。因此,广义的社会发展也常被表述为"社会进步",而经济增长一般也被视为社会进步的一个方面。

王怀超认为:"所谓社会发展是指包括社会经济、政治、文化、生活等各领域在内的全面发展。其中经济发展包括GDP和国民收入的增长、各种产品质量的提高、贸易和财富的扩大、经济制度的调整创新、经济结构的优化升级等等;政治发展包括政治制度的改进、民主程度的提高和民众参与范围的扩大、政府机构工作效率和廉洁水平的提高、法制的健全等等;文化发展包括教育、科技进步,文艺、体育繁荣,人民的思想道德文化水平提高,社会精神文明建设加强等等;生活发展包括社会医疗卫生健康福利事业的发展,生活方式的丰富多彩,以及生态环境改善、人均寿命延长、人民的生活水平和生活质量普遍提高等等。"

美国学者亨廷顿在《文化的重要作用:价值观如何影响人类进步》一书的前言"文化的作用"中提出,本文副题中的"人类进步"是指走向经济发展和物质福利、社会经济公正及政治民主。显然,这里的"人类进步"与上述广义的社会发展基本相符。

(2) 社会发展是相对于经济发展而言的,指的是社会有机体中"非经济"部分的发展,即指除经济发展以外的其他社会领域的进步和各项社会事业的发展,这样理解的社会发展,就与经济发展不再是整体与部分的从属关系,往往是与经济发展相对应的一个概念,主要是用人民生活质量、城市化程度、教育水平、人口素质以及健康、社会保障、生态环境等方面的指标来衡量的。

联合国和世界银行等国际组织认为,对应于经济发展的社会发展,至少应包括三个方面的目标:保护不利群体和脆弱群体;扩展并提高就业机会;建立社会安全网。所谓保护社会不利群体和脆弱群体,就是要确保处境不利和易受伤害的个人和群体得以包括在社会发展之内,以促进对所有人的人权和基本自由的尊重、遵守和保护,特别是要促进男女之间的平等和公平,保护儿童和青少年的权利,提高老年人获得更美好生活的可能性等等。扩展并提高就业机会的主要目的,则是要使更多的人参与增长并受益于增长。社会安全网的目的,是通过各种社会保险、公共救助和福利政策,确保社会的稳定和安全。

1995年3月,中国政府发布的社会发展报告将社会发展的内容概括为重视教育、科技、文化等事业,逐步缩小贫富差距,推进政治民主,促进社会全面进步。其中提到中国针对社会发展所采取的基本政策包括人口控制、缩减贫困、教育发展、环境保护、卫生保健、劳动就业、社会保障、住房建设、弱势群体(妇女、未成年人、老年人、残疾人等群体)权益保护和民族团结。1999年10月,在北京举行的社会发展国际研讨会上,原国家计委副主任郝建秀同志将社会发展进一步具体化为各项社会事业的发展和社会工程的建设,特别是那些需要政府资金投入的部门和领域,如义务教育、基本医疗、卫生监督防疫、公共文化、历史文化遗产保护、公共安全、社会福利、社会救济以及对孤老残幼等社会脆弱群体的救助等。

赵凯荣认为:"社会效益的评价标准的内涵应该包括公共设施,开放、科学、文化,公平,道德,制度建设。社会效益的物质革命不仅表现为生产革命、公共设施,比如公交优先等,而且表现为诸如食物革命等。社会意识和观念的更新包括科学文化、道德意识。制度建设的关键是形成一种公平机制。"吴海建则进一步建立了地区社会发展水平综合评价统计指标体系,通过具体的统计指标数据量化评价地区社会发展水平。其中各领域及其所包括的具体统计指标如表5.1所示。

表 5.1　地区社会发展综合评价统计指标体系

内容	主 要 指 标						
经济基础	人均GDP	第三产业增加值占GDP的比重	城镇居民人均生活费收入	农民人均纯收入	外贸依存度		
环境领域	人均环保活动经费	平均每人耕地面积	城市人均公共绿地面积	人均水资源占有量			
人口领域	人口自然增长率	城镇平均每一就业者负担人数	市镇人口比重	每万人拥有大学生			
居民生活	恩格尔系数	城镇居民人均消费性支出	农民人均生活消费支出	居民消费价格总指数	人均旅游消费支出	城市用水普及率	
劳动就业	在岗职工占从业人员的比重	乡村从业人员占乡村人口的比重	第三产业从业人员的比例	城镇登记失业率			
社会保障	社会保障支出占GDP的比重	农村贫困户得到救济人次数	城镇困难户得到救济人次数				
卫生保健	每千人拥有医生	每千人拥有医院	卫生院床位	急性传染病发病率	孕产妇死亡率	婴儿死亡率	
教育科技	人均教育科技经费	学龄儿童入学率	小学毕业生升学率	初中学生升学率	社会事业费占财政支出的比重	科技三项费用占当年本级财政决算的比例	从事科技活动人员数占从业人员的比例

续 表

内 容	主 要 指 标						
文化体育	县以上体委举办运动会次数	居民人均文化娱乐教育服务支出	电视人口覆盖率				
社会稳定	律师数	刑事案件立案数	交通事故起数	意外死亡人数			

(3) 社会发展是与经济、政治、科技、文化等方面的发展相并列的，把社会发展的涵义进一步缩小到与人的发展相类似的地步，社会发展所包括的均是不直接反映物质生产领域的活动，并主要注重体现人类自身的生存与发展状况。因此，国外通用"人类（人文）发展"这一术语，主要用人口预期寿命、婴儿死亡率、成人识字率等几个单项指标来衡量。

(4) 社会发展是克服经济发展和现代化过程中的社会性障碍，如人口方面的障碍、社会制度方面的障碍、个人方面的障碍等等。这是将社会发展视为经济增长的前提条件。联合国有关组织在50年代曾提出过这种看法。

在本书中论述社会发展的一般性问题时，主要采用第二种观点。社会发展是社会系统结构和功能的更替过程，其内涵至少应包括：① 保证并促进经济、科技发展的社会前提要素；② 伴随着经济、科技发展的需要而必须相应发展的社会事业，包括城镇的基础设施建设，生态环境的保护，教育卫生体育事业的发展，人口增长和人口密度的控制，人才的成长、流动及合理使用，社会保障制度，城乡一体化发展的规划等等；③ 广大社会成员物质文化生活水平和生活质量的提高，这是社会发展在劳动者个人身上的最终体现，包括：消费水平提高、消费结构变化、闲暇时间增多、健康水平提高以及发展文明、健康、科学的生活方式所需要的各种条件的满足等等。

显而易见，经济发展和狭义的社会发展的关系十分紧密，不可分割。首先,经济发展是社会发展的基础和前提,应当遵循经济发展优先的原则;其次,经济和社会要协调发展,社会发展了会促进经济发展;最后,社会发展是经济发展的目的。人们从事生产和其他经济活动,归根结底是为了提高人们的生活质量和改善人们的生存环境,是为了促进人的全面发展。

二、社会现代化

社会是依次从低级形态向高级形态发展的。依照不同的标准,可以对社会进行不同的分类。在马克思以前,不少学者以经济形态为基准来划分社会发展阶段,如李斯特把社会历史划分为畜牧时代、农业时代、农业-手工业时代、农业-手工业-商业时代,并认为这是一个递进的社会发展过程。马克思以生产方式为主线,将人类社会分为原始共产主义社会、古代奴隶社会、中世纪封建社会、近代资本主义社会和未来共产主义社会。美国学者丹尼尔·贝尔以生产力特别是生产技术方面为标准,将人类社会划分为前工业社会、工业社会和后工业社会。法国政治学家托克维尔以社会政治方面特别是民主程度为标准,将人类社会分为专制型社会和民主型社会等等。

而社会学的创立标志着人们开始探索人类社会的动态过程,他们在分析社会结构和社会变迁时,习惯于把社会类型分成对立的两极,以比较其差异和变化。如英国的斯宾塞将社会划分为军事社会与工业社会,法国的迪尔凯姆将社会划分为"机械团结社会"和"有机团结社会",德国的滕尼斯将社会划分为礼俗社会与法理社会,德国的韦伯将社会划分为前现代社会和现代社会,美国的梅约将社会划分为身份社会和契约社会,美国的贝克尔将社会划分为宗教社会与世俗社会等等。

经典社会学关于社会发展的"两极论"被一些发展社会学家所借用,根据这种"二分法",发展中国家社会发展的核心就是实现现代化——从"传统社会"过渡到"现代社会"。关于什么是传统社会有各种说法,究其特征大致可以概括为以下几点:

(1) 经济上,传统的农业和手工业占统治地位,现代工业部门欠发达;

(2) 政治上,独裁专制盛行,公众参与缺乏;

(3) 社会组织上,宗教色彩浓厚,任人惟亲盛行,专业分工不细,公私利益不明;

(4) 利益分配上,注重世系门第,社会地位由家庭出身而不是由个人成就决定;

(5) 价值观上,因循守旧,缺乏个人成就意识和创新意识,以感情和宿命论看待世界。

在描述传统社会的特征时,经典现代化理论的最大特征在于:渗透了西方中心主义价值观,把美国为首的西方社会的制度、体制与价值体系当作现代性的特征,把现代化解释成为了西化或美国化,"它首先从西方社会的一般形象中获得'现代性'的属性,然后把对这些属性的获得设想为现代化的标准……现代化理论家试图把历史上产生于西方社会的特殊价值观和制度普遍化"。① 换言之,他们把西方社会作为惟一的参照,其他类型的社会发展程度都是以与西方社会的差异来衡量的,差异越大,发展(现代化)程度越低;差异越小,发展(现代化)程度越高。在他们看来,现代化就是西方化,就是第三世界国家朝着欧美型的社会、经济、政治制度演变的过程。

这种描述的缺陷在于把理论假设当作论据,简单地从他们建立的现代社会的类型去推导传统社会的类型,这就犯了逻辑上的错误。事实上,许多现代社会的特征在传统社会中就存在,而一些传统社会的特征也呈现在现代社会中。不少传统因素,如民族精神,不仅不是现代化的障碍,反而可能是社会发展的动力因素。何况,传统本身就是蕴含着过去的、现在的、将来的动态积淀过程。

至于现代社会的特征,自日本箱根召开的"现代日本"国际学术讨论会以来,达成了接近一致的看法:

(1) 工业化。工业化是现代化的必要条件,从传统社会向现代社会的过渡也就是从农业社会向工业社会的过渡。这是西方发达国家走

---

① 蒂普斯:"现代化理论与社会的比较的批判",布莱克:《比较现代化》,1996,第103—104页。

过的道路,也是第三世界国家现代化的必由之路。

(2) 民主化和法制化。所谓政治民主化就是大众对社会生活的普遍参与;所谓法制化,就是建立和健全法律制度,将法律置于至高无上的地位,以减少国家政策变动对社会生活的影响。

(3) 城市化。城市生活是现代社会生活的主要形态。与农村居民相比,城市居民的社会关系相对简单一些,流动性大一些,受旧文化的影响小一些,适应新环境的能力也强一些。这些都直接或间接地推动着社会的进步。

(4) 世俗化。世俗化就是摆脱宗教意识形态的依附性,相信科学和技术创新可以改造世界,对新事物和新思想采取开放的态度。

(5) 科层化。即现代的组织科层基于精细分工的职位专业化,根据抽象规则建立的职阶体系和凭借业绩升迁的准则。

(6) 理性化。人们的观念和行为动机遵循理性原则,不再只是受宗教的或情感因素所支配,普遍的成就取向,追求感情的满足。

(7) 知识化。社会的进步和财富的增长,不再依靠人口数量的增加,而是依靠人口质量的提高,全社会都尊重知识,重视科学技术在现代化过程中的作用。

(8) 流动性。社会集团关系是开放的而不是封闭的,社会等级层次是可以升迁的,而不是壁垒森严的,权力占有和社会地位不是终生不变的,人们享有自由流动和平等竞争的权利,可以在较大范围内选择职业,可以凭借个人成就而不是世系门第来实现社会地位的升迁。

表 5.2 帕森斯的两分法

传统社会	现代社会
选择取向:团体取向(无私) 价值标准:特殊性标准 角色关系:扩散性 行为动机:情感性 角色评价:先赋取向	选择取向:个人利益取向 价值标准:普遍性标准 角色关系:专一性 行为动机:情感无涉 角色评价:成就取向

(资料来源:帕森斯、斯梅尔塞:《经济与社会》)

现代社会,除了要具备社会结构、政治制度、经济发展水平等方面的条件外,还需要有现代观念和心理素质的人。关于现代人的特征在以后的章节中予以介绍。

第二节 社会发展的要素

社会发展最基本的要素是社会生产力,社会发展水平归根结底是由社会生产力的水平决定的。而且,社会发展是一项综合的过程,因此,其相关因素是多维度的。

一、社会发展的自然要素

人类社会是在自然界的基础上繁衍生息的,地理环境、自然界、人地关系以及自然资源对人类活动的影响,共同构筑了社会发展的自然基础。

1. 地理环境和资源

地理环境是人类社会发展的必要条件之一。我们把以生物或人类社会为主体的环境称为"地理环境"。广义的地理环境是指古地理环境和现代地理环境。古地理环境是地质历史时期的地理环境,它的主体是古生物群和古沉积物。狭义的地理环境是指人类出现以后的现代地理环境,它是地形、气候、海洋、陆地、水、土壤和植被等的复杂综合体,这些要素的交互作用,不仅形成了人类赖以生存的环境,而且为社会生产提供了必要的资源,包括可再生资源(如生物)和不可再生资源(如矿物)。

地理环境对人类社会的发展有两方面的作用:(1)积极的作用,主要就是具有丰富多样的自然资源。人类从环境中获得的资源,其种类、数量、规模、范围都取决于人口的数量,人类的技术水平、生产水平和生活水平,即整个人类社会的发展状况。(2)消极的影响,主要就是缺乏足够的自然资源,其表现为:① 资源的局限性,即资源的种类和数量对人类生存、社会生产活动的限制,也就是对人口的限制;② 原生环境问题,即各种自然灾害对人类生存和社会生产的破坏性影响,如地震、火山、台风、海啸、洪水、泥石流等自然灾害或工程灾害;③次生环境问题,即由于人类活动所引起的对空气、水、土、食物的污染,以及噪声和辐射线对人体的伤害等。

丰富的自然资源是社会发展的有利条件。人类最先利用的是生物界,包括栽培植物和驯化动物。青铜器时代,出现了劳动分工,铜和锡成为资源,到了铁器时代,铁就成为了重要资源。随着农牧业的兴起和引水灌溉的发展,土地和水都成为了有价值的资源了。由此可见,随着社会的发展,资源的种类、范围、广度、深度和价值都在不断地扩大、加深和变化着。人类不断从自然环境中取得资源,一部分作为生活资料,直接供人们消费,一部分作为生产资料,用来改善自然环境和建造人工环境。与此同时,人类在开发利用资源的过程中,把有害的物质和多余的能量送回到自然界中去污染环境。因此,人们必须合理地开发和利用各种自然资源,同自然界保持和谐的关系。

表 5.3 自然资源利用与社会发展

时 期	起始年代	新的工具和技术	新增的资源种类
旧石器时代	约一百万年前	粗制石器、钻木取火	石头(燧石)、树枝、兽、鱼、果
新石器时代	约一万年前	精制石器、刀耕火种	栽培植物、驯化动物
青铜器时代	公元前三千年	铜制斧、犁,冶炼技术,轮轴机械,灌溉技术,木质结构建筑	矿石(铜、锡)、土地(耕地)、林木(盖房材料、冶炼燃料)、水流(灌溉用水)
铁器时代	公元前5世纪	铁斧、铁犁等,齿轮传动机械,石质结构建筑,水磨	铁、铅、金、银、汞、石料(建材)、水力
中世纪	公元5世纪	航海、风车	海洋水产、风能
文艺复兴时期	公元14世纪	爆炸采矿	硝石(炸药、肥料)

续 表

时　期	起始年代	新的工具和技术	新增的资源种类
产业革命时期(Ⅰ)	1750—	蒸汽机	煤(大量开采)
西方殖民地时期(Ⅱ)	1850—	火车、轮船、电力、炼钢	锰、镍、钨等黑色及有色金属
第一次世界大战前后	1890—	汽车、内燃机、飞机、化肥	石油、铝、磷、钾
第二次世界大战前后(Ⅲ)	1930—	人造纤维、原子技术	一些稀有元素,铀等放射性元素
第二次世界大战以后(Ⅳ)	1950—	空间技术、电子技术	更多稀有元素、半导体材料

(资料来源：顾朝林：《城市社会学》)

2. 人与自然界的关系

协调人与自然的关系始终是社会发展的一个核心问题。① 人类社会的发展是在人类认识、利用、改造和适应自然的过程中不断演进的。人与自然的关系随自然的演变、价值观念和活动能力的变化而变化,追求人与自然关系的和谐是人类活动的共同价值选择和最终归宿。因此,必须系统地把握人与自然关系的发展规律,从而实现人类合理利用自然,与自然共生共荣的和谐目标;② 人类正面临着来自人与自然关系的挑战。由于人类活动的不断膨胀,以及人口、资源、环境与经济的不协调发展,使人与自然之间的不和谐程度不断扩大。所谓"持续发展",实质上是为了解决人类不断增长的需求与自然有限供给能力之间的矛盾。为此,各种国际组织和研究应运而生;③ 人与自然关系对中国现代化的制约作用更为突出,缓解人与自然的矛盾十分迫切。调整人类行为,合理利用自然,不断提高人的生活质量,是实现持续发展的基本依据和根本保证。

回顾历史,人类与自然界的关系经历了四个阶段：

(1) 依赖关系。200 万年前,人类的采集渔猎对自然界的影响相对于原始的、未开垦的丰富的自然资源总量来说,是那么的微不足道,人类对自然界完全是一种依赖的关系,靠天然的动植物提供食物等生活必需品。自然界保持着一种原始而总体的生态平衡。

(2) 顺应关系。1万年前,人类进入了农业社会,学会了使用铁制工具;学会了利用各种资源;学会了饲养各种动物;学会了利用畜力耕作和运输;学会了开凿水渠、水井、池塘、水库;创造了人工的农田、牧场;发展了手工业生产,开始建立了集市。此时的人类不再仅仅依赖自然界现成的天然产物维持生存和发展,人类已在主动地认识自然和改造自然,甚至萌生了征服自然的意念。然而,气候、地貌、生物等自然条件和环境对农业生产的影响极大,成为农业收成的限制因素,人类基本上还必须是"看天吃饭"。人类更多的是学会顺应自然和适应自然。而且从自然界获取物质资料的方式总体上仍然是温和的、渐进的、适量的。整个自然界的生态基本保持着平衡。

(3) 掠夺关系。18世纪中叶兴起的第一次产业革命,使机器代替了人力,大规模的工厂生产代替了个体手工劳动,人类历史进入了一个全新的时代。现代科技给人类带来了近乎神奇的力量,"人们获得了征服生物圈的力量,这一点就是史无前例的"。"人类是生物圈中的第一个有能力摧毁生物圈的物种。……人类是生物圈中比生物圈力量更大的第一个居民"。[①] "现代技术造成的新形式显示出人类对自然的依附。恰恰通过人类日益增长的对自然的控制,自然以这种前所未料之方法,威胁要控制人类。……人类从技术上造成了第二自然,但危险在于他可能被第二自然所窒息;而他面对不驯服的自然,进行永恒的生存斗争,可能会相对自由一些"。[②] 人类改造自然的力量逐渐增大,开始对矿产进行掠夺性的开采,对森林进行破坏性的砍伐,结果,人类在陶醉于现代工业文明的丰硕成果的同时,也陷入了人类自己造成的"人类困境"之中。为此,汤因比发出感慨:"人类获得意识以来的目的就一直是使自己成为环境的主人。在我们这个时代,他的这种努力已经成功在望,自身的毁灭可能也已遥遥在望了。"[③]

---

① 汤因比:《人类与大地母亲》,上海人民出版社1992年版,第21页。
② 雅斯贝斯:《历史的起源和目标》,华夏出版社1986年版,第114页。
③ 汤因比:《人类与大地母亲》,上海人民出版社1992年版,第22页。

(4) 和谐关系。二战以后,随着世界人口的增长,生活水平的提高,对资源需求的增多,逐渐出现了资源相对短缺的局面。到20世纪70年代初,发生了能源危机,环境污染问题也日趋严重。"人类困境"是在20世纪70年代初,由罗马俱乐部提出来的。它是指人类面临的一系列全球性的严重挑战。主要有:① 核毁灭的威胁;② 全世界环境退化;③ 人口过多的危险;④ 发展中国家与工业化国家之间矛盾加深、距离扩大;⑤ 对科学和教育系统进行根本性改革的必要性;⑥ 公共道德和个人道德的沦丧等。人类为其工业化成就付出了沉重的生态代价:资源的过度采伐与浪费,环境的严重污染,生态平衡的破坏,人口爆炸与资源短缺……这些全球性问题正使人类的生存与发展面临威胁与挑战,人类与自然的关系似乎已到了崩溃的边缘。人类开始认识到片面追求经济增长和片面强调改造自然有可能带来灾难性的后果,人类应该走可持续发展的道路,人与自然的关系朝着和谐相处的方向发展。

二、人口与组织要素

1. 人口因素

人口是社会发展的重要因素,不同的生产力水平和发展阶段有着不同的人口增长规律和过剩人口增长规律。在生产技术水平低下、劳动力缺乏的时代,人口发展处在第一阶段,人口增长对增强经济和军事实力具有重要意义。目前,大多数发达国家处在低出生率、低死亡率的人口发展阶段,保证人口不出现负增长对社会发展至关重要,所以,这些国家大多采取鼓励生育的政策。然而,大多数发展中国家处在高出生率、低死亡率阶段,人口增长过速成了发展中国家的沉重负担,人口压力转化为生态压力、经济压力、社会压力甚至是政治压力,不仅影响了经济发展,也带来了一系列社会问题。粮食问题、资源问题、资金问题、生态问题、交通问题、住宅问题,都与人口问题有关。

保罗·肯尼迪在《预谋21世纪》一书中指出,法国大革命的深层原因之一是人口压力。法国大革命前夕,巴黎总人口约六七十万,其中有十万人是无业游民,他们成为引燃社会暴动的最佳导火索。

刘易斯认为,50年代发展经济学所犯的最大错误是低估了可能的人口增长。他指出,迅速的人口增长打击了欠发达国家的发展,它使储蓄降低、城市失业增加、粮食问题恶化,并造成国际贸易条件对穷国更加不利。

欧洲资本主义发展的有利条件之一就是人口可以向外迁移。在19世纪上半叶,欧洲资本主义国家进入人口发展的第二阶段,即高出生率、低死亡率、高自然增长率时期,大批从农村到城市而又找不到工作的人向美洲和大洋洲迁移,为欧洲工业开辟了新的市场和原料基地。第二次世界大战以后,劳动力的迁移主要是从南方迁往北方,即从以前的殖民地迁往他们的前宗主国,或者从邻近的穷国迁往其富裕的邻国。奈斯比特说,目前美国所接收的移民大多数来自亚洲和拉丁美洲。他们都是最富有进取心、最具创新精神的人,这些人才将是全球经济竞争中的优势力量。

第三世界的人才外流给发展中国家造成严重损害,而穷国大批非熟练工人涌入富国,又使富国非熟练工人的工资水平下降,就业机会减少。法国的皮埃尔·勒卢金预测,到2050年世界北半球的富人和南半球的穷人的人口比例将从20世纪90年代的1:5增加到1:8或1:9。移民的全球化模式将会对下列领域产生影响和冲击:[1]

(1) 难民移民数量的增长。目前,世界难民人数最多时达到了1 800万—2 000万。

(2) "移民生意"现象。对于特殊种类的移民来说,往往具有许多优惠,因而也就存在着某种程度上的移民生意。现阶段没有一个国家再需要大量的移民,但许多国家仍需要数量很大的特殊移民。他们广泛地考虑到了他们经济上、人力上的以及移民本身机构上的特点,然后集中去发现某些特殊类型的移民来填满这些空缺位置。这些国家所需要的是受过良好专业训练的年轻人、具有良好身体素质的人、受过良好教育的人以及没有依赖性的那些人等。同样受到欢迎的人还有那些所

---

[1] 罗宾·科恩,保罗·肯尼迪:《全球社会学》,社会科学文献出版社2001年版,第297—306页。

谓的"商业移民",这类人会同时带来财富并创造出许多的就业机会。

(3) 非法劳工的数量上升。非法劳工具有两个显著的存在形式：超期滞留；蓄意非法入境(包括那种由中间人和代理人组织的,以"贩卖人口"的方式入境的)。

(4) 女性移民的数量在增加。这一点被那些因回应妇女参与全球服务经济的要求而产生的独立运动表征着。坎帕尼认为,当今世界,妇女已成为国际移民的主流。在有关移民研究中,妇女已从那种看不见的依赖者的角色转换成具有独立性的社会行动者的角色。

(5) 技能良好的临时住户数量增大。即那些自由职业者,但大多数工作人员是为跨国公司在目的国完成合同、开拓商业交易或者发展分支工厂而出现的。这种移民不是那种只依靠一张单程票而离开出生地的人。费德莱推测认为,他们构成了当今那些离开英国的移民中的大多数。

(6) 缺乏技能的合同工人。他们往往受到无情的剥削,并常常被当作为求得一个职位而宁愿放弃对明显有较高报酬的岗位进行讨价还价的人。与此同时,他们还不断排斥那些合法的合同工人。未来的人口迁移很可能是在一个契约中所看到的专业技术人员和非熟练工人之间的联姻。

1994 年第三次世界人口会议上,人们一致认为：只有控制人口,穷国才能发展。对正在迈进现代化的发展中国家来说,沉重的人口包袱将是影响它们发展的一个极其重要的因素,控制人口增长则是摆脱贫穷的必要前提条件。会议呼吁在可持续发展范围内,到 2015 年将世界人口增长稳定在 75 亿的估计数以下,以维护人类与其环境的平衡,提高现有人口的生活水准,同时又不危及后代人的需求。因此,为了有利于社会的发展,必须保持适度的人口规模、合理的人口结构,并且不断提高人口素质。

2. 组织因素

组织结构对于人的潜能的发挥和积极性的调动具有重要意义。

传统乡土社会中,社会组织和群体是以血缘和私人情感来维系的。这种结构网络的核心是"家庭",国家只是一个扩大的家,君臣关系如同父子关系,家长制是最基本的组织和群体管理制度,治国和治家遵循同一个规则,所以中国有"修身齐家治国平天下"的古训。这种基于血缘和亲情关系基础上建立起来的组织和群体可以起到稳定社会秩序的作用,但由于这种结构的封闭性和惰性,往往以扼杀人的自主性(个性)为前提。涂尔干在《社会分工论》中提出,越是原始的社会,传统共同体的约束力越强,越是没有个人活动的空间,人们没有个性,大家都是一个模式。这种相似性并未加强彼此的联系,相反,它使每个群体封闭起来,群体内部的成员之间有严格的分工,具有种地、教育、管理、防卫等不同的角色。在这个封闭的群体内部,个人的行动总是自发的、不假思索的和集体的;个人的命运完全由社会出身和私人关系网络所决定。

沃格尔在考察日本现代化成功的原因时,就指出这一成功并不在于日本传统的民族性以及由来已久的美德,而是由于日本具有独特的组织能力,中央政府的计划,政府与企业家的紧密协作,以及由资本集中化而迅速建立的大企业和教育制度等。在现代社会中,组织和群体的科层系统建立在理性规划基础上。在群体和组织的科层结构中,职权按照层次分布,权力和职位一体,职能分工明确,私人关系和公务关系分离,晋升机会对人们来说至少在理论上是均等的。韦伯概括出现代科层系统的以下特征:

(1) 存在着固定的、通过工作即法律或行政规则普遍安排有序的、机关的权限原则:包括对日常性工作的固定的分工,对权力的分配和权限规定,以及招募有资格的人员以维持官僚事务运转。

(2) 存在着职务等级的和审级的原则,即有一个机构的上下级安排固定有序的体系,上级监督下级,并有下级机关向它的上级机关呼吁的可能性。

(3) 职务的执行使建立在文件之上(保存原始文件和档案)和建立一个各种各样常设官员和文书班子的基础之上。

(4) 职务工作一般是以深入的专业培训为前提的。

(5) 职务工作要求官员投入他的整个劳动力,尽管对他履行业务的时间有固定界线,而从前的情况则相反,完成业务是次要的职务。

(6) 官员的官员职务的执行是根据一般的、较为固定、较为详细说明的、可以学会的规则进行的。①

科层系统有利于较大规模的经济和社会活动管理,从组织形态上摆脱了自给自足的小生产方式,但也往往会滋生官僚主义,使组织和群体成为外在于个人的东西,尤其是刻板的规则泯灭了人的创新精神。因此,要想有效地组织起经济生活和社会生活,必须建立起科学的、富有创新能力的组织和群体机构,尊重个人的自主性和创造性,使人的积极性得到充分地调动,最大限度地发挥人的潜力。

三、文化与价值要素

社会发展总是涉及到人和物两个方面,总是处在一定的文化环境之中和建立在一定的文化基础之上,通过人的作用,一定的文化必然成为经济和社会发展的重要因素。文化提供一种价值观直接影响人们的意识,其社会功能主要是为经济生活和政治生活提供某种约定俗成的行为规范。

任何发展中国家的现代化进程,都是靠内外因素的交互作用,都遇到民族精神塑造的问题。一个国家、一个民族,如果没有一种积极向上、努力拼搏、不屈不挠和奋发图强的精神,是不可能具有竞争力和凝聚力的。在重塑民族精神时,应把优秀的传统文化和现代观念融合起来,从经济价值观、效率价值观、时间价值观、信息价值观中汲取有益的东西。历史经验证明:一个国家如果把自己封闭起来,就会脱离世界发展的大潮,就会停滞而落后。但一个国家的开放如果完全受外来因素的支配,那么它就会丧失自己的独立选择能力,只能是依附性的发展,达不到预期的效果。

中国的百年现代化进程始终在抄袭外国和回归传统之间摇摆不定,以致模仿和抄袭了各种外来的现代化方案,为引进现代文明的创新

---

① 韦伯:《经济与社会》下卷,第278—281页。

而丢掉了既往文明的更新,现代化始终处于缓慢甚至是停滞阶段。而日本的经验是,对传统结构加以适当改造,使之承担某种现代的功能,从而产生了东洋道德与西洋技艺相结合的日本发展模式,日本成为了惟一逃脱沦为第三世界的非西方国家,惟一以平等的姿态跻身并分享西方建立的殖民利益的非西方国家。当然,日本模式也有不足之处,胡适在《中国与日本的现代化运动——文化冲突的比较研究》中指出:

> 日本的现代化并非没有很重大的不利之处,日本领导人在早期实现这一急速的转变,他们之中的最有远见者也只能看到与理解西方文明的一些表象。他们处心积虑要保存自己的民族遗产,加强国家与皇朝对人民的控制,因而小心翼翼地保护日本传统的大量成分,使之不致受到新文明的触染,人为地采用好战的现代化强硬的外壳来保护大量中世纪的传统文化,在这其中不少东西具有原始性,孕育着火山爆发的深重危险。

明治维新在"富国强兵"思想指导下进行的"置产兴业"的现代化,只具有西式现代化的外形,而包含了武士道现代化的内核,这最终破坏了日本早期现代化的成果。日本学者也指出:明治时期提倡西方技术与日本方法相结合,而拒绝了西方的精神特质,结果给国家带来了1945年的灾难。因此,在文化发展战略上,模仿和排外都是不可取的。如何对待传统与西方文明是一个值得深入研究的课题。

韦伯是"文化价值论"的重要倡导者,他认为,"资本主义"不仅仅是一个经济学和政治学的范畴,而且还是一个社会学和文化学的范畴,不能只用经济的原因来解释资本主义的起源与发展。他把"资本主义"当作一种整体性的文明来理解,于是,他的着眼点最终落在了西方宗教改革后形成的新教伦理上,即他所说的西方的某种"精神气质"。资本主义精神不是一般的对金钱的欲望:"对财富的贪欲,根本就不等同于资本主义,更不是资本主义的精神。倒不如说,资本主义更多地是对这种非理性欲望的一种抑制或至少是一种理性的缓解。不过,资本主义确实等同于靠持续的、理性的、资本主义方式的企业活动来追求利润并且不断再生利润。"① 在他看来,新教伦理中的节俭、禁欲、精于计算、赢利、个人主义和竞争的价值观形成了资本主义精神,这种精神是宗教运动的结果,是资本主义得以发展的根本原因。

韦伯对资本主义精神的描述,采用的是"理想型"的研究方法,其缺陷在于,被设定的理想模型容易脱离现实,并且对它的典型化抽象也容易导致理论上的过分强调。尽管韦伯在论述时保持着综合的角度,但他的结论最终被冠以"韦伯的文化命题":只有基于基督教文化能够产生资本主义精神或理性资本主义,而其他宗教与文化都不行。美国经济学家萨缪尔森把这一理论称为"肤浅的发展理论",他指出:"韦伯的论点,在某种微妙意义上是否正确,这一点我们暂且不谈,我们只是设想一下,如果三十年前相信其基本理论的人进行预测的话,会犯多么大的错误。"因此,当我们强调文化因素在社会发展中的作用时,必须清醒地认识到,文化因素只是相互作用中的一个因素,而不是作为全部。"我们仅仅尝试性地探究了新教的禁欲主义对其他因素产生过影响这一事实和方向;尽管这是非常重要的一点,但我们也应当而且有必要去探究新教禁欲主义在其发展中及其特征上又怎样反过来受到整个社会条件,特别是经济条件的影响。……以对文化和历史所作的片面的唯灵论因果解释来替代同样片面的唯物论解释,当然也不是我们的宗旨。"②

第三节　经济社会协调发展

传统的发展观以经济增长为主要目标,认为发展主要通过 GDP 来计量,经济增长在发展中处于关键位置。随着人类文明的进步,社会发展越来越引起国际社会的关注,提倡经济社会协调发展,已经成为当前发展的主流。

---

① 韦伯:《新教伦理与资本主义精神》,三联书店 1987 年版,第 8 页。
② 韦伯:《新教伦理与资本主义精神》,三联书店 1987 年版,第 143—144 页。

一、经济发展与社会发展

经济发展和社会发展是密切相关的,二者缺一不可,并且必须保证平衡。

首先,经济发展是社会发展的基础,如果没有一定的经济增长和物质积累,社会发展也难以得到保障。18世纪末,古典经济学家亚当·斯密研究了国民财富的起源与积累。19世纪中期,马克思探讨了现代大生产对现代社会的革命改造的作用。20世纪中叶,库兹涅茨提出了可以计量化的"现代经济增长"的概念。在现代经济增长的带动下,欧洲和北美在1850—1950的百年间,人均收入增长了7倍。而且,使经济权力摆脱社会权力和政治权力的约束而凌驾于其上,愈是富裕与发达社会,经济增长的因素愈是重要,愈是独立地发挥着自己的作用。为此,罗荣渠提出了"社会进步与经济发展的中轴原理",即在生产力与生产关系的坐标轴上,经济发展的曲线愈是偏向生产力轴,则社会财富的增长愈快,社会进步的幅度愈大;反之,则较慢、较小。

其次,社会发展为经济发展提供平台和支持。从横向关系看,经济发展与社会发展之间存在着决定与被决定、适应与不适应的关系。如果社会发展长期受到抑制,经济发展的稳定性和可持续性也难以保证。但是,经济发展和社会发展的目标并不总是一致的,经济增长并不能必然带来社会总福利的增加和人的全面发展。社会发展状况是衡量经济增长质量和社会福利增量的基本方面,政府在发展中要优先考虑社会发展、人类福利和人类尊严,把人的发展置于发展的中心。为此,在发展政策制定中应重视以下问题:

第一,虽然经济增长与民主之间没有必然的联系,但是经济增长必须与公众参与和治理等问题结合起来,在发展过程中必须保证每个人的权力和利益,而不仅仅保证投资商和精英们的权力和利益。

第二,经济增长必须与生活质量提高挂钩,但是发展政策往往忽视二者之间的联系,而把关注点放在GDP上,正确的做法是,在经济增长的同时必须提高全体人民的生活质量,如出生率、教育、营养和预期寿命。

第三,许多经济学家认为消除贫困的基本方法是推动经济的快速增长,认为发展是硬道理,进而把发展仅仅界定为GDP的发展。过去几十年的发展表明,在经济增长的同时收入不平等在加剧,经济增长与消除贫困之间并没有必然的联系。

第四,社会发展的核心是强调消除贫困、减少失业和消除歧视,换言之,社会发展要保证全体居民的收入安全、就业安全、减少贫困、增加儿童福利和改善政府的社会政策。在社会发展中尤其要给农村发展以特别关注,发展政策要满足农村发展的基本需求,保证农民收入平等和持续增长,为乡村人口创造就业机会。

从纵向历史考察,相对于经济发展而言,社会发展存在着超前、同步和滞后三种状态。所谓社会发展与经济发展的超前、滞后或同步的情况,是指在一定的经济发展水平上,相应的社会活动的规模和水平。

需要超前发展的社会活动,如教育。教育是提高和增强人们参与经济社会发展并相应参与发展成果分享的能力的第一渠道。世界各国的经验表明,教育是形成人力资源的重要途径,没有教育的先期发展,经济就不可能得到持续迅速的发展。东亚奇迹产生的一个重要原因,就是通过快速普及初级和中级教育,从而在收入分配和经济增长之间形成了良性循环。而中国在这方面则教训深刻。从1957年到1978年,中国的教育发展就犯了这种战略性错误,以"阶级斗争为纲"成为教育工作的指导方针,教育成为"阶级斗争"的工具而非促进经济发展的手段。从而给教育带来了巨大的破坏,使得从1957年到1976年的20年,尤其是"文革"10年,成为新中国文化、教育史上最黑暗的时期。尽管这一期间中国在科研的某些方面也有比较突出的成就,但总体看来,与世界科技水平的距离拉大了,成为飞速发展的世界科技潮流的严重落伍者。这种价值取向的教育是逆时代潮流的,它对国家的发展不仅不能起到应有的促进作用,而且还构成国家发展的障碍,以致于邓小平1975年9月26日在一次谈话中讲道:"我们有个危机,可能发生在教育部门,把整个现代化水平拖住了。"[①]1978年以后,中国的教育才离开

---

① 《邓小平文选》第二卷,第34页。

了歧途走向了正轨。然而,前景也不容乐观,教科文年鉴中,各国的公共教育经费均为政府投入,不包括私立和集资的教育经费,而中国应该用于预算内教育经费的比重,2000年仅占2.3%,比1980年的2.5%下降了0.2个百分点,距过去十年教育发展纲要(1990—2000年)提出的比重4%还差1.7个百分点,低于世界各国的平均水平,如包括预算外的国家财政性教育经费,也只占2.9%。由于教育经费投入偏低,人口基数庞大,世界银行发展报告中,2000年中国仅占7.2%,2001年实际为7.8%(不包括成人大学),远远低于世界平均水平19%的水平。中国教育投入的低水平,不仅影响了现代化进程,也增加了居民教育经费的支出。这种状况是与经济建设和全面建设小康社会的需要不相适应的。

与经济同步发展的社会活动,如文化活动、行政管理活动及国防活动。以文化活动为例,包括新闻出版、广播电视、电影、图书、报刊发行等等。一般说来,发达国家的许多文化内容与形式基本上与其先进的经济水平相适应,发展中国家文化内容与形式也与其落后的经济水平相对称。在文化活动中,没有出现过国与国之间人均国民收入或国民生产总值相差悬殊而文化经费开支或活动规模相互接近的情况,各国中央财政预算支出中,文化部分支出的多少与其经济水平的高低是成正比的。

社会发展滞后于经济发展的领域,往往发生在卫生保健、社会保障以及环境保护等方面。这些之所以滞后,一是经济发展后产生的结果,另一方面也只有经济发展了,才能解决这些问题。在西方发达国家,义务教育、卫生保健以及其他社会救济、社会保险、社会援助等活动,被纳入到社会保障体系,是在其他社会活动达到相当高的水平基础之上的。资本主义社会进入工业化社会以后,传统的社会结构、社会观念发生了根本性的转变,如家庭结构的变化产生了养老问题;传统的慈善机构负担不了更多的需要救济的人员;经济周期性波动造成失业现象等,都需要社会采取措施予以解决。然而,西方的社会保障在二战以前是不健全的,因而导致了经济与社会危机日重,战后各国大力发展社会保障事业。20世纪80年代以来,社会保障开支占国民生产总值的比重居各种社会活动榜首,这种加快发展可以看作是对以前发展滞后的补偿。①

总之,相对于经济发展,社会发展的同步、超前或滞后,总有一定的规律性次序,各国在发展经济的同时,也要重视经济增长的社会效果。

二、社会发展计划

社会发展计划,即人们为了调控社会运行的状况,实现社会的协调发展和有计划的社会变迁,而对社会的有关系统、社会生活的有关方面的发展做出的规划。由于社会发展计划是人们根据过去和现在社会运行的状况所提出的一种未来的社会发展目标,因而计划的制定是一个主观正确反映客观、主观与客观有机结合的过程。为了比较全面地反映一个社会或社会中的一个系统的存在和运行状况,就必须采用一系列具有内在联系的指标项目所结合而成的社会指标体系。

长期以来,人们往往只注意经济发展而忽视社会发展,当人们逐渐注意到社会发展的重要性时,也往往是在关注经济发展的同时对社会发展问题加以注意。因此,将社会发展仅仅作为经济发展的一部分或延伸,所以,社会发展指标也基本上是经济发展指标的扩大。但是,经济发展并不等于社会进步,因此,有必要将经济指标和社会发展指标区分开来。经济发展指标主要反映的是经济增长和经济发展水平,而社会发展指标,就是描述和评价社会整体及各方面存在和运行状况的项目及其数值,主要反映的是社会生活水平和生活质量,它不仅涉及到社会物质生活水平,还涉及到社会精神文化水平和人们的主观感受。而且,由于我们追求的是经济社会协调发展,因而建立的指标体系应当是能综合反映经济与社会发展状况的。

早在 20 世纪 60 年代,美国就掀起了一个社会指标运动,成立了由 80 多名专家组成的社会指标小组,想用社会指标参与政府决策。1966 年约翰逊委派卫生和福利部成立社会指标委员会,汇集成《社会报告原始资料》一书,1968 年,在此书上发表了《为社会报告作准备》的文件,

---

① 梁荣迅:《社会发展论》,山东人民出版社 1991 年版,第 349—351 页。

并由此形成了一套与经济核算不同的社会核算体系。虽然社会指标运动并没有达到预期目标,但该项研究开创了社会指标的先例,对各国产生了影响。法国于1969—1975年把国家发展计划改为经济和社会发展计划,80年代更名为经济、社会和文化发展计划。日本在1979年提出新型福利社会发展的设想。1973年白宫管理和预算办公室发表了第一个社会管理指标年度报告,联合国等国际社会组织也建立了各种社会指标体系,尤其是要使这些指标适用于发展中国家。但由于社会经济制度和其他因素的差异,目前尚未形成一个统一的、比较完善的社会发展及其管理的指标体系。

鉴于过去常用的国民生产总值、人均国民收入等指标的局限性,人们尝试了各种指标。

1976年美国的艾斯特斯提出社会进步指数,有11个方面44个指标,包括教育、健康、妇女地位、国防力量、经济、人口统计、地理、政治稳定、参政、文化差异、福利措施。1980年美国商务部人口调查局编制的"美国社会指标"包括11个方面:人口和家庭、健康与营养、住房和环境、交通和运输、公共安全、教育和训练、工作、社会保险和福利、收入与生产率、参与社会活动、文化闲暇和时间的利用,其中每一方面又分为一些具体的二级指标(共61个)和大量的三级指标。美国海外发展委员会的摩里斯提出了一个摩里斯全球社会发展指标(即实物生活质量指标),包括平均预期寿命、婴儿死亡率和成人识字率。每个指标都赋予从0—100的比值,以最著名的好与坏的情况分别作为两个极端,然后取三个指标的平均数。另外,美国社会保健协会的经济发展学者提出了衡量社会发展的所谓ASHA综合指标,即就业率、识字率、平均预期寿命、人均国民生产总值年平均增长率、出生率、婴儿死亡率等,其公式是:

$$\text{ASHA 指标值} = \frac{\text{就业率} \times \text{识字率} \times \text{平均预期寿命} \times \text{人均国民生产总值年平均增长率}}{\text{出生率} \times \text{婴儿死亡率}} \times 100$$

他们给六个指标值设想了具体的数值,即就业率85%,识字率85%,平均估计寿命70岁,人均国民生产总值年平均增长率3.5%,人口出生率2.5％,婴儿死亡率5.0％。

联合国社会发展所于1972年建立了社会指标数据库,它采用的主要指标有:婴儿死亡率、预期寿命、每千个居民中医务人员和医院床位数、每人每天蛋白质消耗量、成人识字率、报纸消费量、收音机拥有量、机动车辆拥有量、化肥使用量、电力消耗量等。1975年联合国经济和社会事务统计处首次发表了联合国社会和人口统计体系,这一体系包括11个方面:人口的规模和结构,出生、死亡与迁移,家庭的组成和家庭住户,社会等级、分层和流动性,收入、消费、积累和净值的分布,住房及环境,时间分配和闲暇利用,社会保险和福利服务,谋生活动、就业服务和无活动能力人口,健康和保健服务,公共秩序与治安、犯罪和受害者。其中每一方面又有许多具体的指标。联合国开发计划署也认为,国民生产总值并不是社会发展的最好和惟一的标志,为此制定了新的指标,即人文发展指数(IDH),最初的人文发展指数包括预期寿命、教育、健康、失业、城市化、军费开支和工资收入等,1991年添加了环境破坏和容纳的自由程度的数据。

总之,一个完整的社会综合发展水平的指标体系必须包括经济、政治、社会、文化和教育、生活水平及环境等方面,其关键是既要有可操作性,又能全面反映社会发展的水平。

三、中国社会的协调发展

2002年的党的十六大、2003年的十届全国人大第一次会议和党的十六届三中全会上都强调经济社会协调发展。当前在中国全面建设小康社会的进程中,经济社会协调发展的基本内涵,就是要纠正一些地区和领域出现的重经济增长、轻社会进步,重效率、轻公平,重物质成果、轻人本价值,重眼前利益、轻长远福祉,重局部、忽视全局的偏颇,采取及时而果断的措施,防止这些偏颇愈演愈烈,防止这些失衡造成经济社会发展中断,保持经济社会持续、健康发展。

1. 经济社会协调发展原则

(1)在政策取向上,要求政府坚持公平、公正的原则,坚持以人为本,一方面努力促进并保护市场经济制度下的自由竞争,另一方面,也要通过实施有效的公共政策、城乡政策、地区政策、社会政策、可持续发展政策等等,提供充足的公共项目和公共服务,为那些相对薄弱的地区和弱势的群体提供更多的扶助和支持,使他们也能分享到改革开放和经济发展的成果。

(2) 以人为中心的协调发展是当代国际社会发展的基本趋势,中国已经加入全球发展,并且正在成为全球发展的重要力量,坚持全面、协调发展,对于树立中国的国际形象,发挥中国在国际事务中的作用,通过全球化来实现中国的国家战略都是十分重要的。全面发展必须始于人并以人为中心,必须使全体人民广泛参与发展活动的所有领域和所有层次、国家和区域。

(3) 经济社会协调发展,首先表现为质的协调发展。所谓质的协调发展,就是在性质和数量上相互适应对方的要求。中国正在进行的社会主义建设,是要把中国建设成为富强、民主和文明的社会主义国家。这就要求经济建设和社会发展文化建设都具有社会主义性质,都要为社会主义事业服务。这样才能保持经济和社会内在的统一和协调发展。其次,是量的协调。即经济社会在数量规划上互相适应对方的发展要求。从社会发展看,教育、科学、文艺、新闻出版、体育、卫生、图书馆、博物馆等各项社会事业以及群众性娱乐活动都有一个适度的数量和规模问题。

2. 经济社会协调发展标准

改革开放以来,中国经济得到了较快的发展,与此同时,原有的和新发现的社会问题也突出起来,使人们不得不关注社会发展问题。为此,中国有关部门制定出一套反映社会发展的指标体系。国家统计局制定出《中国地区间社会发展水平评价方案》,提出"十大领域说",包括环境、人口、经济、居民生活、劳动、社会保障、卫生保健、科技教育、文化体育、社会治安十个领域,共有133项量化指标。

1983年,国家统计局制定的《社会统计指标体系》中有"十大类":指自然环境、人口与家庭、劳动、居民收入与消费、劳动保障与社会福利、住房与生活服务、文化与体育、生活时间分配、社会秩序与安全、政治活动与社会活动参与情况。

1994年10月22日,国务院提出了十四大类:人口控制和计划生育,科学教育事业,社会保障事业,缩减贫困,就业与人力资源的开发利用,城市化与农村劳动力转移,生态环境与资源的保护,卫生保健事业,文化艺术、广播电视、新闻出版、体育娱乐事业,城乡公共设施建设,社会参与和社区建设,民主与法制建设,公共安全与预防犯罪,妇女、儿童、老年人、残疾人等社会群体的保护。

一般来说,中国采用的经济社会发展指标,除工农业总产值等传统的总量指标外,主要包括两大类:一类是经济和社会发展水平的综合指标,主要包括10个具体指标,其中既有反映经济发展的指标,又有反映社会发展的指标;既有反映经济发展水平的指标,又有反映经济发展效益的指标,并考虑了物价变动因素。一类是反映人民生活水平提高状况的指标,共有30个,包括:综合性指标(人均消费水平)、满足人民物质基本需要的指标(包括吃、穿、用、住、行各方面的具体指标)、满足人民文化生活基本需要的指标(教育、文化娱乐、卫生保健)、社会安全保障指标(城市就业率、职工事故死亡率、污水处理率)。

这些指标强调了卫生、营养和教育等福利状况,这些指标体系都比产值或收入更能直接反映福利水平的高低,而福利的增进和人的发展是经济社会发展的最终目标。

表5.4 社会发展指数的社会指标

指标集	具 体 指 标
社会组织分类指数	慈善机构、基金会数目(+)1;非营利部门职工人数占劳动人口的百分比(+)
失业与就业分类指数	失业率(—);城镇新就业人数(+);全国从业人员年末人数(+)
消费指数	城镇居民家庭平均每人全年生活费支出(—);农村居民家庭平均每人全年生活费支出(—);城镇居民消费价格总指数和零售物价总指数(—)
生活质量指数	人均公共绿地面积(平方米)(+)

续 表

指标集	具 体 指 标
文化发展指数	被评定为文化遗迹的建筑物及遗址数目(＋);制作电影的数目(＋);出版书刊数目(＋);
体育分类指数	公共体育设施数目(＋);公共体育设施的平均使用率(＋);主要体育盛事代表团人数(＋)
教育分类指数	九年义务教育普及率(＋);达到本科及以上教育程度人口占总人口的百分比(＋)
卫生健康分类指数	平均预期寿命(＋);出生婴儿的死亡率(－);传染病死亡率(－);自杀人数(每十万人口)(－)

表 5.5　弱势群体分类指数的社会指标

指标集	具 体 指 标
低收入群体分类指数	国有企业职工分流及下岗情况(－);低收入家庭的住房及食品开支占总家庭开支的百分比(－);无家可归者人数(每十万名人口)(－)
儿童状况分类指数	单亲家庭的儿童占总儿童人数的百分比(－);0—4岁儿童的死亡人数(每十万名)(－);儿童入学率(＋)
青年状况分类指数	16—25岁城镇登记失业人员基本情况(－);青少年的自杀率(－)
老龄状况分类指数	全国各类企业职工退休费用社会统筹基本情况;历年全国离休、退休、退职人员年末人数(－);历年全国离休、退休、退职费(＋);全部离休、退休、退职人员人数及保险福利费用构成情况(＋)

注：其中，正(＋)及负(－)号是用来表示每一指标与社会发展的关系。例如，在"慈善机构或基金会数目"这个指标的正号，即表示数目愈高，理论上在公民社会力量这个领域的发展方面则愈进步，对整体的社会发展也有正面的效果。

全面建设小康社会是中国经济社会协调发展的方向和目标。小康社会原是一个经济学概念,一般可用两个经济学指标来衡量:一是人均收入,二是恩格尔系数。不同的恩格尔系数直接反映了不同的消费结构,也间接地反映了不同的发展阶段。联合国粮农组织规定,恩格尔系数大于60%为绝对贫困,50%—60%为勉强度日,40%—50%为小康,40%以下为富裕,其中30%—40%为非常富裕,20%以下为极端富裕。1990年12月,中共十三届七中全会上对小康的内涵作了详细的描述:"所谓小康水平,是指在温饱的基础上,生活质量进一步提高,达到丰衣足食……"因此,小康是衡量生活质量的一个概念。

表5.6 2000年中国全面小康社会进展情况的评价

指 标	实 际 值	指 数 值
一、经济发展		63.06
1. 人均GDP(美元)	854	63.06
二、生活质量		77.37
2. 恩格尔系数(%)	46.0	76.00
3. 人均居住建筑面积(平方米/人)	19.0(城镇)	70.00
4. 平均预期寿命(岁)	71.4	86.12
5. 高中入学率(%)		
三、社会结构		59.28
6. 城市人口比例(%)	36.1	65.23
7. 非农劳动力比例(%)	50.0	53.33
四、社会公平		61.12
8. 基尼系数	0.403(1998)	78.80
9. 贫困发生率(%)	11.51(1997)	43.44
10. 社会保障覆盖率(%)		
小康水平指数		65.21

2000年中国小康水平指数大约为60左右,刚刚跨入小康社会的门槛,由于中国的社会转型是浓缩的、急剧的,具有一定的社会风险,有必要选择一系列能反映经济社会发展中最敏感的指标,定出警戒线,如

果接近或超过警戒线,便向有关部门发出预警,及早采取对策,把社会矛盾和问题消灭在萌芽状态,以维护社会稳定,减少国家损失。

表5.7 社会转型的代价与预警指标

转型代价	预 警 指 标	警戒线
失 业	失业率 平均失业时间	10% 6个月
社会分化	10%最富有家庭的收入与10%最贫困家庭收入比 贫困线以下居民的比重 最低工资与平均工资之比	10∶1 10% 1∶3
犯 罪	每万人中犯罪人数 每万公务人员中腐败人数	200 100
社会不安	通货膨胀与经济增长率之比 对政府的信任度 参与群体性突发事件人次率	0.8∶1 50% 10%
社会公害	荒漠化治理率 三废处理率	50% 80%

(资料来源:宋林飞:"中国社会转型的趋势、代价及其度量")

科斯定理认为,制度安排各异,人们的行为或选择便有所不同,随之产生的价值与代价也会相异。科学、合理的制度安排,在于使矛盾的两极维持一定的均衡。近年来,中国社会发展的主要问题是贫富差距过大,主要反映在行业和部门之间的利益分配不公、地区之间经济利益的失衡、城乡之间的利益失衡、不同所有制成分之间的利益失衡、各个社会阶层之间的经济利益分配失衡。因此,如何处理好贫富差距过大的问题成为全面健康建设过程中比较棘手的问题。而2020年时要实现全面小康社会的建设目标,还有很长的一段路要走。

中国社会科学院根据近10年的发展速度,参考了中等收入国家的发展水平,并结合中国的国情,制定出小康社会预测指标。

表 5.8　2020 年中国小康社会主要经济社会指标测算

指标集	指标内容
GDP 增长速度	GDP 的绝对额 2010 年为 17.64 万亿元,2020 年为 33.11 万亿元,按高线的年递增速度为 7.6% 和 7.0%,GDP 的绝对额 2010 年为 18.38 万亿元,2020 年为 36.16 万亿元
人口总数和净增率	2010 年中国人口将达到 13.8 亿人,年均增长 0.83%,2020 年再增 1 亿,达 14.8 亿人,年递增速度降为 0.7%,2050 年控制在 16 亿人左右,年递增速度降为 0.26%,50 年后即可实现零增长。据专家预测,全世界总人口将从 2010 年的 70.3 亿人增至 2050 年的 98.3 亿人,中国占世界人口的比重由 19.6% 降为 16.3%
人均 GDP	2010 年的人均 GDP 为 12 800—13 320 元,2020 年为 22 370—24 430 元,按汇率 1 比 8.28 折合成美元,2002、2010、2020 年的低线分别为:962、1 546、2 700 美元,高线 2010、2020 年分别为 1 610、2 951 美元,到 2020 年仍达不到党的十六大报告中提出的 3 000 美元的水平,只相当于目前中等收入国家平均 2 590 美元的水平。世界银行的发展报告中计算的中国 PPP 偏高,比按汇率计算的 GDP 高出 3.7 倍,现参照中等收入国家高出 1.9 倍(现按高 1 倍)的比例计算,2010 和 2020 年分别为:3 200 和 5 900 美元,已超过了 3 000 美元的近一倍,也超过了目前中等收入国家的平均水平,有可能超过 2020 年中等发达国家的水平
城市化水平	到 2010 年,城镇人口比例将提高到 48%,年递增速度为 2.7%,2020 年为 60%,年递增速度为 2.3%,接近目前中等收入国家的水平
第三产业从业人员比例	到 2010 年第三产业从业人员比重为 35%,2020 年为 50%,已超过目前中等收入国家 41% 的平均水平
公共教育经费占 GDP 的比重	第一个十年中完成教育发展纲要规定的 4% 的目标,第二个十年再提高到 4.5%,这样仍达不到目前中等收入国家 5.1% 的平均水平
在校大学生占适龄人口的比重	今后两个发展阶段争取以 4.9% 和 5.2% 的速度递增,2010 年大学生普及率将达到 12%,2020 年达到 20%,虽与目前中等收入国家 25% 存在较大差距,但差距将有所缩小。按上述比例测算,两个时期的在校大学生应为 1 209 万和 2 072 万人

续 表

指标集	指标内容
每千人口医生数	今后两个发展阶段按 1.8%、2.3%的速度递增,每千人口医生数 2010 年为 2.0 人,2020 年为 2.5 人,超过目前中等收入国家 1.8 人的平均水平
平均预期寿命	中国今后两个发展阶段以 0.3%和 0.1%的速度递增,平均预期寿命 2010 年为 73 岁,2020 年为 74 岁,接近目前高收入国家的水平
城镇居民人均可支配收入	2010 年为 12 300 元,2020 年为 22 000 元,月人均收入为 1 833 元,相当于人均 GDP 的水平由 2002 年的 96%降为 85%,反映了收入水平稍低于生产水平
农民人均纯收入	今后第一个 10 年争取以 5.6%的速度递增,到 2010 年达到 3 830 元,第二个 10 年争取与城镇居民可支配收入同步发展,达到每年递增 6%,到 2020 年农民人均纯收入将有可能达到 6 860 元
居住条件	到 2020 年实现"户均一套房,人均一间房,功能配套、设备齐全"。按此标准换算成建筑面积,两室一厅的单元房约为 70—90 平方米,城镇按每户三人计算,人均建筑面积为 23—30 平方米,2001 年实际为 20.8 平方米,2020 年按高线人均 30 平方米计算,19 年增长 44%,年均递增 1.9%,低于改革开放 24 年递增 7.2%。农村人均居住面积 2010 年达 30 平方米,2020 年达 37 平方米,户均可达 150 平方米。农村住房关键是提高住房质量
人均生活用电量	今后 9 年按 10%的速度递增,后 10 年按 8%的速度递增,到 2020 年人均生活用电量可达 712 度,有可能达到中等收入国家的水平
恩格尔系数	2001 年中国城乡平均为 43%,已属小康型,其中城市为 37.7%,农村为 46.2%,今后 20 年内要求降到 30%左右,农民要降到 38%,城镇要降到 25%

续表

指标集	指标内容
城乡收入差距	根据第十、十一项城乡收入水平计算,收入差距由 2002 年的 3.1 倍扩大为 2010 年的 3.2 倍,2020 年由于城乡收入都保持了同步发展,差距才避免了进一步扩大,但比 1985 年的 1.9 倍扩大了 1.3 倍,1∶3.2 的差距尚未包括城镇居民享受的各种社会福利,农民基本不享受,还要扣除各种额外负担和下年的生产费用,因此实际的城乡差距在 5—6 倍
贫富差距 基尼系数	世界银行的发展报告中的中国基尼系数,从 1980 年的 0.33 扩大至目前的 0.458,有的地区通过调查超过了 0.46,已属于不公平的范畴,而且贫富差距呈扩大趋势,已产生了不少社会问题,如城镇已形成了相当数量的贫困人口,农村的社会问题也不少。中国的基尼系数高于发达国家,低于发展中国家。从中国情况看,目前偏离平均线还不算过高,今后如能在福利政策和税收政策方面加以调节,基尼系数是有可能逐步降低的。2010 年大致维持现有水平不再扩大,保持在 0.45 左右,2020 年略有下降,达 0.40 左右

表 5.9 人类生活发展阶段的划分标准

发展阶段	小康水平指数	备注
贫困(饥寒)	≤40	
温饱	40—60	
小康	60—100	
	60—70	起步阶段
	70—80	发展阶段
	80—90	成熟阶段
	90—100	过渡阶段
富裕	=100	

全面小康社会强调的是社会的整体进步。因而,建设小康是一个

全面的发展计划,不仅涉及到经济增长问题,也涉及到民主政治问题;不仅涉及到经济效率问题,也涉及到社会公平问题;不仅涉及到生活方式的现代化,也涉及到人的现代化。在全面建设小康社会的过程中,社会指标的实现难度显然要比经济指标的难度大得多。

思 考 题

1. 影响社会发展的因素有哪些?
2. 经济社会协调发展的涵义是什么?
3. 经济发展与社会发展的关系是什么?
4. 如何衡量社会的全面进步?

相关阅读书目

韦伯:《新教伦理与资本主义精神》,三联书店1987年版
韦伯:《儒教与道教》,江苏人民出版社2000年版
布莱克:《比较现代化》,上海译文出版社1996年版
涂尔干:《社会分工论》,三联书店2000年版
汤因比:《人类与大地母亲》,上海人民出版社1992年版
罗宾·科恩,保罗·肯尼迪:《全球社会学》,社会科学文献出版社2001年版

第六章
城市社会发展

亨廷顿有一个观点:"现代化带来的一个至关重要的政治后果便是城乡差距。""在很大程度上,城市的发展是衡量现代化的尺度。"[①]历史证明,城市现代化水平高的国家和地区,无不是现代化发展水平较高的国家。显然,现代化集中体现在城市化和城市现代化的发展水平上。

第一节 城市化与城市现代化

据世界发展报告的统计:2000年世界平均城市化水平达47%,中等发达国家为50%,高收入国家为79%。城市化和城市现代化是城市社会结构变迁的必然表现形式和直接结果,也是社会整体现代化的必然过程。

一、涵义

城市化是伴随工业化的社会进程,通常主要是指农业人口转化为城市人口的过程。美国出版的《世界城市》把城市化定义为:城市化是一个过程,包括两个方面的变化:一是人口向城市运动,并在城市中从事非农业型生产与工作;二是农村的生活方式向城市生活方式转变,如价值观、行为方式和生活方式等。前一个方面是城市人口的集聚所体现的城市经济职能,后一方面是社会、心理和行为观念的变化,而这两

---

① 亨廷顿:《变化中的政治秩序》,三联书店1989年版,第66页。

个方面是互动和互相影响的。① 实际上,城市化是一个复杂的空间形态变化和社会、经济的发展过程。

美国芝加哥大学的沃尔斯在《作为一种生活方式的城市性》一文中提出,城市生活是一种特殊的生活方式,与农村生活方式相比,具有以下特征:

(1) 生活丰富而复杂。在城市中,劳动时间是固定的,劳动强度相对也比较低,加之所处的是政治、经济、文化的中心,这就提供了大量参与政治、文化活动的广泛机会。

(2) 生活的节奏快,精确性要求高。这种快节奏的生活,有时不免使人有一种紧张和疲劳的感觉,而这种疲劳与农村中由于劳动力强度大而造成的疲劳不同,农村生活中的疲劳是生理上的疲劳,而都市生活中的疲劳主要是精神上的。

(3) 交往上的表面化与事本主义。因此,城市生活具有一种隐姓埋名的性质。

(4) 文化的异质性。这是由多种原因造成的:一是人口的异质性;二是专业化的活动;三是易于受到外来文化的影响。

(5) 个人的自主性强。在城市中占主导地位的已不再是传统行为,而是一种理性行为,要求人们善于思考,善于独立地进行判断和选择,如果没有这种自主能力就不能适应城市生活。

(6) 越轨行为增多。在城市中,初级社会关系已经大大地衰落了,这样,对人们行为的约束力也就相应地降低,导致城市中犯罪行为的增加。

概括地说,城市化有三个主要标志:① 人口从农村向城市流动和集中,使城市人口在社会总人口中的比重不断增加;② 城市用地规模不断扩大,数目不断增加;③ 城市生活方式形成并扩展到整个社会。其中,城市人口在总人口中的比重通常被用来衡量一个国家或地区城市化水平的高低,是衡量城市化水平的最重要指标,而城市的人口和用地规模则反映了城市的发展是否合理。

---

① 张鸿雁:《论城市现代化的动力与标志》,《社会学》,2002/9,第71页。

城市现代化一般指城市的经济、社会、文化及生活方式等由传统向现代社会发展的历史转变过程,具体表现在城市的生产、生活和社会活动,以及工厂、住宅、道路、通讯、生态环境、公用文化设施等各项建设中,广泛应用现代科学技术成果和体现现代社会生产力水平的精神文明水平,从而使城市经济、社会、生态和谐全面地运行与协调发展。据预测,21世纪上半叶,中国城市现代化将经历三个发展阶段:2001—2020年,是实现城市现代化的基础阶段和大有作为的重要战略发展时期;2021—2030年,多数城市实现现代化,城市人均GDP超过1万美元以上;2031—2050年,中国城市达到发达国家城市水平的重要发展阶段,城市人均GDP达到2万美元以上,居民生活水平达到当时发达国家的中上等水平。到21世纪中叶,中国不仅将实现城市现代化,同时,城市国际化也将有长足的进展。

二、城市化进程

在联合国人居问题特别联大召开前夕,联合国人居中心发表了《世界城市状况报告》,就全球城市化发展趋势及其影响作了详细的分析,对各国的经济和社会发展有重要的参考价值。报告指出,尽管城市的出现在人类历史上至少已有五千年,但到公元1800年,城市人口仅占世界人口的2%。近200年来,世界城市化趋势加快,方兴未艾的经济全球化更使各国城市以前所未有的规模和速度发展。城市不再是距离遥远、相互分离的孤岛。现代化的交通和通信手段,已经把全世界的城市编织成一个相互紧密联系的网络。目前,世界人口约有一半居住在城市里,城市居民人数达到30亿。预计今后世界城市化的趋势还会加速发展,到2030年,世界城市人口接近50亿,约占世界总人口的60%。

1. 城市化的分期

世界城市化的进程根据其发展的不同特点,大致可分为以下三个阶段:

第一阶段:城市起源至工业革命以前。城市发展十分缓慢,城市规模较小,城市化水平很低。

第二阶段：工业革命以后至19世纪末。城市化速度大大加快。18世纪的工业革命，促进了生产专业化和协作化的加强，加强了地域分工，促使了工业和人口在地域上的集中。大批的工厂和其他企业在城市中兴建起来，工业生产随之成为城市中的主要活动。由于资本主义工业生产的发展，大量的工厂需要兴建，这就要求城市的规模不断扩大，并要大量兴建新的城市，而工业以及商业的发展，则需要大量的劳动力，这就势必提出农业劳动力向工业生产转移、农村人口向城市转移的问题，因此，近代的城市化是工业化推动的结果。

第三阶段：20世纪以来，尤其是第二次世界大战以后。世界城市化的速度、规模、范围都达到了空前的程度，世界城市人口占总人口的比重迅速上升，人口和财富进一步向大城市集中，大城市数量急剧增加，其中，以特大城市(100万人口以上)的发展尤为引人注目。

表6.1 世界城市化的发展趋势(1950—2020)

年 份	1952	1960	1970	1980	1990	2000	2010	2020
城市人口(百万)	734	1 032	1 371	1 764	2 234	2 854	3 623	4 488
城市化水平(%)	29.2	34.2	37.1	39.6	42.6	46.6	51.8	57.4

2. 不同发展程度的城市化

城市化在发达国家与发展中国家表现出了不同的进程。就发达国家而言：

(1) 起步早

工业革命始于英国，因而英国也是世界上最早开始近代城市化的国家。在工业革命的推动下，19世纪英国的城市化进程十分迅速，一大批工业城市，如格拉斯哥、曼彻斯特、伯明翰、利兹等迅速成长起来。从1801年到1851年的半个世纪里，英国5 000人以上的城镇由106座增加到265座。城镇人口与全国总人口的比例由26%增至45%，到1900年上升到75%，成为世界上第一个城市化的国家。19世纪开始，法、德、美、荷兰、比利时等国也相继开始了工业革命，城市化的进程在西方国家大幅度铺开。例如，美国1800年时城镇人口仅占全国总人口的

6.1%,到1890年就上升到35.1%,城镇数目也由33座激增到1 384座。

(2) 城市化水平高

20世纪以来,尤其是新技术革命以来,发达国家的农业劳动生产率大大提高,使大量乡村人口转为城市人口,到了20世纪70年代,发达国家的城市人口的比重,一般都达到了70%左右,远高于发展中国家的城市化水平。

(3) 出现逆城市化现象

从20世纪70年代中期开始,由于人们对环境质量要求的提高,以及乡村地区和小城镇基础设施的逐步完善,发达国家相继出现了与城市化过程相反的人口流动现象,我们称之为逆城市化现象。这种现象主要表现为:城市人口向乡村居民点和小城镇回流,大城市中心区萎缩,而小城镇发展迅速,乡村人口数量增多。

发展中国家的城市人口数在20世纪70年代末已超过发达国家的城市人口数,而2000年发展中国家的城市人口数已占到了世界城市人口的60%多。其特点为:

(1) 起步晚,发展快

发达国家的城市化始于18世纪中叶,而发展中国家的城市化于第二次世界大战以后起步,两者相差约两个世纪。但发展中国家的城市化虽然起步晚,城市人口的增长速度却超过了发达国家。预计到2020年时,发展中国家的城市人口与发达国家的城市人口比约为3.5:1,这表明,发展中国家的城市化已构成当今世界城市化的主体。

(2) 城市化水平低

发展中国家由于乡村人口基数大、增长快,城市化的水平远远落后于发达国家。2000年发达国家的城市化水平为74.4%,发展中国家只有39.3%。中国2000年第五次人口普查时的城市人口比重也只有36.09%。

(3) 城市发展不合理

主要表现为:① 城市人口的增长与经济发展水平不相适应。许多发展中国家城市化水平的提高,主要是因城市经济畸形发展,以及人口增长过快,农村劳动力过剩等原因造成的,结果是使城市化的水平与经济发展水平不相适应;② 少数大城市畸形发展,城市环境问题突出。在一些发展中国家,少数大城市迅速膨胀,中小城市却发展缓慢,人口聚集于少数大城市。由于这种城市人口的增长是一种畸形增长,与当时当地的经济发展水平不相适应,必然出现一系列的城市环境问题;③ 第二次世界大战以后,发展中国家的城市人口增长速度高于发达国家的城市人口增长速度;④ 发达国家的大、中、小城市的比例较合理,发展中国家少数大城市规模急剧膨胀,而中小城市发展缓慢。

3. 世界城市化趋势

第一,发展中国家的城市化速度快于发达国家,经济最不发达国家的城市化速度最快。到2020年,发展中国家的城市人口比例将达到50%。最不发达国家的城市人口将从19亿增加到2030年的39亿,这对许多最不发达国家的发展是一个巨大的挑战。

第二,世界人口更多地向大城市和特大城市集中。目前,世界上1 000万人口以上的特大城市有19个,预计到2015年增加到23个,其中超过2 000万人的大城市将有5个。新增加的特大城市都来自发展中国家。除日本东京继续以2 600万人位居第一外,发展中国家的特大城市名次将普遍上升。

第三,无论是在发达国家还是发展中国家,城市在国家经济中的地位越来越重要。往往一个城市的经济就占据了某国国民经济的主导地位。如泰国首都曼谷市的经济就占全国经济的38%。即使在最不发达的非洲国家,城市经济也占国民生产总值的60%。

第四,世界不同地区和不同种类的国家,城市化发展有相当大的差距。发达国家的人口城市化已达到80%,今后其增长率相当缓慢,预计到2020年人口城市化率仅上升到84%,城市人口达到5.5亿。但是,大部分城市人口居住在中小城市,其中约一半的城市人口居住在5万至10万人的小城镇。发达国家面临的城市问题主要是人口老龄化、种族和移民冲突、贫富悬殊等。亚洲和太平洋地区的城市化率目前只有35%,到2020年上升到46%,城市人口近20亿,其中孟买、达卡、卡拉奇的人口都将超过2 000万。城市贫困人口急剧增加是许多亚洲国家面临的严峻挑战。非洲城市化增长率最快,预计到2020年达到

46%,即 4.4 亿人口。尼日利亚的拉各斯将以 2 300 万人口成为世界第三大城市。该地区的主要问题是人口向城市迁移的过程中,未能形成真正的工业经济,因而缺乏解决城市可持续发展问题的经济手段。

三、中国城市发展指标

20 世纪 80 年代后期,关于中国城市发展指标的研究也开始兴起,目前已有不少成果问世。较为综合系统的发展指标有城市小康目标测评和城市现代化发展指标;城市管理指标;城市化指标以及城市健康标准等。2000 年 10 月,白和金、林兆木主编的《21 世纪初期中国经济和社会发展战略》一书中,提出了中国基本实现现代化主要评价指标体系。中国城市发展研究会主办的《中国城市年鉴》(2000 年),提出了五大类(经济发展、人口素质、生活质量、环境保护、基础设施)的 30 项城市现代化指标体系,对城市发展有一定参考价值,操作上也是可行的。但是作为实现城市现代化的指标体系要求,尚需丰富和提炼,有的标准要根据世界城市发展水平作适当调整。

中国城市发展研究会提出四类 18 项中国城市基本实现现代化的主要量化评价指标体系。(见下表)

表 6.2 中国城市现代化主要指标体系

指标集	指标
经济发展指标	(1) 人均 GDP 8 000 美元以上;(2) 农业产值占 GDP 比重 10% 以下;(3) 第三产业产值占 GDP 比重 60% 以上
社会进步指标	(1) 城市化率(即城镇人口占总人口比重)为 75% 以上;(2) 非农劳动力占总劳动力比重 80% 以上;(3) 信息化综合指数 60% 以上;(4) 科技进步贡献率 55%;(5) 基尼系数 0.25
人口素质与生活水平指标	(1) 成人(15 岁以上)识字率占 95% 以上;(2) 适龄人口大专学生比重为 30% 以上;(3) 平均预期寿命 75 岁;(4) 婴儿死亡率 10‰ 以下;(5) 恩格尔系数 35% 以下;(6) 人均年收入 40 000 元人民币以上(按 2001 年不变价格计算)

续 表

指标集	指 标
环境质量指标	(1) 绿化覆盖率35%以上；(2) 污水处理率70%以上；(3) 固体废弃物无害化处理率80%以上；(4) 空气质量二级以下

中国城市经济学会和中国社科院环境与发展中心的专家成立了城市指标体系课题组，用近一年的时间进行设计和论证，先后征求了30多位专家和市长的意见，经过反复修改，并在深圳市和济南市进行了试行，最后形成了三套城市指标体系。

第一套指标体系是城市经济社会主要指标体系。它反映各市当年已达到的经济社会发展水平，由五个子系统、32个指标组成。

第一个子系统是经济发展和效益。它由GDP增长率、人均GDP、人均地方财政收入、工业企业资金利税率、第三产业从业人员比重、实际失业率、进出口总额占GDP比例7个指标组成。这些指标反映了经济效益、经济发展水平、社会化程度、外向型依存度等。

第二个子系统是社会发展。它由人口自然增长率、平均预期寿命、非农业人口比例、科教事业费占财政支出比例、公共教育经费占GDP比例、大专以上文化程度占总人口比例、每万人口医生数等7个指标组成。它反映了人口控制、人口质量、城市化水平、政府对科教文的重视程度、高素质人口比例及医疗资源占有情况。这些指标反映了城市以人为本的全面发展。

第三个子系统是生活质量。它是由城镇人均收入、人均居住建筑面积、人均生活用电量、电话普及率、食品支出占消费支出比例、最低生活保障线以下人口比例、人均储蓄余额7个指标组成。它反映了居民生活现代化和生活质量的水平。

第四个子系统是基础设施及环保。它是由人均道路面积、每万人拥有公共车辆、人均公共绿地面积、燃气普及率、大气质量等级、生活污水处理率、城市垃圾粪便无害化处理率等7个指标组成。它反映了城市的交通状况和环保,也是反映生活质量的重要指标。

第五个子系统是社会秩序。它由刑事案件、治安案件立案率、交通事故死亡率、火灾事故发生率等4个指标组成,良好的社会秩序是经济发展和社会安定的重要保证。

以上五个子系统32个指标基本反映了城市经济社会的全面发展,由于赋予每个指标的权重不同,综合计算出来的综合指数能较客观地反映一个城市的总水平和经济实力。

第二套指标是现代化指标体系。为了反映城市现代化的进程,促进各市现代化的早日实现,课题组设计了一套现代化指标体系,并根据城市的现状定出了2010年的目标,以此来衡量和检查各市的现代化实现程度。它是由四个子系统24个指标组成。

第一个子系统是经济发展,由6个指标组成:① 人均GDP要求达到5 000美元,折合人民币4.14万元(目前城市平均为2万元左右);② 第三产业增加值占GDP 60%以上(目前城市平均为45%—50%);③ 高技术产业占GDP要求达到8%以上(目前全国平均只占2%左右,城市略高些);④ 研究与试验发展经费(R&D)要求达到3%以上(目前全国平均只占0.7%,城市约在1%以上);⑤ 进出口额占GDP要求达到50%以上(目前已达44%);⑥ 实际失业率要求降至4%以下(目前登记失业率加上国企下岗职工,实际失业率平均达7%以上)。

第二个子系统是社会发展,由6个指标组成:① 非农业人口占总人口比重达到85%以上(这是反映城市化的重要指标,目前城市市区已达60%—70%);② 二、三产业人口比重要求达到95%以上(目前城市市区已达90%左右);③ 人口自然增长率要求降至2‰以下;④ 每万人口医生数要求达到50人以上(目前城市平均为30多人);⑤ 公共教育经费占GDP的比例要求达到5%以上(目前全国平均只有2.2%,城市略高些);⑥ 大专以上学历者占总人口的比例要求达到15%以上(目前全国平均只占3.6%,城市已达10%以上)。

第三个子系统是生活质量,有6个指标:① 城镇居民人均可支配收入要求达到1.5万元以上(目前已达6 280元,大城市已达万元以上);② 人均生活用电量要求达到400度以上(目前城市平均只有200

度,已进入生活现代化的深圳已达800度);③ 每百人拥有电话机80台以上(不包括移动电话)(目前城市平均已达40台);④ 电脑普及率要求达到50%以上(目前普及率虽只有6%,但需求量很大);⑤ 平均预期寿命要求达到75岁以上(目前城市平均已达73—74岁);⑥ 人均住房建筑面积要求达到30平方米以上(目前城镇已接近20平方米)。

第四个子系统是基础设施及环境,有6个指标:① 人均道路面积要求达到12平方米以上(目前为9平方米左右);② 人均公共绿地面积要求达到10平方米以上(目前为7平方米左右);③ 燃气普及率要求达到98%以上(目前已达82%,大城市已达95%);④—⑥均为环保指标,大气质量等级要求优于2级,生活垃圾粪便无害化处理率达到80%以上,生活污水处理率达到60%以上,这三项指标距目前水平有较大差距,但环保是今后治理的重点。①

第三套指标是各市的五年、十年长期规划发展目标。在这套指标中要求列十项主要指标:① GDP;② 人口数及暂住人口;③ 从业人员数;④ 第三产业从业人员所占比例;⑤ 人口自然增长率;⑥ 固定资产投资额;⑦ 地方财政收入;⑧ 社会消费品零售额;⑨ 进出口总额;⑩ 城镇居民可支配收入。据此可计算出各项人均指标和五年、十年的平均增长速度。

以上三套指标的作用和包括范围有很大区别,第一、第二套指标是市区口径(即不包括市辖县),优点是市与市之间具有可比性,但不便于掌握市的全面情况,而第三套指标是包括市辖县在内的全市情况,便于决策部门掌握全面情况;第一、第二套指标是反映当年已达到的完成情况,而第三套是反映今后未来五年、十年的长期发展规划的;三套指标各有不同的特点和作用。今后将根据需要和可能,对指标作适当调整,以满足各方面的需要。

---

① 关于实现现代化程度的计算方法,是以2000年实际值除以目标值乘权重得每个指标的指数,每个指标的指数相加,除以各子系统的小计便得子系统指数,各子系统指数相加,便得综合指数。失业率和人口增长率为逆指标,用分子分母倒算而得。

四、世界城市发展趋势[①]

趋势一,城市交通一体化。

在现代世界城市发展中,交通一体化是最鲜明最主要的趋势。交通布局的全面立体化和大规模智能化管理系统的有机结合将使现代城市交通成为整个一体化服务系统。一些国际经济中心城市,目前非常注重发展高效、低污染的城市立体交通网络,地铁和轻轨铁路已成为城市公共交通的主体。铁路承担城际客运,地铁和轻轨承担市区内部大容量的客运,公共汽车以承担区内某一区域的客运为主。因此,现代城市交通往往会利用海、陆、空发展地面和地上的多种交通工具,形成一体化的立体交通网络,采用各种各样的方式(如统一时间表、一票制、驻车换乘等时间和空间上的联合)给每一位市民提供完善的交通运输服务。为了达到多种交通方式之间的高效联合,美国早在20世纪90年代初就颁布了"冰茶法案",旨在整合和提升系统运营的整体效益。

趋势二,城市环境园林化。

当今世界中有许多园林般的美丽国家和城市,如德、法两国在城市规划建设中就有严格保护植被、保护生态环境的规定。这些园林般的城市给人们居住生活营造了和谐的氛围,也给城市经济社会的可持续发展奠定了基础。20世纪90年代以来,可持续发展成为国际社会经济发展的价值导向。以人类与自然协调为宗旨的城市园林化体现了可持续发展、生态建设、环境保护的多种要求,使城市成为社会-经济-自然复合生态系统和居民满意、经济高效、生态良性循环的人类居住区。

趋势三,城市管理法治化。

依法治市有四层含义。其一,城市政府是一个法人。其二,每个城市管理部门建立前必须先立法,以充分体现管理机构的法律权威性,而非行政权威性。其三,建立一整套城市管理的法规。其四,以法律形式规定相关法规的执行机构权限,从源头上杜绝职能重叠、权限架构混乱的现象。实行了法治化管理就会有效避免现代城市发展走进误区,从

[①] 赵菲,肖霞:《现代世界城市发展十大趋势》,《浙江日报》,2002/11/27。

而走上良性发展的轨道。

趋势四,城市居民知识化。

城市人口知识水平的高低是现代城市的竞争力所在。现代城市为了全面实现人的充分发展,从体制、政策、资金、环境等各个方面为人的充分发展创造更加充分的条件。因此现代城市市民的知识普及率和受教育程度大大提高,科研人员占全市人口的比重、科研成果的数量指标、科研开发的质量指标等越来越高。以知识经济为主导的国际大都市,劳动人口中受过高等教育的人口比例至少要达到25%,本科以上的比例不少于16%。

趋势五,城市产业服务化。

现代世界城市的产业结构正变得越来越软化,服务业的比重不断上升,许多城市的服务产值占其国内生产总值的70%以上,有的超过80%。美国城市在1997年已平均达到63%,荷兰城市在1975年平均达到58%,第三产业成为城市化的主要动力,以网络作为快速传递媒介的现代金融、咨询、贸易、信息、文化、旅游等知识服务业成为重要的产业基础,知识服务业的比重日益上升。

趋势六,中心城区再造化。

城市中心区被视为城市发展质量的决定性因素,中心城区的再发展为现代城市的全面发展带来新的活力。各种规模的城市与城市区域的发展都依托于中心区取得再发展。在城市中心区的规划中,很多城市都有一整套再发展战略。这些战略都与城市设计和城市土地利用有关,而且,在大多数情况下也与金融和一整套优惠政策形成统一的整体。比如美国城市中心区再发展被广泛应用的7个规划和发展战略是:增加步行街、改建室内购物中心、历史文物的保护、临水区域的开发、写字楼的开发、建设重大活动场所、提高交通能力。

趋势七,城市信息数字化。

现代世界城市已经开始步入数字化时代。数字化是信息化的高级阶段,"数字城市"正在成为世界城市积极规划和建设的全新目标。世界上许多城市都在进行着信息数字化进程。美国约有50个城市正在建设"数字城市",中国香港也开始建设"数码港"。新加坡首先提出"智能城市"的设想并在积极进行中,在 1999 年,新加坡在线城贸易额接近 400 亿新元,资讯技术的登记税收也从 1998 年的 200 亿新元增加到 1999 年的 230 亿新元。信息化进程已经成为城市综合竞争力的重要支撑。

趋势八,社会活动国际化。

21 世纪是城市大规模发展的世纪。伴随着主要经济活动和政治文化活动的全球化,世界各国和地区之间的联系越来越广泛,出现了更多的在世界上具有重大影响的城市。如纽约、伦敦、巴黎、东京等,在全球经济、科技发展与文化交流活动中的组织与协调功能越来越突出。如纽约,有 200 多种语言,170 多个领事馆,有几十万外国人常住人口,比例高达 15%—30%;日内瓦,有 1 500 多个国际组织,每年召开 5 000 多个国际会议;新加坡,每年机场入境人数达 6 000 多万人次。这些数据表明,现代世界城市政治、经济和文化等活动正在更广泛地走向国际化,正在全力提高城市的国际影响力和知名度。

趋势九,城市发展个性化。

现代国际竞争导致世界城市之间的国际分工,不同城市形成了不同特色的国际优势产业,城市发展的个性化特征越来越明显。当今世界三大城市——纽约、伦敦和东京,都有强大国际竞争优势产业群维护其在国际城市体系中的顶级地位。同时,现代城市个性正在从形到神深入地得到展现,个性化城市空间和人居环境显示了城市的独特魅力,在这方面悉尼的歌剧院、巴黎的时装艺术就是很好的说明。

趋势十,区域城市共生化。

大都市带或城市群将成为 21 世纪全球经济竞争的基本单位。当今世界一些最发达国家的精华地区已经成为世界经济、贸易、金融中心。比如美国的纽约—波士顿—华盛顿都市带,人口约占全国总人口的 25%,它不仅是美国最大的商业贸易中心,而且也是世界最大的国际金融中心。另外加拿大、美国西海岸城市带非常重视环太平洋城区经济与城市化研究。韩国也准备在其西海岸、黄海门户筹建"水浒城",建立消费天堂、旅游基地,规划流量为 3 000 万人的机场,这是对韩国本土及中国沿黄海、渤海湾城市的发展加以研究的结果。这些现象表明城市发展呈现区域内所有城市优势互补、联动发展的态势，形成更大范围更高层次的都市圈甚至跨国都市圈，区域城市一体化越来越成为一种突出的趋势。

总之，经济全球化正在迫使区域城市群统一组织市场优势，以集团的形式介入国际竞争，信息化在促使城市布局的分散化的同时，也将区域内所有的城市结成一个有机的统一体，促进了区域城市共同发展。

表6.3 国际大都市的八个槛

门槛一：区域中心。国际大都市不单纯拥有跨国公司、国际航班、五星级酒店、巨型建筑这些符号化的东西。其意义更似一种能量的聚合体，以纽约计，它的GDP值单拿出来可以在全世界国家中排位第14，超过澳大利亚；如果将美国5个最大的城市合起来看作一个国家，它在全世界可以达到第四名，仅次于美国、日本和德国。作为社会能量的聚合体，国际大都市的对全球技术、资金、人才流动的控制功能超出了国家的范畴，城市高度职能化，服务于全世界，成为世界经济市场体系中的控制点。在本国区域内，它是绝对的区域中心。

门槛二：移民之城。国际大都市需要国际化人才，外来人才的加入与常住暂住人口的增加、移民的速度是同步的，而其中外国人的多少成为衡量城市国际化的重要可量化指标，反映了城市在国际分工中能在多大程度上吸引外国企业、外国留学生、外国专家和外国人才移民。关于国际大都市外籍人口的比例，存在着5％、8％、15％、20％四种不同的说法。以最低的5％计算，1 000万人口的城市必须拥有50万常住外籍人士。

门槛三：会展之城。国际大都市通常也是国际会展城市。有一个说法是，一个国际化大都市，每年至少要举办150次以上由80个以上国家和地区参加的国际会议。巴黎的国际会议更是多达300多个。各类国际会议的召开可以拉动旅游、广告、运输、通讯等第三产业，由它带来的延伸经济效益是不可估量的。

门槛四：组织之城。国际组织分布列前10位的城市依次是：巴黎、布鲁塞尔、伦敦、罗马、日内瓦、纽约、华盛顿、斯德哥尔摩、维也纳、哥本哈根。纽约市政府曾调查得出结论：纽约为联合国每投入1美元即可获得4美元的收益。小小瑞士就有近400个国际组织，没有沙漠的德国争取到了联合国防治荒漠化公约（UNCCD）把秘书处设在波恩，连印度和泰国都各有10多个国际组织机构。国际组织能吸引外资的大量流入，所在国在国际社会中拥有广泛的影响力，其所在城市也成为大型国际会议的主要举行地。

续表

> 门槛五：服务之城。全球国际化程度高的城市，服务业在其国民生产总值中所占的比重都在70%以上。服务业覆盖着金融、保险、商贸、航运、物流、旅游、法律、教育培训、中介咨询、公关、电子信息网络等诸多领域，城市CBD的设立，也是强化金融服务业的重要一环。
>
> 门槛六：创业与人居之城。国际大都市的魅力"不只是吸引"，但一定要有吸引，成为创业与人居之城。
>
> 门槛七：传媒之城。大众传媒体系可谓是城市的神经网络，国际大都市更是传媒之城，尽可能地创造国内外有影响的报纸、电视广播节目、文学作品、出版社、学术刊物、视听发行机构、书店以及与之相适应的文化市场。在美国，纽约市通过全美三大广播网控制着2 139家电台和电视台，通过《纽约时报》、《华尔街日报》、《时代周刊》、《新闻周刊》等出版媒体影响全国的舆论界，几乎左右全国的新闻和娱乐。美国学者尼尔·R·彼尔斯说过："纽约的电视、广播报纸、杂志、书籍和时装，年复一年地塑造和影响美国人的思想，美国任何其他力量都无法办到。"
>
> 门槛八：文明之城。城市文明和生活质素高，是国际大都市的应有之义。健康水平最敏感的指标是婴儿死亡率、孕产妇死亡率和人均寿命。

（资料来源：大洋网）

第二节 城市社会问题

城市化是要素集聚的载体，也是需求汇集的载体，是实现经济从工业化拉动转变为城市化拉动的途径；城市化是经济市场化的重要枢纽，是集中生产要素，提高资源配置效率，实现经济运行市场化的物质和文化条件；城市化是区域经济开放和发展的必要条件，有利于增强城市的集聚和辐射能力。但是，城市化并不是万能的金钥匙。当人们沐浴着城市的现代文明，享受着城市的繁华舒适的时候，也有许多人越来越感受到诸多不和谐的音符，那就是城市社会中不断出现的、令人担忧的"另类"问题。譬如，高犯罪率、贫困、吸毒、卖淫、交通拥挤、资源短缺、环境污染、人情冷漠、尔虞我诈、心理压抑、精神空虚等问题。这些城市问题一旦处理得不好，最终将危及到城市自身的存在和发展。

一、老龄化问题

所谓人口老龄化是指 60 岁(或 65 岁)及以上人口在总人口中所占比重的问题。按照联合国的规定,凡 60 岁及以上人口占总人口 10%以上或 65 岁及以上人口占总人口 7%以上就属于老年社会。由于人口老龄化给社会、政治、经济、人口规划等带来一系列影响而产生的问题称之为老龄化问题。

人口老龄化是一个世界性的问题。随着世界各国经济的发展、人民生活水平和医疗水平的不断提高,人均寿命迅速增加。2002 年全世界 60 岁以上的老人为 6.29 亿,已占世界人口总数的 10%。到 2050 年,老人人数将猛增到 19.64 亿人,占世界总人口的 21%,平均每年增长 9 000 万。据联合国的统计材料,人口老龄化问题最严重的 3 个国家是西班牙、意大利和日本。

人口老龄化问题处理不好就会成为一个严重的社会问题。越来越多的国家正在给予这个问题更大的重视,根据自己国家的具体国情,采取了不同的应对政策。

日本是世界上人口平均寿命最长的国家。日本政府早在 20 世纪 50 年代末便开始通过立法来解决养老问题。1959 年颁布了《国民年金法》,1963 年推出了《老人福利法》,1982 年出台了《老人保健法》。这三项法律恰似三根支柱,支撑起日本的老年人福利保障体系。为保障老年人的生活水平,日本建立了养老金保险制度。随着老龄人口的增加,生活不能自理的老人越来越多。为解决这一问题,日本政府从 2000 年 4 月开始实行"看护保险制度"。针对日本社会的高龄化现象,日本政府还通过修改雇佣保险法推动高龄雇佣。另外,日本政府还采取鼓励延长企业职工退休年龄等措施,引导老年人由"老有所养"转变为"老有所为"。

随着战后"婴儿潮"时代出生的人即将步入老年,美国的养老问题也日益突出。为此,美国政府和有关方面不断完善社会保险体系和养老制度,努力应对这一问题。从当前美国的做法看,退休后养老的资金主要来自三个方面,即个人积蓄和投资收益、退休金以及社会保险收入。储蓄和投资收益是美国人为养老作准备的重要方面之一。虽然美国的个人储蓄率很低,但半数以上的美国家庭都参与股市投资。多数人能为养老积蓄部分资金。退休金计划是美国养老体系中的又一重要组成部分。尽管政府不直接为退休金计划提供资金,但是它通过有关法律以税收优惠等形式来鼓励企业与雇员共同建立退休金计划。社会保险是美国社会安全网中最重要的一环。每个人参加工作后,公司和雇员都必须按照有关法律同时交纳一定比例的社会保险税。到65岁退休时即可从中受益,提前退休扣减适当比例的收益。对于老年人来说,最重要是社会保险中的医疗照顾计划。在社会保险网的保护下,老年人的养老、治病和送终问题基本上得到了解决。

由于长寿和生育率低,瑞典早已成为世界上人口老龄化程度最高的国家之一,超过65岁退休年龄的老人占到全国人口的17%。瑞典早在20世纪50年代便建立起了社会养老制度。经过近半个世纪的努力,瑞典的养老制度已变得更加完善。瑞典通过发放基本养老金、住房补贴及省级地方政府提供的医疗保障和市级地方政府提供的社会服务保障为老人们撑起了一把把安度晚年的保护伞。

一些发展中国家也开始重视人口老龄化问题,并采取措施解决老年人的生活问题和保护他们的权益。黎巴嫩政府从1998年开始动员全社会力量,实施了一系列老年人保障计划。老年人保障计划的核心是强调家庭应在精神和生活上充分关心老年人。同时,在全社会建立各种面向老年人的服务机制,为老年人的权益和晚年生活提供必要保障。

老年人优先是巴西老年人政策的主要指导原则之一,也是落实得最好的一项规定。全国所有政府办事部门及医院、银行、机场等公共服务行业窗口都有"老人、孕妇和残疾人优先"的提示,甚至为老年人设立优先窗口。巴西所有老年人都有权享有政府提供的最低生活保障。此外,地方政府也有各自针对老年人的税收优惠。为了保障老年人的合法权益不受侵害,法律规定政府应为老年人提供法律咨询。巴西保护老年人权益的立法相当完备,但由于缺乏雄厚的经济基础支持,一些措施的实施尚不能完全落实。

由于中国近些年来严格控制出生人数,人口老龄化进程加快,面临着人口老化的严重问题。目前全国有1.32亿60岁以上的老人,也就是说,老人在13亿人口中占10%以上。而且老人的数量以每年3.2%的速度不断增加。据人口学家统计,到2050年,老人将达到4亿,占全国人口的25%。国家财政负担也会相应增加。尽管1997年用于退休职工社会需要的开支达到2 068亿元(250亿美元),比1985年增长了11倍,但是老人还是基本上靠子女帮助生活。目前全国这样的老人占70%以上,其中大部分生活在存在严重社会保障问题的农村。因此,老人实际上完全依赖子女善待他们勉强为生。

由于中国经济发展的不平衡,在各省、市、自治区的人口老龄化进程也不相同。长三角地区的老龄化形势严峻。65岁及以上老年人口比重为9.12%,其人口老龄化仍将持续高速发展,并在2040年达到高峰。上海是中国第一个进入老年型人口的地区,也是老龄化程度最为严重的地区,2030年达到最高峰时,老年人口比重将高达28.8%。拥有1 258万老年人的长三角地区老龄化发展迅速,具有老年人数扩张快、老年比重增幅大的特征,并且有一定的超前性。预计至2040年,上海地区的老年人数约3 730万人,为目前规模的3倍。

随着老龄化程度的不断上升,同时也对社会经济发展及医疗卫生、社会保障等提出了挑战。以上海为例,2000年,包括离退休人员养老金在内的非在职职工劳保福利费在10年内年均增长率达21.3%,而同时期GDP的年均增长率为19.66%;社区养老服务吃紧。与此同时,长三角地区总抚养比结构发生变化,劳动力人口的抚养重心开始出现向老年人口逐渐转移的趋势,10年间少儿抚养比重连年下降,而老年人的抚养比重却上升到了33.37%,这将会加重家庭和社会的负担。受赡养人口比重日益增加,将引起社会生产、消费、城乡规划、老年住宅等诸多社会问题。

二、就业问题

就业问题是世界各国普遍存在而且日益严重的一个社会问题。从

世界范围看,就业问题的产生和发展主要经历了这样几个阶段:①

第一阶段,依靠市场机制自动调节就业。工业革命使农业文明逐渐演化为工业文明,雇佣劳动成为普遍现象。在市场经济发展初期,以供求、价格和竞争为核心的自由市场机制在劳动力资源配置中发挥着主导作用。20世纪30年代以前,受萨伊"供给创造需求"、马歇尔"市场供求决定论"等经济观点的影响,就业问题没有被政府纳入管理范围,完全由市场自动调节。

第二阶段,面对大萧条,实施政府干预,促进充分就业。1929—1933年,全球经济出现大萧条,主要资本主义国家的失业率超过20%。大萧条动摇了人们对自由放任的市场经济思想的信仰。1933年,美国罗斯福政府开始实施国家干预经济的"新政"。1936年,凯恩斯在《就业、利息和货币通论》中提出"有效需求不足"理论,主张通过政府干预经济,实现充分就业,由此拉开了政府干预市场经济活动、解决就业问题的序幕。第二次世界大战后至20世纪60年代,主要市场经济国家在经济恢复和振兴的大背景下,政府对经济实施宏观调节,出现了一个黄金时期,经济增长迅速,物价稳定,就业扩大,失业率较低。

第三阶段,面对经济停滞和通货膨胀,实施失业治理。20世纪70年代到80年代,随着两次石油危机的爆发,主要资本主义国家出现了高通货膨胀率和高失业率同时存在的现象。"滞胀"现象引发了对凯恩斯主义政府干预理论的批判,并加深了政府对失业问题复杂性的认识和思考。面对失业的总量矛盾和结构性矛盾并存、劳动力市场功能作用不健全等问题,学者们提出了各种主张。其中,从关注总需求转向同时关注总供给特别是劳动力供给的主张成为主流。政府对就业问题的解决,从对付周期性失业的单一财政政策,转向加强教育培训、扩大人力资本投资、完善就业服务,以及通过减税鼓励生产投资、增加就业需求等多种综合治理政策。

从广义看,就业就是指劳动者处在有职业的状态,即劳动者能够与生产资料相结合,从事某种社会劳动。从狭义理解,只有当从事某种劳

---

① 曾湘泉:《经济发展过程中的世界就业变化趋势》,中华英才网。

动与维持劳动者本人及其家庭的生活联系起来,才能被认为是就业。就业必须具备两个基本条件:一是从事社会劳动,二是有报酬或收入。所谓失业,从经济学意义上说,是指劳动力资源的非自愿闲置,是劳动力与生产资料相分离的一种状态。国际上对失业的界定一般从三方面出发:① 失业者条件;② 收入条件;③ 时间条件。[①] 国际劳工组织在1982年的国际劳工统计大会上把失业定义为:在一定年龄之上、在参考时间内,那些没有工作,目前可以工作而且正在寻找工作的人。[②] 在中国,劳动部门给失业下的定义是:在劳动年龄以内,有劳动能力,在调查期内(一般为一周)没有参加任何有收入的劳动(即工作时间为零)而要求参加社会劳动的劳动力。通常"失业人员是指在城镇常住人口中,在法定劳动年龄内有劳动能力,有求职愿望但无业的人员"。[③]

虽然失业是由于劳动力供大于求,换言之,经济的不发展是造成失业或不能充分就业的根本原因,但即使经济发展,也会出现失业现象,而且社会主义社会也不例外。因此,就业还要受到一些经济因素以外的社会因素的影响。这主要指科学技术进步、季节性工作、人口发展控制程度和劳动力流动等因素。

科学技术的进步,无疑会引起生产和劳动结构的变动。使用新的生产设备、生产方法、新的材料或组织新的生产过程,改善经营管理,都会更加节约劳动力而使一部分劳动力失业。开辟一个新的生产和服务领域,虽然一方面能够提供新的就业机会,但也不可避免的要挤垮一部分老的生产和服务领域,分离出一部分富余人员。因此,科技进步在一定程度上会加剧结构性失业。据美国《华尔街日报》提供的资料显示,自1990年以来,制造业产出每增加一个单位所需要的劳动单位,一直以每年1%左右的比率下降,特别是电子计算机的应用,随着信息化程度的不断提高,导致劳动力从农业转移到工业,从工业转移到服务业,总的趋势是生产领域对劳动力的需求一直在减少。据美国《民族周刊》1996年2月6日提供的数字,美国工厂工人在全国劳动力中所占比重

---

① 《上海就业报告》,上海人民出版社2001年版,第15页。
② World Bank, 1895. World Development Report 1995, Oxford University Press.
③ 《就业指南》,中国言实出版社,第56页。

30年来从30%下降到17%以下,预计在今后19年内将降至12%以下,到2020年,仍在工厂的劳动力仅占美国劳动力的2%左右。

20世纪90年代以来,在经济全球化步伐加快和新一轮结构调整的背景下,世界就业形势严峻。国际劳工组织对世界就业形势的最新报告指出,全球失业者已达到1.8亿,就业不充分和"工作中的穷人"有9亿,约占全世界30亿经济活动人口的1/3。各国政府纷纷将促进就业置于发展的战略地位,努力加强人力资源建设,强化就业服务体系建设和劳动力市场法制建设。纵观100年来的社会经济发展史,世界就业呈现以下三大趋势:①

(1) 产业变动进程加快,服务业逐步成为就业主体

工业革命以来,农业劳动力不断向工业流动。在工业日益走向精细分工和专业化的同时,随着人们消费需求的变动和服务业的兴起,发达国家又从"产值的工业化"和"劳动力的工业化"形态,先后进入了"产值的服务业化"和"劳动力的服务业化"。今天,在发达国家,服务业已成为就业活动的主体。在发展中国家,服务部门的就业也在增长,其中有一部分在现代服务业就业,但更多的是在城市非正规经济特别是在低生产率和低收入的服务部门就业。这主要是由于劳动力供给压力大,失业率高,正规部门的就业机会少。服务业的发展和服务业就业的扩大带来了两个重大变化:一是随着消费需求的变动和家庭消费的现代化,适合妇女劳动的岗位增加,妇女劳动参与率提高;二是现代商业服务业的发展大大提高了劳动生产率。在发达国家,现代商业服务业,特别是广告、软件和计算机等信息密集型服务和会计、设计、策划、法律、咨询等知识型服务增长迅速,在创造大量就业岗位的同时,也为经济增长提供了新的推动力。

(2) 灵活就业的比重不断上升,就业模式日趋多样化

在传统工业社会,工厂制度中的集中就业是典型的就业模式。随着服务业成为经济活动的主体和现代信息通信技术的发展,灵活就业的比重不断上升,就业模式日趋多样化,出现了短期就业、季节性就业、

---

① 曾湘泉:《经济发展过程中的世界就业变化趋势》,中华英才网。

非全日制就业、家庭就业、自营就业、派遣就业以及兼职就业、远程就业等多种就业形式。在发达国家，从事非全日制工作的劳动者比重不断上升，数量不断增加。在发展中国家，灵活就业更多地表现为在非正规经济中就业，自营就业、家庭服务和微型企业等非正规经济被称为巨大的"劳动力海绵"。在发展中国家，劳动力市场的分化日趋严重。一方面，高技能人才能够在更大范围频繁流动，自主择业，获得较高的劳动报酬。因此，在激烈的人才竞争中，如何吸引人才和留住人才是一大挑战。另一方面，低技能劳动者的就业条件更加不利，劳动者的工资有走低的态势。对于发展中国家来说，如何在继续扩大正规经济就业规模的同时，有效促进非正规经济中的就业，并不断改善劳动条件，提供相应的社会保障，已成为解决就业问题的关键。

（3）工作岗位创造与消失的速度加快，就业稳定性下降

20世纪90年代以来，以信息技术为特征的产业革命和日益加剧的全球市场竞争，对就业特别是对工作组织和职业岗位的寿命产生了巨大影响，工作岗位创造与消失的速度加快，就业不稳定性上升。高新技术的发展，促进了产业结构的变化，出现了以相对成本为基础的全球劳动大分工。发达国家正沿着"价值链"向上移动，而将低附加值的生产对外转包给人工成本较低的发展中国家。在欧美国家，"信息职业"已占各种新职业总和的40%以上。高新技术创造出软件编程、网络设计和通讯服务等新职业，也创造出所谓"好莱坞"式的劳动力市场模式，在这种模式中，劳动者频繁地变换工作，为不同的雇主服务。由于管理和咨询活动对经济、社会乃至个人生活的影响越来越大，它们成为另一个发展最快的职业群组。旅游、康乐、健身、医疗以及其他生活服务领域都有许多新职业涌现出来。在三次产业中都有许多传统职业发生了较大调整和变化。传统农民转化为农机师、农艺师，传统操作工人转化为数控机床和其他先进设备的操作工，过去的理发员转化为形象设计师等等。由于技术或产品的更新，以及禁止使用某种材料或工艺，导致一些职业衰退甚至消亡。竞争的加剧还导致企业寿命缩短，从而加大了劳动力的流动性，使就业稳定性下降。就业模式的多样化，也进一步加剧了就业的不稳定性。

总之，就业、失业决不单纯是一个经济问题，而是一个复杂的、联系广泛的社会问题。因为无论在经济发展还是在经济停滞的年代，各种因素都会以不同的方式影响就业水平。换言之，在任何情况下，某种程度的失业都是不可避免的。而且，一旦失业激增，其所产生的影响远远超过经济的范畴，甚至会演变为政治问题。

三、贫困问题

贫困是一种综合的社会经济现象，也是世界各国现代化、城市化进程中所面临的一个重大社会问题。众所周知，城市贫困现象的出现，几乎是和城市的产生和发展同步的。世界上，几乎没有一个国家不为"城市贫困"所困扰。

在传统社会里，贫困往往被视为是一种自然现象，被看作是懒惰、愚昧和低能的同义词。贫困也受到当时社会的严重歧视和刻意回避。伴随着历史的发展、社会的进步，人们开始将贫困归咎为各种社会的因素，是一个极为严重的社会问题。最早从社会角度来研究贫困问题的是空想社会主义者，他们将贫困看作是资本主义制度反理性的集中表现。自此以后，研究贫困问题的人员越来越多，角度越来越广泛，从而形成了不同的与贫困相关的理论流派和学说。①

在经济学看来，贫困是基于生存意义层面上的，因为"在低收入的社会里，要为生计以外的事忧虑是不可能的。而在其他社会中，如果社会有更多的能力帮助它的国民，就可以开始考虑穷人对非穷人的影响问题。……任何时期，政策界定所反映的都是社会能力与期望之间的平衡"。在这种思想的指导下，对贫困的研究不仅仅停留在界定上，而是引进了定量研究，即对贫困和反贫困的测度性、可比性、可行性和操作性研究。运用"绝对贫困"、"相对贫困"、"贫困线"、"贫困发生率"、"贫困缺口率"等概念来直观地反映贫困，以便为政府决策提供依据。

随着研究的深入，人们逐渐达成共识：收入的贫困只是表面现象，

---

① 具体阐述参见吴理财：《反贫困：对人类自身的一场战争》，《社会》（沪），2001.3.4—10。

其深层的原因在于人的基本能力的缺乏。汤森的"相对剥夺"概念为越来越多的人所引用,他认为"当某些个人、家庭和群体没有足够的资源去获取自己所属的那个社会公认的、一般都能享受到的饮食、生活条件、舒适和参加某些活动的机会,那么就可以说他们处于贫困状态。他们由于缺少资源而被排斥在一般生活方式、常规及活动之外。……贫困是一个被侵占、被剥夺的过程。在这一过程中,人们逐渐的、不知不觉地被排斥在社会生活主流之外。"①

正如 1998 年诺贝尔经济学奖得主阿玛蒂亚·森所提出的,贫困是指对人类基本能力和权利的剥夺,而不仅仅是收入低下。他认为,从能力剥夺角度可以对贫困进行很好的鉴别:能力剥夺关注本质上重要的剥夺;能力剥夺(或者说是真正贫困)的影响比收入低下的影响更重要。

于是,贫困概念也由食物的短缺到基本生存条件的匮乏,再到包括物质、社会、情感等多方面的需求考虑等这三个层次的逐渐演进。具体而言,所谓贫困,主要有三层涵义:②

一是收入贫困(income poverty),指缺乏基本的生存资料,即收入水平极其低下,基本需要严重短缺,不能维持基本的生活。通常有两类收入贫困线:一是国际贫困线,根据世界银行标准为每人每天收入不足 1 美元(1985 年国际美元价格);二是各国政府所规定的贫困线。

二是人类贫困(human poverty),指缺乏基本的生活能力,如不识字、营养不良、较短的预期寿命、母婴健康水平的低下和可预防性疾病的危害等(UNDP,2000)。

三是知识贫困(knowledge poverty),指获取、吸收和交流知识能力的匮乏或途径的缺乏,即人们获取、吸收和交流知识的能力和途径的剥夺。

中国是世界上最大的发展中国家,中国的贫困人口曾经占世界贫困人口总数的 20%,经过近 20 年来国民经济的持续发展和大规模的扶贫运动,这种局面无疑发生了根本性变化。然而,这种成就只表明中

---

① 吴理财:《反贫困:对人类自身的一场战争》,《社会》(沪),2001.3.4—10。
② 参见胡鞍钢、李春波:《新世纪的新贫困:知识贫困》,《中国社会科学》,2001.3.70—81。

国的贫困问题在快速缓解,离基本解决贫困问题的社会发展要求仍有很长一段距离,即中国现阶段依然存在着严重的贫困问题。

其主要表现是:① 贫困人口的规模庞大和贫困程度仍然深刻。以1998年为例,城镇贫困人口2 000—3 000万人(根据国家统计局、民政部、总工会等不同部门的不同调查数据综合估计),因各种先天及后天原因(如失业、下岗等)导致的贫困人口面临着生存困境,部分居民生活水平极端低下,无钱治病、无钱送子女上学等现象并不罕见;② 绝对贫困与相对贫困并存。绝对贫困意味着贫困者的生活处于生存危机的状态,主要包括不发达地区的乡村贫困人口、没有收入来源或收入水平低于现阶段政府最低生活保障线的城镇贫困人口,这些人面临的最大问题是缺乏食物保障。相对贫困意味着相对剥夺现象的存在。一是高收入阶层的炫耀式消费行为,会在心理上加大低收入阶层的相对剥夺感。二是客观上加大了贫困群体的生活成本。根据国家统计局对部分大城市的调查结果,1999年,20%低收入户的减收入面均在70%以上,个别城市则高达93%。又根据国家统计局2000年对4万个城镇居民家庭收入情况的调查资料显示,城镇人均月收入和支出不足100元的家庭数占家庭样本数的比例已超过6%;③ 区域贫困与阶层贫困并存。1999年城镇居民10%最高收入户的人均年收入为10%最低收入户的4.6倍,消费性支出为3.3倍;④ 精神贫困与物质贫困并存。由于自然环境恶劣、教育文化落后、思想观念落后和人口素质差等原因,中国的贫困人口还存在着突出的精神贫困现象,它主要表现在接受教育程度低、轻视科学与技能、盛行迷信等方面,贫困往往与愚昧混合在一起。

城市贫困是城市化进程中极不协调的声音,一旦贫困范围超越"社会警戒线",就会对社会产生复杂而深远的影响,这不仅包括因贫富差距过大所引发的各种社会冲突,还包括由贫困所形成的一种不良文化,对社会心理会产生负面影响,直接威胁到社会的稳定与发展。

四、城市化与可持续发展

城市化也是一把"双刃剑"。世界性的城市在快速的拓展和城市经济的高速度增长的同时,其负面效应也暴露无遗:人口激增、环境恶化、交通拥挤、住房紧张、道德失落、犯罪率升高、文化庸俗化……可以说,城市化在使人们生活质量改善和得到实惠的同时,其产生的负面效应也威胁着社会和人们自身。

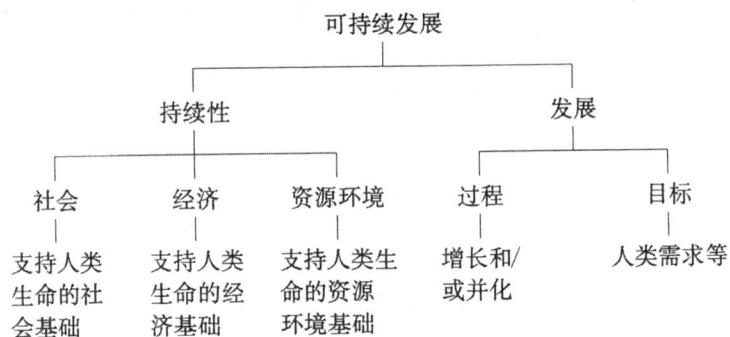

如何使城市成为以人为本的生态城市,更加符合人类自身生存的需要是至关重要的。因此,城市的发展应充分体现城市、人与自然的协调发展。

早在1912年,英国学者翁温和帕克就写下《拥挤无益》一书,指出城市住宅不应过密,公共绿地是千百万城市居民身心的迫切需要。20世纪60年代,德国学者波尔诺的《人和空间》一书也指出,人的生存与空间的和谐关系尤为重要,太过拥挤的空间会导致人们思维的狭窄,带来非人化的严重后果。

1976年,《温哥华人类住区宣言》指出:"人类居住条件在很大程度上决定了人们的生活质量,改善这种条件是全面满足就业、住房、卫生服务、教育和娱乐的基本需要的先决条件。"

全球《21世纪议程》对人类住区的发展有了更为详细的说明。包括向所有人提供住房;改善人类住区管理;促进可持续的土地利用规划和管理;促进综合提供环境基础设施:水、卫生、排水和固体废弃物管理;促进人类住区可持续的能源和运输系统;促进灾害易发地区的人类住区规划和管理;促进可持续的建筑业活动;促进人力资源开发和能力建设以促进人类住区发展。

城市化是一种生活方式的转变,要以人的需求特别是消费需求的个性化、差异化和高档化为出发点,重视提高城市的功能和质量,特别是居民的生活质量。生活质量主要体现在聚居环境上,可持续发展的聚居环境,是指不仅具有舒适宜人的居住空间,还应有清新洁净的绿色户外空间,更应有充满情趣和欢娱的公共活动场所。

人性化绿色住区环境,是现代都市人对居住环境的一大追求,要能够实现"诗意地居住"的理想,除了营造必要的广场绿地,还应该提高城市的自然和环境的承载能力,挖掘区域内的人文宝藏。

城市化不是一个简单的经济发展、人口积聚的过程,更重要的是一个文化交汇创新的过程,它使大批农业人口摆脱贫穷、愚昧的落后状态,充分享受现代文明社会生活。文化就是文明化,是人类为进步和发展所从事的有目的性的创造性活动及其创造物。可持续发展的观念不仅应体现在物资资源与自然资源的永续利用和可持续发展上,更重要的应体现在人类精神文明与文化知识的可持续发展上。城市应该是集中体现人类文明成就的地区,同时也应该是集中体现文化多样性的地方。这些实际上都从一个侧面体现着文化的含量、文化的氛围。城市的文化特色是城市的魅力之源。城市文化构建了城市品牌的"内质",它必须具备以下基本要素:① 独特性。即城市品牌具有不可替代的经济文化内涵和不可交易的专有功能;② 延展性。城市品牌具有极大的文化辐射力、影响力,它不仅可以文化艺术的样式、时尚的潮流推动周边文化的渐变,形成独特的地域文化圈;它还可以带动一个产业群,带动城市周边地区的经济发展;③ 实用性。城市品牌能够为现代人所用,转化为有效的商业附加值,创造出惊人的经济效益。

在城市化的进程中,城市的人性化、可持续发展一直是人们的追求目标。20 世纪初,美国布汉姆就曾经发起"美化城市"运动,力主城市发展人性化、审美化。二战以后,西方各主要国家也曾开展了大规模的"城市更新"运动,主要是关于城市中心区的改造和贫民区的清理,解决战争破坏和住宅困乏的问题。兴起于 20 世纪后期的第三轮"新城运动",又提出了"田园城市"理念,提倡城乡结合,体现以人为本、回归自然的思想理念。

在中国,1999 年国家设立的自然科学研究基金曾资助了清华、同济的两个研究课题。一是清华的"可持续发展理论模式及典型范例研究"课题,主要研究中国典型地区,如北京大都市带、云南等地;二是同济的"中国小城镇人居环境可持续发展模式研究及评价体系"课题,主要研究小城镇在城市化中将担当的角色。虽然对可持续发展的理解莫衷一是,但它仍然是现代社会的热门话题,其中最为集中的是城市生态环境问题。朱铁臻在1995年"奥中生态环境保护国际研讨会"上,提出了中国生态环境保护和治理的五大对策:即可持续发展、城市生态环境保护和治理、发展环境技术和加强国际合作、强化环保政策手段和法律手段以及加强环境保护教育。可见环境问题对城市未来发展的重要性。

联合国秘书长安南指出,城市可持续发展是人类在21世纪所面临的最紧迫的挑战之一。随着越来越多的人居住在城市,世界上最重要的政治、经济、环境和社会问题都会出现在城市,也将在城市化过程中逐步解决上述问题。城市的未来关系到国家的未来。如何解决世界城市化所带来的贫困、住房、交通、环境和社会问题,如何有效管理城市,使城市更适合人类的生活需要,将是人们坚持不懈努力的方向。

思 考 题

1. 世界城市化的趋势?
2. 城市社会问题有哪些?举例说明其表现、危害性及对策。

相关阅读书目

钟鸣,王逸:《两极鸿沟——当代中国的贫富阶层》,中国经济出版社1999年版

朱铁臻:《城市发展研究》,中国统计出版社1996年版

吴理财:《反贫困:对人类自身的一场战争》,《社会》(沪),2001.3.4—10

胡鞍钢,李春波:《新世纪的新贫困:知识贫困》,《中国社会科学》,2001.3.70—81

亨廷顿:《变化中的政治秩序》,三联书店1989年版

第七章
政治发展

　　发展是一项社会综合发展的系统工程,当今世界,发达国家和发展中国家之间,除了经济差距不断扩大,还有政治体系上的差距,政治体制的发展远远落后于社会和经济的变化。许多发展学家认为,一个国家经济的发展,关键不在资源、资金和劳动力的多少,而在于经济的、社会的以及政治的组织结构合理性,在于这些组织结构的机能和效率。从这个意义上讲,从传统社会向现代社会的转变过程,就是一个形成合理的组织结构的过程。换言之,要有一个高效、稳定、权威的合法政府。

　　如何建立新型的国际政治结构与关系,如何建立高效的国家机器以及在处理继承更迭和控制政治冲突方面颇有成效的程序,如何建立完善的政党,如何引导民众对公共事务的普遍参与,政府如何干预经济的发展,实现社会现代化,成为发展中国家迫切需要解决的重要政治课题。

第一节　政治发展的理论考察

　　20世纪五六十年代,受结构功能论现代化理论的影响,政治学研究中也渗透着许多现代性的价值尺度。其中阿尔蒙德和宾厄姆·鲍威尔于1966年出版的《比较政治学:体系、过程和政策》一书,把西方发达国家尤其是美国的政治制度模式进行理论抽象,建立了一套比较研究的概念、标准、尺度。到20世纪60年代中期,研究政治发展或政治现代化成了一种热潮,形成了一整套有关政治发展的理论。

一、政治发展的概念

用蒙哥马利的话来说,"对政治发展的探求"使政治学家必须设法努力解决三个一般性的问题。首先,政治发展和政治现代化的关系是怎样的?其次,政治发展是一个单一的概念还是复合的概念?第三,政治发展在多大程度上是一个描述性的概念,又在多大程度上是一种目的论的概念?这些问题将影响到政治发展这个概念的有用性。大家首先感兴趣的是什么是政治发展。

1. 政治发展的内涵

阿尔蒙德和鲍威尔认为,政治发展是政治体系对其社会和国际环境发生的变迁所作的反应,特别是对国家建立、民族形成、参与和分配的挑战所作的反应。并且,提出了政治发展的三个标准:结构分化、子系统的独立性及文化的世俗化。这三个因素"同时发生变化的趋势",但在这三个因素中,每两个因素之间的联系"并不是必然的,也不是一成不变的"。亨廷顿则将政治发展概括为:理性化、国家整合、民主化、动员和参与。

1965年,佩伊将人们对政治发展的含义所提供的答案做了汇总:① 经济发展的政治先决条件;② 工业社会中典型的政治;③ 政治现代化;④ 民族国家的运转方式;⑤ 行政和法律的发展;⑥ 大众动员和参与;⑦ 民主建设;⑧ 稳定和有秩序的变化;⑨ 动员与权力;⑩ 多向度的社会变迁中的一个方面。在这个综合中,佩伊还将政治发展中的共同性问题概括为以下趋势:政治体系中个人间平等不断增强,政治体系应对环境的能力不断提高,政治体系中的制度与结构日益分化。这三个方面可以见之于"发展的核心过程之中"。[1]

而拉斯托批评这些归纳"这十项至少有九项是多余的",[2]这些混

---

[1] 亨廷顿:《政治发展的几个理论问题》,《二十世纪西方现代化理论文选》,上海三联书店2002年版,第465页。

[2] 亨廷顿:《变化社会中的政治秩序》,北京生活·读书·新知三联书店1996年版,第65页。

乱和重叠的规定说明了政治发展的复杂性。

政治学家习惯于把政治发展概念化为"现代化综合症",意指落后国家面临的政治发展问题不是某一方面,而是多方面的、综合的。比如国家的统一、各国种族集团对民族国家的认同、形成能够承受各个社会集团的压力以及满足它们参与要求的机制、运用政治体系来提高国内经济的生产能力、面对社会产生的要求重新分配收入、财富、荣誉、机会的压力等,这些危机或压力说明,传统的政治体系越来越不适应现实的需要,必须实现政治现代化。

2. 政治现代化的内涵

提倡以经济现代化为主并不排斥现代化的其他方面,因为现代化的过程是一个相当复杂的系统整合过程,只有运用系统的科学的思维方法,才能真正的实现一个国家一个地区的现代化。政治现代化也是现代化基本内容之一。政治现代化是一种政体向另一种政体的转移。

在艾森斯塔特看来,政治现代化包含四个主要特征:① 国家统治权力的合法性不是来自超自然的神意而是来自世俗的人民的批准,是建立在对公民承担责任的基础上的;② 不断扩散政治权力至更广泛的社会集团——最后扩及全体成年公民,将他们结合进一个意见一致的道义体系;③ 地理范围逐渐扩大,尤其由于社会的中央权力的增强以及社会的法律、行政和政治机构职能的加强;④ 现代社会的统治者,无论他们是什么性质——集权的、官僚的、寡头的,还是民主的,都不同于传统社会的统治者,他们将自己的臣民作为制定政策的目标、收益者和授权者。现代的民主和半民主政府形式的不同,在于它们允许对政治制度作法理学表达的程度、公众自由以及福利和文化政策。①

威尔齐认为政治现代化的过程有三个主要特征:① 国家权力集中化程度的提高,同时伴之以传统的权威来源的弱化;② 政治制度的分化与专门化;③ 公众在政治中的参与扩大,个人与作为整体的政治

---

① 参见 S·N·艾森斯塔特:《现代化:抗拒与变迁》,人民出版社 1988 年版。

体系的联系加强。①

沙尔玛认为,在一些国家中,政治领域中的现代性特征是在政治现代化的过程中形成的。政治现代化首先涉及的是权威来源的转换。"现代化的政治框架基本上是植根于权威合法性来源的变迁之中的","现代化的特征是,传统精英及统治者的传统合法性的弱化,并在意识形态和制度上确立可以说明统治者与被统治者关系的原则"。他把政治现代化的主要组成部分概括为:政治整合、国家整合、在政治整合过程中形成的价值整合和精英与大众的整合、封建主义的终结、民主化、在政治领域中采纳世俗价值观、政治角色和结构的分化与专门化、不同类型的组织与制度的发展以及人类资源的理性分配。

而亨廷顿把政治现代化最关键的内容概括为:理性化的权威,差异性的政治结构,大众的参与以及由此产生的一种能够实现各种广泛目标的能力。这与流行的看法较为相似。当然二者在政治参与的理解上有差异。流行的理论认为,政治现代化包括三个方面的内容,即政治权威的理性化、政治功能的分化和政治参与的扩大。

(1) 政治权威的理性化。由单一的、世俗化的、全国性的政治权威取代各种传统的、宗教的、宗族的或种族的政治权威;对外坚持民族国家的主权,以抵制外国的影响;对内坚持中央政府的主权,以控制地方性和区域性的权力;政治体系内权力的传递或变更是按照公共选择的规则和程序进行的;实现民族国家的整合,把权力集中于公认的国家立法机构手中。

(2) 政治功能的分化。各种专门职能部门,如法律、军事、行政、科学等,都要与政治领域相分离;这些部门的任务应由自立的、专门化的下属机关去执行;科层组织变得更精密、更复杂、更有纪律性;形成完善的输入、综合、决策、输出和反馈机制,能够及时地以制度化的方式反映社会和提供社会管理;职权的分配越来越以个人成就为标准,而不是先赋标准。

---

① 威尔齐:《政治现代化》,1967,第7页。

(3) 政治参与的扩大。人民的政治参与意识的提高;社会自由(言论、出版、结社等)的扩大;参与组织(尤其是政党)的成熟;民主选举政治领导人;民众对决策参与以及对政府行动的制约。

这三个基本的方面是相互联系的。第一个方面涉及到"民族国家",即世俗化的、中央集权的现代国家的形成。第二个方面牵涉到了科学化的国家管理,它是建立在政治和行政机构的高度专业化和职能分化的基础之上的。第三个方面涉及民众对政治的参与,包括对政治行为的监督、民众意见的表达以及公开选举政治领导人等。其中,参与的扩大是区分传统政体与现代政体的最重要的标志。参与的扩大,更多地受到一个国家的整个现代化水平的制约,比如经济水平、教育水平、政治文化的进化,以及自主性组织的发展等。其中,自主性政治组织的发展,尤其是大规模组织即政党的成熟,对参与是十分重要的。亨廷顿认为,"政治现代化最基本的要素是,整个社会的各个集团超越于村镇层次之上的参与政治,以及创立能够组织这种参与的新的政治制度"。① 在现代化进程中,不仅出现新的职业、阶级、社团等新群体,传统的家族、氏族、宗族、社区等特殊的群体意识也会增强。因此,在自主性组织发展过程中,会出现各种各样的矛盾与冲突,甚至出现骚动,反而阻碍了政治现代化进程。因此,现代化的参与扩大,需要培育群众的参与意识,以及传播普遍主义的价值标准。②

表 7.1 政治现代化:城乡权力和稳定的变化

阶　段	城市	农村	评　注
传统稳定	稳定 从属	稳定 支配	农村上层分子统治 中产阶级阙如;农民不活动
现代化开始	不稳定 从属	稳定 支配	城市中产阶级出现并开始 同农村上层分子作斗争

---

① 亨廷顿:《变革社会中的政治秩序》,华夏出版社 1988 年版;第 37 页。
② 尹保云:《什么是现代化——概念与范式的探讨》,人民出版社 2001 年版,第 153—154 页。

续表

阶 段	城 市	农 村	评 注
城市突破	不稳定 支配	稳定 从属	城市中产阶级取代农村上层分子;农民仍不活动
农村奋起:遏制	不稳定 从属	稳定 支配	体系内的农民动员重新建立起稳定和农村的支配地位
原教旨主义者的反应	稳定 支配	不稳定 从属	中产阶级成长并变得较为保守;工人阶级出现,支配权移至城市,引起农村原教旨主义者的反应
农村奋起:革命	不稳定 支配	不稳定 支配	反体系的农民动员推翻旧的结构
现代化巩固	稳定 支配	不稳定 从属	执政革命者把现代化改革强加于农民
现代稳定	稳定 支配	稳定 从属	农村接受现代化价值准则及城市统治

(资料来源:亨廷顿:《变动社会的政治秩序》)

3. 政治发展与政治现代化

有学者认为,政治现代化进程就是政治发展进程。政治发展就是"由传统政治向现代政治的转化","也就是一个抛弃专制制度、建立一种新的民主政治秩序的过程"。亨廷顿在1965年发表了不同的看法,认为应该将政治发展与政治现代化区别开来。他说,将两者看作一回事的看法使政治发展这个概念的使用"无论在时间上还是在空间上"都具有很大的局限性。应将政治发展限定在特定的历史阶段,因此,就不能讲希腊城邦国家或"罗马帝国的"政治发展。此外,如果讲政治发展等同于政治现代化,也会使政治发展成为一个含混不清的概念,并将降低对其进行经验研究的可能性,即使这种意义上的逆转现象不是完全不可能的话,也很难讲什么是政治衰败。①

沙尔玛认为,政治现代化与政治发展是不同的。这主要表现为:②

(1) 政治现代化与民主化的程序相联系,现代政治必然是民主政治,它包括与不同形式的整合和权威理性化相伴随的大众的政治化。而发展所涉及的是,权威变得更为有效,从而使他们能创造出更多的政治和经济产品,以满足政治化的大众不断增长的需求。现代化国家的中央政治制度应当能创造出权威并能运用权威。成功的政治现代化过程同时也就意味着政治发展。但是,在许多情况下,这两者并不一致。

(2) 政治意识的增长可以启动政治现代化,它会扩大政治参与并使人民的期望成倍增加,这就要求有有效的、有能力的政治权威。而发展则存在于要求和支持之间的良好平衡之中,这就要求有能创造新政策和吸纳不断增长的政治参与的政治制度。

(3) 政治现代化涉及到政治系统的形式和结构,以及它的主要取向,即政治文化,伴随着政治文化世俗化的复杂性、分化、民主化及这些形式和结构的相对自主性,都是政治现代化的特质。发展涉及的是工作状态问题,衡量标准是一个政治系统通过有效的理性决策和决策为其人民带来的福利。现代化给政治系统增加越来越多的压力和紧张,而政治发展则在于成功地处理这些压力和紧张。

(4) 现代化涉及的是政治中的"谁"和"怎样"的问题,发展所涉及的则是政治中"什么"的问题。换言之,发展存在于国家建立之中,而国家建立则是现代化的主要特征。政治稳定也是政治发展的指标,而现代化则意味着亨廷顿所说的"政治衰退"。亨廷顿曾将制度化作为政治发展的一个特征,平等的政治参与是政治现代性的主要指标之一。发展则在于政治制度的增长,以容纳不断增长的参与。因此,组织技巧是发展的一个先决条件。

---

① 亨廷顿:《政治发展与政治衰败》,第389—193页。
② 沙尔玛:《政治现代化与政治发展》,《二十世纪西方现代化理论文选》,上海三联书店2002年版,第459—461页。

表 7.2　政治参与的层次

担任党政职务	
作为公职候选人	
募捐政治专款	决策活动
参加某一决策会议	
成为政党的积极成员	
投身于政治竞选	
参加某一政治会议或集会	
为政党或候选人捐款	过渡型活动
接触公职人员或政党领袖	
佩带标志和在车上张贴标语	
试图劝说他人如何投票	
组织政治讨论	旁观型活动
参加选举活动	
易受政治因素影响	

（资料来源：米尔布拉斯：《政治参与》）

二、政治发展的研究方法

亨廷顿从方法上把政治发展的研究分为三种：[①]

第一种体制-功能法，代表人物包括帕森斯、列维、伊斯顿、阿尔蒙德、阿普特、里格斯等。该方法提出了"体制"、"结构"、"功能"、"输入与输出"、"政治文化"等概念和范畴，以区分体制的不同类型，并加以评判。体制-功能法的优势在于概念的抽象性，使得分析可以在广泛的范围中展开。其缺陷在于不能促使学者们进一步发掘经验材料，不能有效地研究变迁问题。

第二种社会过程法，代表人物包括勒纳、多伊奇、坦尼尔、阿尔克、赫德森等。其中勒纳的《传统社会的消逝》和多伊奇的《社会动员与政治发展》对后来这方面的研究起了促进作用。社会过程法关注社会过程，如工业化、城市化、商业化、识字率提高的过程以及职业流动过程

---

① 亨廷顿：《政治发展的几个理论问题》，《二十世纪西方现代化理论文选》，上海三联书店 2002 年版，第 470—479 页。

等,这些过程都被看作是现代化的组成部分,并会对政治变迁产生影响。这种方法重视计量性资料的使用和不同行为模式之间的联系,力图超越相关分析,而建立各种变量之间的因果关系。这种方法的优势在于努力探讨不同变项之间的关系,特别是不同变项中的变迁的关系。其局限性在于:① 所研究的变项大半是集中在发展的水平上,而不是发展的速度上。如亚非拉大部分正在现代化的社会中有许多变项的资料无法获得,只能再研究西欧和北美社会,但很难获得概括的比较性的结论;② 在解释经济或社会变迁与政治变迁的关系上显得很脆弱。目前解决的方法是用"相对剥夺"和"挫折-攻击"这样的假设来将经济社会变迁与政治不稳定联系起来;③ 在研究过程中,忽视社会结构的作用。解决的方法是找到评估文化、制度和领导等因素所发挥的独立的作用。

第三种比较历史法,代表人物包括布莱克、艾森斯塔德、拉斯托、利普塞特、巴林顿·摩尔等。该方法关注社会的实际演变过程,其兴趣在于对两个或更多社会的比较研究上,重视经验研究,关注制度、文化和领导。这种研究方法对政治发展的模式分类的标准一是所有社会都将经历的阶段;二是不同社会所走的独特道路;三是某些纵向范畴和横向范畴的结合物。比如摩尔将现代化模式分为由资产阶级领导的(英美)、贵族寡头领导的(德日)和由农民促成的(俄中)。而布莱克则指出所有社会都要经历现代化的四个阶段:现代性的最初挑战;现代化领导的强固;从乡村农业社会到城市工业社会的经济与社会改造;以及社会整合,即基本社会结构的重组。然后,他按照五个标准来研究那些社会处在哪个阶段,并以这些标准将社会划分为"七种现代化的模式",最后,形成综合性的历史比较框架。历史比较法的最大优点是从历史资料着手,然后形成有关影响模式差异的因素的假设。其缺陷是缺少概括性。

在亨廷顿看来,这三种方法各有长短。从政治变迁的理论角度看,体制-功能法弱在变迁,社会过程法弱在政治,比较历史法弱在理论。如果以三种研究法为基础,并将三者的长处结合起来,就能克服各自的弱点。

三、政治发展理论

由于第三世界政治发展模式的国际影响与日俱增,探讨权力与政治、经济与政治的理论活动也日渐增多,出现了意识形态多元化格局,各种不同思想体系的理论同时并存,互相竞争。

1. 西方的政治发展理论

西方往往将政治思潮分为十几派,有传统的保守主义、自由主义、人民民主主义、新激进主义、新实证主义等,从第三世界政治变迁的角度看,可分为多元论和结构论两大理论派别。

(1) 多元论。源于现代化理论。认为政治现代化过程是同建立一个民主化的民族国家的过程相联系的。现代社会里不能只由一个集团握有权力。而一个人能否进入领导者集团,主要取决于他的业绩,而不取决于家庭或阶级出身。多元化民主是其核心所在。

(2) 结构论。源于马克思主义政治社会学。认为阶级关系的发展影响着国家的形成。在资本主义扩张的情况下,国家等级上的政治发展有可能有许多形式,这取决于相互冲突的社会阶级间的结构关系如何起作用。

(3) 政治社会化理论。认为人们的政治态度、信仰和社会政治体制、政治取向取决于他们学习经验的不同与差异。在稳定的政治制度中,自然的社会化过程处于支配地位,与此同时,当社会处于不稳定和变革时期,指导的社会化被推到了前方,革命的团体试图把群众重新社会化。

(4) 政治现实主义理论。对道德发展和人类未来行为持悲观主义态度。主要有三种假说:第一种认为,国际事务的实质是冲突,无政府状态是这里的规则、秩序,正义和道德只是例外。第二种认为,社会现实的实质是集团,政治生活的基础是达伦多夫的"冲突集团"。第三种认为,政治生活中的权力占首要地位,是人类动机的安全因素。

(5) 权威主义理论。韦伯认为权威概念中的根本要素是合法性,政治现代化的目标之一便是建立合理化的法理权威。合理权威以能力为基础,而不合理权威以权力为基础。发展中国家政治不稳定的重要根源,在于政治权威的合法性基础不牢。

2. 拉美的政治发展理论①

拉美是第三世界经济较发达的地区,也是社会政治思潮活跃、政派林立的地区。

(1) 阿亚·德拉托雷理论

阿亚在20世纪20年代创立了民众主义理论。这一理论的核心思想是:拉美既不能搞自由资本主义,也不能搞共产主义,而要搞民族资本主义,将来再搞社会主义。他认为,帝国主义在欧洲工业发达国家是资本主义发展的最后阶段,然而在拉美,由于"时空改变"了,则成了资本主义的最初阶段。当代拉美社会普遍存在"二元化社会结构",一方面存在着落后的本国经济,另一方面又有发达的、来自工业化国家的外来经济。国家发展的主要障碍,在外部是帝国主义,在内部是封建地主寡头。因此,拉美必须搞多阶级的反帝联盟。至于拉美的发展道路,他认为:拉美国家按照传统的资本主义发展方式是不可能取得经济独立发展的,但是也不可能立即建立社会主义制度,必须先建立以社会民主和各阶级合作为基础的反帝国家。在经济上要发展国营经济、集体经济和私人个体经济等多种经济成分,收回外国资本对自然资源的控制权,大力发展民族经济,实现国家工业化。在政治体制上,要实行多党制的政治民主,反对一切政治独裁。在社会政策上,强调阶级调和和合作,实现社会正义,即"面包加自由";要进行土改,实现"耕者有其田",这个反帝国家还必须有一项地区联合的对外政策,他认为拉美国家必须联合和实行一体化,建立一个"没有帝国的、民主的美洲"。

(2) 庇隆的"第三立场"

所谓第三立场,庇隆有时将它解释为一种社会经济学说,有时将它说成是一种哲学原则。作为哲学原则,第三立场主张与各种对抗的力量保持等距离,而处于理想的协调状态,作为一种社会经济学说,其主张既不是资本主义,也不是共产主义,而是正义主义。所谓正义主义制度,就是在经济上抛弃自由经济,而代之以社会经济。在社会方面,以

---

① 参考肖枫:《西方发展学和拉美发展理论》,第211—220页。

社会正义为基础,资本家和劳工在国家统辖下协调地解决矛盾。在政治方面,注意寻求个人权利和公众权利之间的平衡。在对外关系方面,主张经济独立、政治主权,对美国和苏联保持等距离,不偏向任何一方。

(3) 瓦加斯的"中间站"

1950年瓦加斯在竞选时说,"现代社会所渴望的工党主义,即各阶级之间的协调一致,是在劳动和人民福利基础上的民主"。"在工党主义的社会里,既不要无产阶级专政,也不要名流们的专政,不要任何类型的专政。工党主义的政策是与阶级斗争相反的。""工党主义是资本主义和社会主义的中间站。"

(4) 共有制社会

这是基督教民主党人的理论。共有制社会在政治上实行参与民主,经济上实行共有制经济,使国家变为政治的共有体,企业变成经济的共有体。共有制社会的核心是,建立起一种新型的社会关系,这种关系的特点是"兄弟般的联合,真诚的合作,真心诚意互相同情和关怀,以寻求共同利益"。1981年底,美洲基民组织第10次代表大会宣言提出,共有制社会是"自由、平等、互助、合作、和平的社会",在这种社会里,要限制而不是消灭私有制。因此,基民主义的"第三道路"实际上是主张对现存资本主义制度进行改良。

(5) 革命民族主义

这是墨西哥革命制度党、玻利维亚民族主义革命运动党、多米尼加革命党等一批政党所主张的一种"中间道路"。主张在政治上保持多元化,尊重多种意识形态;在经济上反对自由经济理论,把企业自由同社会经济活动的整体规划相结合,在自由竞争和全面国有化道路之间寻找第三条道路,即国营、社会和私人经济并存的混合经济体系。加强国家在经济和社会发展中的指导作用,用国家在经济中的主导作用来对付资本家的自由竞争,用人民群众的利益来制约少数特权阶层的利益,用民族经济独立来取代经济上的对外依附,从而建立民主、公正、自由、平等的新社会。

(6) 托里霍斯的"中间立场"

托里霍斯主张巴拿马坚持非社会主义、非资本主义的中间立场,他说:"世界上存在着两个极端对立的经济体系,一个过分强调利润,使社会不平等的裂痕日益加深;另一种是超脱社会的道路,这条道路阻碍生产力的发展;巴拿马取中间立场,寻找一条中间道路,即非传统的资本主义道路,又非共产主义的道路,而是巴拿马道路。巴拿马可以达到像古巴等革命所达到的同样目标,但不是通过社会主义道路,而是以最小的代价通过和平的方式实行必要的结构改革,以便把巴拿马建成一个更加民主、自由、合理的社会。"

这些不同理论主张具有的共同特征是:① 或多或少地受外来思想体系的影响,但同时又结合本国或本地区的实际情况和特点,形成自己的思想体系和政治主张;② 各种主张具有不同的政治倾向和意识形态,但有着共同的主题:拉美的独立和发展;③ 各种主张既相互独立,又相互渗透。除古巴社会主义和委内瑞拉争取社会主义运动的新社会主义属于马克思主义思想体系的不同派别外,其余的社会主义、"第三条道路",实际上是民族主义思潮的范围。这种民族主义主导发展容易导致政策的扭曲。

首先,民族主义否定个人利益。在国家利益高于一切的引导下,导致对民众利益的损害和影响:如进口替代战略及与之伴随的国家机器的膨胀、公共支出过大、资金滥用等现象伤害了民众的利益;又如不顾民众生活,采取通货膨胀政策。其次,民族主义发展容易导致闭关自守。由于民族主义的原因,拉美国家一直不能正确地对待外国资本,不能把投资、国际信贷、引进外国直接投资三者有机地结合起来,从而有效地驾驭国内经济国际化的新形势。

拉美战后发展的教训是"第三条道路"兼具了社会主义和资本主义两种制度的短处。一方面国营企业的膨胀带来经济增长的低效率,甚至是沉重的外债负担,对 20 世纪 80 年代的债务危机和经济崩溃负主要责任;另一方面,社会分配状况日益恶化,以致成为世界上分配最不平等的地区。①

---

① 尹保云:《现代化通病》,天津人民出版社 1999 年版,第 152—155、173 页。

第二节 中国的政治发展与政治现代化

中国的政治发展,在古代是以"官本位"为轴心的治民政治。鸦片战争以后,中国开始了由传统的农业社会被动地进入现代化发展的艰难历程。正如邹谠指出的,当时"中国全面危机的中心不是经济制度的崩溃,不是经济阶级的变化,不是人口增长,不是社会制度的衰败,而是政治领域中的危机。这个危机的直接现象是皇帝制度的废除以及地主-儒家-官吏这个三位一体的统治阶级的解体","政治系统有了数千年以来的最大变型"。[①] 然而,这种危机感对中国的国家建设、国内政治生活产生了一定的负面影响,即在政治现代化历程中,渐进与激进、改革与革命曾经屡次交替出现。渐进改革曾多次因贻误时机而被激进的革命所代替,而且激进愈演愈烈,中国的政治现代化命运多舛。

一、权威政治与中国早期的现代化

在中国早期现代化过程中,由于其外源性和被动性,决定了必须有一个权威政权来推动这场前所未有的社会变革,然而,中国的历史事实远远没有满足中国现代化的这种对国家权威政治功能的需求。

中国近现代历史事实表明,国家权威在现代化的初始时期明显地呈现出弱化状态。晚清中央集权已经明显地堕落和衰微:一方面,晚清政府在对付外来势力挑战和内部动荡危机时弱软乏力,一败再败,严重地影响了其统治的有效性。另一方面,一直受中央集权控制的地方势力在对付处理内忧外扰中取得比中央政府更为有效的实绩,并且推动了代表中国社会发展主导方向的现代化运动,使得它们形成了一种与中央分权的强劲政治势力。"督抚专政到了如此地步,中央集权已名存实亡"。[②] 显然,清朝政府在其统治的晚期所面临的相当的内外压力直接危及到其生存。

---

① 罗荣渠:《现代化新论续篇》,北京大学出版社 1997 年版,第 117—119 页。
② 许纪霖:《中国现代化史》,上海三联书店 1995 年版,第 100 页。

继之而起的北洋军阀政权由于各种利益集团的倾轧与争斗而分散无力,在政治上难以形成一个能进行有效统治的中央权威。从1916年至1928年成为中国近代历史上最为混乱的时期,这种频繁更迭的中央政权和动荡不安的政局,导致了中国社会的严重政治危机。有资料显示:"在军阀时期的12年中,北京的全国性政府令人手足无措地变动无常,7个人当总统和国家首脑,其中一人是两次,实际上等于8个国家首脑。除此之外有4个摄政内阁在短暂的过渡期间管理政府,还有一次满族皇帝的复辟。学者们列举出24个内阁、5届议会或国会、至少4部宪法或基本法。人物机关以及法律上和政治上的变更过多,因而要以清晰易读的方式记述北京的政治斗争非常困难。"[①]

美国学者曼库尔·奥尔森在他的《国家兴衰探源:经济增长、滞胀和社会僵化》中提出,现代化过程中所形成的分利集团对一个国家的经济发展具有较强的阻碍作用。分利集团的数量及其存在时间的长短与经济增长之间具有负相关性。一个国家要想促使其经济增长,政府必须有力地限制分利集团,一个国家想兴旺发达,必须打碎分利联盟对社会资源的垄断。从近代中国政局看,各路军阀派系形成的不同的分利联盟,不仅大小不同地占据着一定的地域,而且也多少不等地控制了部分社会资源,不仅导致了政治上的不统一和中央政权统治的低效,而且导致了现代化所集中需要的资源的分散和不均衡,从而阻碍或中断了中国现代化进程。

到了南京国民党政权,尽管表面上处于大一统的领袖权威之下,但其内部派系林立使得中央权威实际上是一种软政权。"在南京国民政府号称北伐战争胜利之后,也仅控制了全国8%的国土与20%的人口;到1937年宣布统一告成之时,也才大约在全国25%的土地上对66%的人口建立了有效统治。"[②]此外,对国民政府时期中央权威政治产生削弱的因素还有当时中国共产党所领导的革命进步力量的迅速壮大,1931年日本对东北三省侵占也严重影响着中央政权的稳定和威望。

---

① 《剑桥中华民国史》上册,中国社会科学出版社1993年版,第342页。
② 罗荣渠:《现代化新论》,北京大学出版社1993年版,第335页。

建立在上述各种错综因素互动的局面下的国民政府在艰难中勉强运转,在政权内部存在着程度不同的腐败现象,难以保证应有的行政效率。这些因素使得国家权威的缺失,使得各个时期的中央政府无力有效地动员各种社会力量、集中有限的社会资源去专注投入早期现代化的运作之中,从而延缓了中国的早期现代化进程。

由于种种原因,中国政治现代化运动,直到1949年革命成功之前,其结果都如人们看到的那样,步履蹒跚,乏善可陈。虽然晚清政府、南京国民政府等中央政权都在权威政治方面做过以地方自治为主要内容的调整,企图延伸中央权力对社会基层的有力控制,无奈地方基层行政的僵化严重,并未收到良好的效果。一个强有力的政治权威在行使其职能的过程中可能会产生一些非民主的举措,但它对于后发展国家的现代化却是必需的。中国现代的延误和顿挫都从反面证明了这一点。当然,权威政治只是后发展国家现代化的早期过程中的政治现象,待到这些国家的现代化取得成功,社会经济发展进入正轨之后,权威政治将完成其使命而退出历史舞台。

二、国家干预与政治激进主义

建国后的40年间,中国人民在共产党的领导下,建设成为一个初步繁荣昌盛的社会主义国家。帕金斯认为,中国经济独特性及其成就的取得,有赖于另一个重要因素,即一种权威主义的政治系统。

毛泽东对于中国政治现代化的最主要贡献也在于此,通过中国革命以及一系列深刻的社会变革运动的开展,毛泽东成功地在中国建立起一个能在全国上下拥有绝对权威的政权,确立起一套足以有效地整合中国城乡社会协调与控制的机制,彻底改变了近代以来中国社会涣散无序、国家主权沦丧、分裂动荡的局面,使一个具有真正意义的现代民族国家最终确立起来。斯科克波尔将这种政治系统称为"群众动员式的党与国家密切结合"的体制。这个政治结构由两个部分构成:一个是政府,承担行政职能,另一个就是党,负责政策的制定、协调和监督。这两个部分既相分离,又密切联系,并由中央经过不同的中间层次,渗入每一个村庄、工厂、学校和街道。

但也应看到,中国也为这种权威主义付出了沉重的代价。由于中国共产党在1957—1976年间的重大决策失误,中国经济发展的进程一再被政治斗争的风暴所打断,使中国错过了追赶世界发展潮流的大好时机。

1957年初的全党整风运动是中国共产党坚持批评与自我批评传统的具体体现,但是,在反右斗争中,出现了严重的扩大化错误,先后有55万知识分子、爱国民主人士和党内干部被划为右派,将一场围绕着党风问题和经济建设方针方面展开的批评与自我批评变成了一场阶级斗争。反右斗争的扩大化,压制了人民民主,削弱了民主党派的力量。1957年10月,反右斗争结束后召开的中共八届三中全会上,毛泽东针对当时的国内形势提出:无产阶级和资产阶级的矛盾、社会主义道路和资本主义道路的矛盾是当前中国社会的主要矛盾,这就从根本上否定了八大会议上对形势的正确估计,否定了国内主要矛盾是人民群众对于经济文化迅速发展的需要同当前的经济不能满足人民需要的状况之间的矛盾的分析,把一定范围内存在的两个阶级、两条道路的斗争,扩大为整个社会的主要矛盾。这种错误论断拉开了当代中国政治意识形态领域内的阶级斗争的序幕。

1959年7、8月间的庐山会议,原来准备继续纠正在"大跃进"和人民公社化运动中出现的"左"倾错误,但在会议讨论中,对前一段问题的估计产生了争论。彭德怀在充分肯定了1958年以来所取得的建设成就的同时,指出:1958年的基本建设项目过急过多,分散了资金,拖长了工期;在全国大炼钢铁中,小土炉办得太多,资源和人力浪费严重;当前的突出矛盾是国民经济比例失调,因而影响了工农之间、城乡各阶层之间的关系。彭德怀认为,在思想方法和工作作风方面,浮夸风的普遍滋长,使党的威信蒙受了重大损失;小资产阶级的狂热性,使党内"左"倾思想一度占了上风,总想一步跨进共产主义,把党长期以来形成的群众路线和实事求是的作风置于脑后,忘记了政治挂帅不可替代经济法则,更不能代替工作中的具体措施。对于上述意见,毛泽东错误地认为这是表现了"资产阶级的动摇性",是"向党进攻"。此后,他错误地发动了对彭德怀、张闻天、黄克诚、周小舟等人的批判。从1959年8月至

1960年3月,一场"反右倾"斗争在全国范围内轰轰烈烈地展开了。这场斗争,使"左"倾错误在政治、经济、理论等方面继续发展,造成了更大的危害。在政治上,这场运动严重破坏了党内民主,为个人专断和个人迷信的逐渐泛滥创造了条件。在经济上,提出了新跃进,给中国经济带来了巨大的灾难。在大跃进的三年中,每百元创造的国民收入从1958年的55元,下降到1959年的19元和1960年的-0.4元。由于过分强调工业化,从1957—1960年,政府提供给工业企业的贷款增加了11倍,国家财政赤字也从1958年的2 118亿元增加到1959年的6 518亿元和1960年的8 118亿元。在国家财政支出总额中,赤字部分在1958年占5.3%,在1959年占11.9%,在1960年占12.5%。

1966年5月—1976年10月的"文化大革命",是一场由领导者错误发动、被反革命集团利用的内乱。当时,毛泽东对中国阶级斗争形势以及党和国家政治状况作了错误的估计,他认为:一大批资产阶级的代表人物、反革命的修正主义分子已经混进了革命的队伍,相当多数单位的领导权已经不在马克思主义者和人民群众的手里了。党内走资本主义道路的当权派在中央形成了一个资产阶级司令部,它有一条修正主义的政治路线和组织路线,在各省、市、自治区和中央部门都有代理人。过去采取的各种斗争形式都已经不能解决问题,只有实行"文化大革命",公开全面地、自下而上地发动群众来揭露这些黑暗面,才能把被走资本主义道路的当权派篡夺的权力重新夺回来。历史证明,"文化大革命"践踏了民主、混淆了敌友、颠倒了是非、破坏了团结,使中国国民经济遭到了极大的挫折和损失。首先,数以千万计的"红卫兵"参加大串联,使交通运输部门负担沉重,导致交通阻塞。其次,许多生产、建设单位由于"文化大革命"的冲击,生产系统失灵,生产秩序受到破坏,中国的经济全面衰退。1967年和1968年国民经济发展的各项指标,几乎降到了建国以来的最低点。国民收入(按当年价格计算),1967年比1966年下降6.7%,1968年比1967年下降5.1%。国家财政收入1967年比1966年下降25%,1968年比1967年下降13.8%。第三,文化教育事业遭到严重破坏。从1966年开始,大学连续6年停止招生,研究生连续12年没有招生。1968年,全国出版的图书由1965年以前的20 143种下降为3 964种,杂志由740种下降为22种,报纸由343种下降为42种。与此相反,《毛泽东语录》的发行量却超过了《圣经》所保持的世界纪录。

面对国民经济的全面衰退,党和国家领导人不得不重新考虑发展战略问题,以控制国内形势的恶化。在继续坚持"政治挂帅"的原则和始终不渝地进行政治斗争的同时,党中央开始利用军事管理等手段来稳定政治局势和恢复经济秩序。在"文革"结束前的几年中,国民经济经历了缓慢的增长和周期性波动。

鲍大可认为,在"文革"后期,中国正在经历一场全能主义衰败的危机,与苏联所不同的是:中国的全能主义是激进的、民众主义的,往往会瓦解政治稳定,而苏联的是保守的、精英主义的体制,具有一种相对稳定政治制度。具体地说,斯大林有意促进乌托邦思想的消亡,用一种较为保守的民族主义取而代之;毛泽东则努力保持革命的意识形态,实施激进的社会经济政策。斯大林在现代化的名义下鼓励地位和收入的不平等,而毛泽东则在不断革命的口号下促进更加平均主义的分配原则。斯大林用年轻的技术专家来代替老一代革命家,而毛泽东在"文化大革命"中则用年轻的革命家取代由老一代专家所组成的党政机构。斯大林所实施的镇压政策是以国家的名义进行的,由国家安全机构加以实施,而毛泽东的镇压政策,则是以群众的名义进行的。正是这种政治体制的独特性造成了中国70年代中期的政治衰败。①

首先,毛泽东对"红"和"保持阶级队伍的纯洁性"的强调,使得党政机构只能按阶级背景和政治忠诚而不是按技术和行政能力递补其成员。同时,任人惟亲和终身制,使得20世纪70年代的科层系统呈现出严重的老化和无能的特点。

其次,在"文革"期间,毛泽东动员起了城市群众,以反对资产阶级当权派,但在已有的制度的合法性已丧失的同时,没有创立一种新的组织形式,为被动员起来的群众参与政治生活提供渠道。用亨廷顿的话来说,是参与水平高于制度化水平。这样就导致政治的不稳定,并在知

---

① 孙立平:《传统与变迁》。

识分子和城市青年中形成了信仰危机。这种危机反映的是多方面的不满情绪。而"四五"事件使这种危机达到了顶点。

因此,在鲍大可看来,毛泽东逝世以后,中国的政治体制具有一种双重特征:一方面,全能主义的政治体制渗透于全部的社会、经济和政治生活领域。另一方面,这个体制又已经严重衰败,二者结合起来造成了严重的社会不稳定。正是这种背景,构成了政治改革的必要性。

三、渐进的政治体制改革

改革前的中国政治体制是一种集权主义和全能主义相交织的政治体制,权力过分集中是这种政治体制的总病根。始于1978年的改革的核心内容就是通过权力下放,实现政企分开、党政分开、中央和地方适度分权、国家和社会分开。

在这一历程中,邓小平功不可没。邓小平复出后,把谋求党和国家政治生活民主化、制度化,以及行政管理科学化、现代化等放到了非常重要的位置。改革开放以来,随着政治体制改革及民主法制建设的不断深入,中国政治逐步被有效地纳入了民主化和制度化的轨道。

1. 政治体制改革的进程

对中国政治体制改革进程的阶段划分,目前比较流行的是"四阶段说"。

黄卫平认为,从1978年底到1985年是中国政治体制改革的奠定基础期,重点是进行机构改革和重建农村基层政权;从1986年到1989年上半年是中国政治体制改革的宣传热点期,重点是解决党政分开问题和继续进行机构改革;从1989年下半年到1991年底是中国政治体制改革的历史转折期,重点是保持政治稳定;从1992年以来政治体制改革进入隐性发展期,重点是适应市场经济发展的需要而推进机构改革和法制建设,实行寓政治改革于经济改革之中的战略。[1]

王贵秀的四个阶段分别是:① 十一届三中全会到1980年,提出政

---

[1] 黄卫平:《中国政治体制改革纵横谈》,中央编译出版社1998年版,第135—149页。

治体制改革任务;② 从1980年到中共十三大,规划政治体制改革蓝图;③ 从中共十三大到十四大,在曲折中前进;④ 从中共十五大至今,政治体制改革思路有了新的突破。①

王怀超认为,从20世纪70年代末到80年代中期是政治体制改革的初步探索阶段;80年代中后期是政治体制改革的全面部署阶段;从80年代末到90年代中期是政治体制改革总结经验调整思路阶段;从90年代中后期至今是适应社会主义市场经济发展要求继续推进政治体制改革时期。②

中国政治体制改革呈现出波浪式前进的特征,这四个阶段中先后进行了四轮政府机构改革,同时基层民主建设也在稳步推进,保持了改革内容的某种连续性。另一方面,20世纪90年代后政治体制改革思路也做出了重大调整,不再强调解决原有政治体制的总病根——"权力过分集中",也不再强调"党政分开",重点强调加强党的领导,但同时加快了公务员制度建设步伐并逐步在党政领导干部选拔任用中引入了群众参与机制,还接受了"法治"、"人权"和"权力监督制约"等概念并加强了相关的制度建设。

2. 政治体制改革的模式

(1) 咨询型法治政体说。潘维先生认为,"政治改革的导向有两种选择,一是民主化,二是法治化。二者总有先有后,世界上从未有哪个国家能够二者同时兼得。民主与法治是可以兼容的,但民主化和法治化两个过程却从未共生,因为二者的操作方向不同,无法兼容。……以法治为导向、以吏治为核心进行政治体制改革,比较适合中国特点。"③他高度推崇同为华人社会的香港和新加坡的政治体制模式,并将其概括为"缺民主的法治政体",并认为未来中国政体改革的方向是建立咨询型法治政体,后者是一个由五大支柱构成的制度安排。这五大支柱

---

① 王贵秀:"艰难而漫长的改革——政治改革二十周年反思",刘智峰主编:《中国政治体制改革问题报告》,中国电影出版社1999年版,第27—30页。
② 王怀超:"中国政治体制改革24年",《理论动态》,2003年4月10日总第1595期,第14—27页。
③ 潘维:《法治与中国未来政体》,《战略与管理》,1999年第5期。

是：中立的文官系统,自主的司法系统,独立的反贪机构,以全国和省人民代表大会为核心的广泛的社会咨询系统,受法律充分保护的言论、出版、集会和结社自由。他将这种咨询型法治政体的特点概括为五个方面：① 强调"法律"做主,拒绝"人民"做主；② 强调法的正义性,因而特别重视"法律面前人人平等"；③ 强调严格执法的重要性,刻意增加立法的难度；④ 强调限制政府的职能和规模,造就有限政府,保障社会经济生活的自由,从而鼓励民族的创造力；⑤ 强调追求符合中华传统的秩序和自由。①

(2) 合作主义国家模式说。康晓光先生提出了建设合作主义国家模式的设想。他指出,合作主义国家的基本公式就是：权威主义政治＋自由市场经济＋法团主义＋福利国家。作为一种现代阶级分权体制,合作主义国家奉行"自治"、"合作"、"制衡"与"共享"等"四项基本原则"。合作主义国家的首要原则是权力、资本、知识与劳动都实行自治。所谓"权力自治"就是实行权威主义政治,统治集团凌驾于一切阶级之上,主观上只对自己利益负责,客观上对全民和国家负责。官僚队伍的成员主要来自知识阶级,通过考试制度连接知识阶级和统治阶级。所谓"资本自治"就是市场经济加法治,即通过市场机制和以保护私有财产权为核心的法治建立资本自治。所谓"知识自治"就是言论、出版和学术自由。所谓"劳动自治"就是在自由结社的基础上,组建具有垄断性代表权的功能性社团,劳动者通过这些组织参政。"自治"是为了有效的合作。合作的政治模式是多方协商或谈判体制,社会成员按照社会分工组成功能性团体与政府共同制定公共政策,政府以中立的态度主持阶级谈判,通过谈判解决社会冲突。实行权威主义政治可以在一定程度上限制金钱对权力的控制,制衡资本专断的权力。共享的核心内容是公平地分享财富和机会,通过建立福利国家节制资本的经济权利,通过权威主义和法团主义节制资本的政治权利,保护弱势群体的基本权利。合作主义国家理论希望促成自由与平等的妥

---

① 潘维：《民主迷信与中国政体改革的方向》,转引自神州思想文化网。

协与均衡。①

（3）民主的国家制度建设说。王绍光、胡鞍钢等人认为，中国的政治转型应当着眼于强化和改善公共权威并使之民主化而不是盲目地取消和限制公共权威，换句话说，应当将现有国家机器民主化、制度化、程序化，大力加强国家制度的薄弱环节，建立一个有很强的良治能力的政府。国家基本制度建设应当围绕八大国家能力进行，后者包括：维护国家安全与公共秩序的能力（强制能力）；动员与调度社会资源能力（汲取能力）；培育与巩固国家认同的能力（教化能力）；维护经济与社会生活秩序的能力（监管能力）；确保国家机构内部的控制、监督与协调的能力（统领能力）；维护社会分配正义的能力（再分配能力）；将民众参与需求纳入制度化管道的能力（吸纳能力）；协调不同利益，形成公共政策的能力（整合能力）。国家基本制度建设的突破口应该是在加强党的建设的同时，调整党和国家的关系，建立现代公共财政制度，以及扩大公民参与政治的渠道。简言之，中国需要第二代改革战略，即积极推进国家制度建设。②

（4）增量民主说。俞可平提出增量民主的政治体制改革思路。这一思路包括以下几个要点：一是强调民主的程序和实现程序民主；二是高度重视民间组织和公民自身在建设社会主义民主政治中的重要作用；三是推崇法治，依法治国，依法治党；四是充分发挥党组织和政府在民主建设中的领导作用；五是建立和完善现代的动态的政治稳定机制。③

（5）民主的法治型体制说。王贵秀认为，原有政治体制的根本弊端是"权力过分集中"，具体表现为"党委过分集权"、"中央过分集权"和"领导者个人高度集权"。政治体制改革就是要改变这种体制，建立起"民主的法治型体制"。④

---

① 康晓光：《论合作主义国家》，原载《战略与管理》，2003年第5期。
② 王绍光，胡鞍钢，周建明：《第二代改革战略：积极推进国家制度建设》，原载《战略与管理》，2003年第2期，第90—95页。
③ 俞可平：《积极实行增量政治改革，加快建设社会主义政治文明》，载《理论动态》，2003年4月10日第1595期，第11—13页。
④ 王贵秀："谈谈政治体制改革的突破口问题"，《科学社会主义》，2002年第1期，第4页。

这五种改革思路各有所长,咨询型法治政体说强调的是法治化的优先性,合作主义国家模式说强调的是权威主义国家和功能性社团之间的合作协商,民主的国家制度建设说强调的是国家能力建设的基础性作用,增量民主说强调的是公民社会和国家在民主法治建设中各自发挥着不可替代的作用,民主的法治型体制强调的是实行党内民主以解决领导者个人高度集权的问题。其共同特征包括:① 高度重视法治,将建设法治国家确定为政治体制改革的首要目标;② 都认为自己的政治体制改革方案容易为各方所接受,可以实现新旧政治体制的平稳过渡和衔接,不会引起大的社会震荡,具有很强的可行性和可操作性;③ 都对选举民主特别是全国普选持非常谨慎的态度。咨询型法治政体说将民主化和法治化看作是两个无法兼容甚至相互排斥的过程,这不仅与中国基层民主建设和法治国家建设并举且相互促进的现实相悖,而且因其刻意拒斥民主而难以得到社会各界的认同。此外,在排斥一般民主的同时,咨询型法治政体已经将自由民主和协商民主的某些基本要素如自主的司法系统,广泛的社会咨询系统,受法律充分保护的言论、出版、集会和结社自由等列为自己的主要制度支柱,因此其理论体系存在着内在的矛盾。合作主义国家模式说将权威主义国家看作是一种恒常的政体形式,而国际和国内学术界更加倾向于将权威主义政治看作是一种阶段性的和过渡性的政体形式,它终归要走向民主政体。民主的国家制度建设说强调国家能力建设优先,具有国家中心论的倾向,对公民社会的能力建设及公民社会与国家协商合作等民主治理理念重视不够。增量民主说对协商民主也存在重视不够的问题。民主的法治型体制强调党内民主而对人民民主特别是基层民主建设重视不够。①

经过20多年的政治改革,中国社会在政企分开、政经分开和社会自治方面取得了很大的进展,基本上实现了政府和国有企业的分开,同时也保持了政府和非国有企业之间的必要的距离,实现了政治和经济分开。随着基层民主建设的逐步深入,村民自治取得了骄人的成就,城

---

① 何增科:《渐进政治改革与民主的政治转型》,中国选举与治理网。

市基层社区居民自治也开始起步。随着国家职能的收缩和私人部门的发展,各类民间组织和社团也获得了长足的发展,同时国家对公民社会仍然保持着强控制,后者同时兼有官方和民间的双重特征。

在看到政治体制改革取得的成就和进展的同时,我们也要对政治体制改革相对滞后所引发的一系列问题保持警惕:政治体制改革至今仍是一种根据经济体制改革需要而有选择地进行的适应性改革,政治体制改革各部分之间进展很不平衡,党政领导体制改革、决策机制改革、司法体制改革、权力监督制约机制建设相对滞后,选举民主仍停留在村级自治组织层次,公民政治参与制度化水平不高。政治体制改革相对滞后导致群体上访等非制度化政治参与行为日益频繁化和激进化,基层党群干群关系日趋紧张等等。其中,腐败问题就是转型期中国所面临的一个十分突出的问题,目前公众对这个问题的关注程度仅次于失业问题而高居第二位。

胡鞍钢和过勇就四个国际组织五种腐败评价指标即透明国际的清廉指数和行贿指数(Bribe Perception Indicator)、世界银行的腐败控制指数(Control of Corruption)、世界经济论坛的全球竞争力报告(GCR)指标、瑞士洛桑国际管理学院的世界竞争力年鉴(WCY)指标进行了综合分析,得出两个结论,其中一个是:中国已属于世界上腐败比较严重的国家之一。

表 7.3 1980—2001 年透明国际关于中国的清廉指数

年 份	1980—1985	1988—1992	1993—1996	1997	1998	1999	2000	2001
清廉指数	5.13	4.73	2.43	2.88	3.5	3.4	3.1	3.5

(资料来源:透明国际网站)

表 7.4 中国在 5 种腐败指标中的排名情况

腐败指数	数据年份	样本国家数	中国得分	中国的排名
清廉指数	2001	91	3.5	57
行贿指数	1999	19	3.1	19

续表

腐败指数	数据年份	样本国家数	中国得分	中国的排名
世行控制腐败指数	2000	151	−0.289	82
GCR贿赂和回扣指数	1998	59	3.53	31
WCY贿赂和腐败指标	1999	47	2.222	37

（资料来源：胡鞍钢和过勇：《我国属于世界上腐败比较严重的国家之一——从国际视角看我国的腐败状况》）

另一个结论是：改革初期中国的腐败状况尚不严重，但随后迅速恶化，到20世纪90年代中期已经极端严重，近年来腐败蔓延的势头有所遏制，但仍属于腐败比较严重类型的国家。

所有这些都对现有政治体制形成沉重的压力。建立长效的、动态的政治稳定机制，遏止日益猖獗的政治腐败与促进经济发展和社会公正成为了推动政治改革的强大的内在动力。

表7.5 中国转型期腐败行为的构成要件

腐败行为主体	公职人员个人	具备或不具备法人资格的、拥有公共权力或资源的单位、部门或行业
腐败行为动机	谋取各种物质的或非物质的私人利益	谋取单位利益、地方利益或部门利益
腐败行为手段	利用职务上的便利来实现私人目的	利用法定的机构性权力或国家赋予的公共资源实现局部利益
腐败行为方式	违反法律规范以权谋私	违反公认的道德规范但有合法外衣的以权谋私
腐败行为后果	侵害公私财产，侵犯公民权利，危害国家正常管理活动	侵害对象相同，但危害性更大

表7.6 中国转型期政治腐败的类型划分

划分依据	具体分类		
腐败行为主体的性质和数量	个体腐败	群体腐败	
腐败行为主体的层级分布	基层腐败	中层腐败	高层腐败
腐败行为的多发领域或部门	经济领域	政治和行政领域	社会领域
腐败行为的动机	因公型腐败	徇私型腐败	逐利型腐败
腐败行为的制度性成因	传统型腐败	过渡型腐败	现代型腐败
腐败交易双方得利情况	互惠型腐败	勒索型腐败	
腐败行为后果	轻微腐败	一般腐败	腐败犯罪
人们对腐败行为的宽容程度	白色腐败	灰色腐败	黑色腐败

表7.7 改革开放以来全国纪检监察机关查处党政干部情况统计

不同阶段	查结案件数(件)	受党纪政纪处分总人数(名)	县处级以上干部数(名)
1982—1983年4月	13.1万	38 500	缺
1983年冬—1987年5月	缺	67 613	缺
1990—1992年	65万	60多万	16 005
1993—1997年3月	63.38万	63.2万	20 000
1998—2001年	59.47万	60.20万	21 302(县处级19 671,地厅级1 565,省部级66)人

(资料来源:何增科:《中国转型期腐败和反腐败问题研究》)

表 7.8　1980—2001 年全国检察机关查处贪污贿赂等犯罪案件情况一览表

年份	查处案件数(件)	大案要案数(件)	查处总人数(名)	县处级以上人数(名)	挽回损失数(亿元)
1980	7 000	89(贪污)	缺	缺	缺
1981	31 000	缺	缺	缺	缺
1982	32 605	2 512	24 636	缺	缺
1983	缺	缺	缺	缺	缺
1984	22 000	2 100	15 000	缺	0.90
1985	28 000	6 200	19 000	缺	2.68
1986	49 577	13 888	7 219(自首)	700(件)	8.00
1983—1987	155 000	30 651	缺	1 500	16.30
1988	21 100	2 900	19 083	190/4(地市级)/0(省部级)(下同)	4.23
1989	58 926	13 507	19 406	875/70/2	4.82
1990	51 373	11 295	23 344	1 188	8.10
1991	46 219	11 894	24 176	924/34/1	5.00
1992	36 700	9 526	9 809	1 452/65/2	3.65
1993	56 491	27 914	19 357	1 037/64/1	22.00
1994	60 312	28 626	39 802	1 827/88/	34.00
1995	63 953	29 419	12 835	2 262/137/2	49.00
1996	61 099	34 879	13 530	2 699/143/5	67.80
1997	145 497	48 066	54 805	2 903/265/7	56.30
1998	35 084	1 733 (50万以上)	40 162	1 714/103/3	43.80

续 表

年份	查处案件数(件)	大案要案数(件)	查处总人数(名)	县处级以上人数(名)	挽回损失数(亿元)
1999	38 382	13 969	缺	2 200/136/3	40.90
2000	45 113	18 086	缺	2 680/184/7	47.00
2001	36 447	1 319（百万以上）	40 195	2 670/缺/6	41.00

思 考 题

1. 政治发展与政治现代化的内涵。
2. 简评中国的政治现代化进程。
3. 政府的作用体现在哪些方面？

相关阅读书目

《二十世纪西方现代化理论文选》，上海三联书店 2002 年版
潘维：《法治与中国未来政体》，《战略与管理》，1999 年第 5 期
亨廷顿：《变化社会中的政治秩序》，三联书店 1996 年版
罗荣渠：《现代化新论续篇》，北京大学出版社 1997 年版
许纪霖：《中国现代化史》，上海三联书店 1995 年版
《剑桥中华民国史》，中国社会科学出版社 1993 年版
罗荣渠：《现代化新论》，北京大学出版社 1993 年版
尹保云：《现代化通病》，天津人民出版社 1999 年版

第八章
政治发展的相关问题

政治发展实际上是一种理性化的发展进程,至少包括以下层面:建立主权民族国家并实现国家权力制度化,国家政权世俗化,政治的民主化等等。影响这些层面的因素很多,各种关系处理得好不好,将直接关系到各种期望值能否实现,政治现代化能否顺利推进。

第一节 政治发展与经济发展

对于后发国家来说,经济发展和政治发展孰先孰后历来争议不断。

有的学者倾向于强调经济发展优先。罗斯托认为,在现代化经济起飞之后,经济发展是关键,经济问题的解决对于现代化的进程、现代政治体制、现代化的深入推进等都是相当重要的。布热津斯基认为经济落后容易导致"精英主义"和官僚权力的扩大。勒纳也认为经济增长必须开始在政治发展之前。亨廷顿指出,与政治现代化关系最密切的因素有两个:一是社会动员;一是经济发展。因为社会动员涉及到个人、组织和社会渴求的变化;经济发展涉及到个人、组织和社会能力的变化。[①] 利普塞特也把经济发展看作是民主政治的前提,"为了保证有效的文官制度,同样也需要国家财富达到一定程度。国家愈穷,愈强调裙带关系——亲戚朋友的支持。这样,反过来就会减少发展现代民主

---

① 亨廷顿:《变革社会中的政治秩序》,三联书店1996年版,第34页。

国家所要求的有效官僚政治的机会"。①

但也有不少学者持相反观点,如奥甘斯基认为政治发展必须优先于经济增长。阿尔蒙德和鲍威尔等结构功能论者也不把经济作为政治发展的决定性前提:"推动经济和社会发展的力量不一定推动政治发展……政治发展有时也并不是在经济和社会变革的条件下发生的,而是在其他一些条件下促成的。"他们认为,政治现代化就是高度的结构或角色分化,而角色分化有三个途经:第一个途经是"由于外部压力而设立新的角色";第二个途经是"通过富有创造力的领导进行的";第三个途经是"使现存结构适应新情况"。②

这些争议的观点,实际上说明了经济发展与政治发展之间关系的复杂性。艾森斯塔德认为:"经济与政治发展相互之间的关系既复杂又自相矛盾。与以往文献中常见的天真见解相反,这两者总是相互陪伴和相互加强,新近的事实说明,至少在现代化稍后阶段,它们可能相互对立。"③缪尔达尔在《经济理论和不发达地区》中也强调经济发展与政治发展之间关系的复杂,提出了"循环因果关系"的概念。总之,政治发展与经济发展是无法截然分开的。现代化作为一个系统工程,其相关因素都会互相发生联系,影响着现代化的方方面面。

一、政治民主与经济发展

从比较政治学角度看,主要有三种关于政治民主与经济发展关系的理论:④

第一种就是冲突说,认为政治民主、经济增长、社会公平等任务在发展过程中不但不兼容,反而有明显的矛盾冲突。主要包含三个相互关联的观点:一是不稳定不成熟的民主政体常造成政府运作功能上的错位而影响经济增长;二是民主政体在很多情况下并不能有效地实施促进经济增长的必要政策;三是当今世界发展的历史环境要求发展中

---

① 利普塞特:《政治人:政治的社会基础》,商务印书馆1993年版,第45页。
② 阿尔蒙德和鲍威尔:《比较政治学:体系过程和政策》,第25、157—165页。
③ 艾森斯塔德:《现代化:抗拒与变迁》,人民出版社1988年版。
④ 参见朱毓朝:《政治民主与经济发展的关系》,雅虎网。

国家一定要具备集中的决策能力和有效的政策手段来实施"赶超"战略,否则在激烈的国际市场竞争中不可能取胜。民主政体在这方面先天不足,因为民主制度要允许不同社会集团利益的多元化,这样政府与社会集团、社会集团与社会集团之间的矛盾冲突必然削弱民主政府的集中能力和决策效力。如阿连德执政时的智利,其政治制度的自身缺陷在某种程度上制约其经济增长,民主政权未能有效地促进经济增长,最终引发军事事变。阿连德总统也以身殉职。

第二种理论是和冲突说直接对立的"兼容说",认为政治民主与经济增长、社会公平等目标之间,是互相兼容并且可以互相促进的。政治民主能够保证广大民众的参与,而广泛的参与和政治自由的结合,能促进社会分配的公平,也能推动经济的不断增长。总之,政治民主即使不是与经济发展完全同步,至少也应该是相辅相成的。持这种观点的人批评"冲突说"实际上是在为发展中国家的专制政权剥夺公民最基本的人权自由和掠夺国家财富的政策提供合法性辩护,从根本上来说是反民主的,在理论上和政治实践中都有很大的危害作用。不过"兼容说"的批评者则认为,"兼容说"表面上理论性比较完整,但其内在逻辑却相当简单化,且缺乏有实际例证支持的有力分析,在发展中国家里很少有经济增长与政治民主同步发展的例子。

第三种理论是"怀疑说",认为在政治民主与经济发展之间,并没有什么必然的直接的因果连带关系,两者之间既不总处于冲突状态,也不总处于协调状态。这种理论强调,在民主与经济发展的相互关系上,政治制度本身并非关键。在比较专制的政权下和在比较民主并有广泛政治参与的政权下,都有过经济发展的成功和失败的情形。重要的是,应当分析不同的社会发展水平、经济发展战略、文化传统与政治制度的关系,特别是政府对经济的干涉程度和卷入方式、工业化的途径及战略、政党关系以及文化传统等条件,"怀疑说"认为,这样才能对政治民主与经济发展的相互关系提供有说服力的理论解释。

索儒森认为,在发展中国家里威权或独裁专制政权与民主政体在政治参与、经济发展和社会福利方面可以有不同的变量组合。不同的政治体制可以和不同的经济政策组合,而产生不同的社会经济结果。

他以中国和印度作为研究对象。中国不是自由民主政体,而印度则被看作是世界上最大的议会民主国家。

他的分析发现,中国在社会发展总的指标方面要明显超过印度,比如在经济发展的绝对水平、社会分配的平均程度、社会福利的范围、贫困人口的比例等方面。而中国曾发生过极端偏激的经济发展政策失误,导致了毛泽东的大跃进政策所引起的大饥馑。阿玛蒂亚·森在他赖以成名的对大饥荒的研究中指出,在有民主政体、特别是新闻自由的社会,历史上从未发生大饥馑;只有在独裁专制政权下才会发生大饥荒。他认为,正是因为缺少新闻自由和反对党的挑战,中国的极端错误的政策才未能得到及时的纠正而导致了灾难。① 不过,印度的社会政治结构虽然表面上是民主政体,但仍然存在着严重的不平等。社会上层精英实际上垄断了统治权力,在相当长的一段时间里甚至由一个家族(尼赫鲁—甘地家族)长期主导国家的政治权力,而由工业资产阶级、富裕农民和官僚阶层结成的同盟,保证了精英集团的政治经济利益不受侵犯。在精英同盟的主导下,议会民主的政府也未能提供广泛的社会福利计划和财富再分配政策来帮助贫困阶层,所以到今天为止,印度还有近 40% 的贫困人口。

通过中印的对比可以说明,在发展中国家里,何种政治体制对社会经济发展更有利是一个无法获得简单概括的规律和广泛通用的结论的。政治民主与经济发展并没有一定的因果关系,其间存在着一些重要的变量。主要有三:一是政治精英的作用;二是民主政治文化的培养;三是外部环境的影响。政治民主可以推动经济发展,但不稳定、不成熟的民主制度也可能阻碍经济的发展。简单地用民主制度为标准来指导政治改革会产生迷思。其次,民主制度既不是完美的政体,也非唯美主义的空中楼阁,而是一种与人类社会根本的社会公正原则相应的政权形式,是一种在一定条件下应运而生的政治安排。因此,一个没有

---

① 阿玛蒂亚·森:《民主的价值观放之四海而皆准》,《当代中国研究》(美国),2000 年第 2 期。不过,森以前也曾批评性地指出,印度每八年因为营养不良或其他与贫困相关的疾病而导致的高人口死亡率所造成的死亡人口,与中国六十年代大饥荒所死亡的人口数目相当。

变化的传统型政体、或者一个官僚膨胀而腐败的政权,显然是经济发展和社会创新的巨大阻力;而在一个经济落后的国度里,没有教育的普及,没有中产阶级的勃兴,民主政治的发展也不可能实现。经济发展的要求、社会结构的条件、政治力量的特定组合才是政治民主的关键。尽管如阿玛蒂亚·森所说,民主的价值观已为人类社会广泛接收,但毕竟民主还只是人类选择的一种到目前为止相对较优的统治方式。经济发展的要求、社会结构的条件、政治力量的特定组合才是政治民主的关键。

表 8.1 民主政府和财富、工业化、教育、城市化的指数的关系

国家	按人口的收入	农业中男性的百分比	初年级以上学校的人数(‰)	大城市百分比
欧洲				
较多民主	659	21	44	38
较少民主	308	41	22	23
拉丁美洲				
较多民主	171	52	13	26
较少民主	119	67	8	15

(资料来源:利普塞特:《政治人》)

二、国家干预与政治稳定

自从国家产生以来,社会生活就不再是自发进行的,而是打上了政治的烙印,留下了国家干预的痕迹。由于后发国家的经济现代化属于"自上而下的动员式",因此,政府的作用就成为现代化的关键。

在对不同类型的现代化进程进行比较中,许多著述都特别注意到的一个问题,即现代化进程中政治与社会经济发展的关系,尤其是晚近现代化进程中市场与国家政权作用的关系。以英国为原型的西方早期现代化是以现代私有制为基础,以自由市场为杠杆,新生的资本主义经济因素很少受到政府的干预,然而,国家在推动资本原始积累、开拓海外殖民地等许多方面,都起过重要作用。晚近现代化在其启动阶段,非

经济因素的作用大于经济因素的作用,其中最突出的是国家即中央政权在推动经济增长与社会变革中作用重大。东亚的经济奇迹举世瞩目,其成功的经验之一,是国家宏观调控性的引导与竞争性的市场机制两者的结合。

强大有力的国家权威可以在政治体系面临强大外部压力的情况下,有效地动员各种有限的社会资源,保持其独立性;权威政治可以有效地整合国内各种利益集团的不同利益要求,化解反对势力对现代化进程的干扰,保持政治秩序的稳定进而实现富国强兵的目标;只有权威政治才能有效地运用手中的政治权力去克服市场机制自身无法克服的缺陷,保证基本法则和市场竞争规则的实施、实现市场机制的正常运行。亨廷顿在其《变化社会中的政治秩序》一书中的"强政府"的观点,就是在考察了欠发达国家的现代化进程频频发生政治动荡这一普遍现象后提出的。他认为,要根除欠发达国家现代化过程中产生的内部的政治动荡和政治腐败,必须建立起强大的政府,舍此别无他路可走。只有一个强大的政府,才能保证欠发达国家的现代化过程中所必需的政治稳定,使其现代化顺利发展。

海伽德认为,如果把东亚发展与拉美经验作个比较,东亚经验更能说明政权性质与一定的发展方向和工业化战略有紧密关系。[1]

日本的现代化起始于19世纪60年代的明治维新。此后一直到第二次世界大战结束以前,其现代化过程中一直有一个非民主的权威政治在起着领导作用。虽然日本明治维新后建立的是一种君主立宪政体。但是,宪法对君主没有制约作用,执政者的政治行动只要冠之以君主的名义便具有合法性。这样,使得实际上的独裁主义的家长制与形式上的近代西方立宪主义结合起来,使其权威统治得到了一种合法性。另外由国民选出的代表参加的正式机构——国会——对决策所起的作用,不如政治领导层的意见重要。"实际上,它是有才华的领导人的寡头统治,这种情况一直延续到20世纪初"。[2] 日本的现代化表明,这种

---

[1] Stephen Haggard, Pathways from the Periphery: The Politics of Growth in the Newly Industrializing Countries, Cornell University Press, 1990. 9.

[2] 布莱克等著:《日本和俄国的现代化》,商务印书馆1984年版,第197页。

权威政体在维护国内秩序安定、对付外力挑战等方面起到了重要的作用。虽然战后的日本实行多党制，但实际上在很长一段时期直到今天，日本仍然是自民党一党独尊的政治格局，这是日本政局得以长期稳定并保持其经济高速发展的一个重要原因，间接地体现了一种权威政治对现代化的功能。

韩国的权威政治形成于20世纪的60年代。军人出身的朴正熙通过政变建立了以军队为后盾的军人政权。在度过了初期的内外交困产生的不稳定之后，朴正熙逐渐形成了具有合法性的宪政形式的权威政体，这种权威政体一直延续到第二代军事强人全斗焕，直至20世纪90年代初期的卢泰愚执政还是一种军人政权。在此期间，韩国一直推行着以强大权威作后盾的现代化政策。20世纪60年代韩国的现代化政策是"不惜任何代价的增长"、70年代是"增长第一"、80年代调整为"公平中求增长"，近几年又调整为"为提高生活质量而实现增长"。① 这些不同于西方放任自由政策的以权威政治为后盾的现代化政策，使得韩国的现代化取得了举世瞩目的成就，从1962年至1987年，韩国经济以每年8.4%的高增长率递增。②

中国的台湾地区，在蒋介石、蒋经国父子统治的近四十年的历史过程中，形成了一种准军事化的权威政治体制，并推行相应的经济和社会发展的现代化政策。在新加坡实行的是一种"强人政治"，它是一种以议会政体为形式的权威政治。李光耀的新加坡政权所推行的各方面战略计划，也是以权威政治为后盾的。

以上的经验描述表明，东亚国家和地区在自身现代化发展过程中，形成了具有共同特征的一种发展模式，它既不同于西方放任自由的现代化模式，又不同于旧式的中央集权模式，这种模式是东亚国家地区在推行现代化过程中的制度创新，被称之为现代化"权威政治"模式。东亚权威政治模式在现代化过程中的主要功能，罗荣渠将其归结为：保持发展中的较高的政治稳定，增强社会的内聚力，制定维护主权与独立

---

① 宋丙洛：《韩国经济的崛起》，中译本，商务印书馆，转引自罗荣渠等编：《东亚现代化、新模式与新经验》，北京大学出版社1997年版，第18页。
② 萧功秦：《东亚权威政治与现代化》，载《战略与管理》，1994年第2期，第28—34页。

的工业化计划,采取保护民族经济政策、保证社会公平与福利,促进社会整合等等。

因此,一个后发展国家要想获得现代化的成功,必须在市场的世俗化与传统形成的公认的价值内核之间寻求一种平衡。一方面,一个国家世俗化倾向的扩展,将使一个政治体系暂时或长期地处于一种失范无序的混乱状态,严重者将引起政治社会的动荡。另一方面,传统的倾向将利用自身的力量对世俗化及其造成了的失范或无序的倾向进行制约。一个社会现代化的成功往往取决于在这两种对立的倾向发展中寻找一个平衡点,既不能过分抑制世俗化而导致现代化的停滞和顿挫,又不能不受传统价值内核的约束而使现代化任意发展导致社会的无序状态。一个权威政治的重要关键功能就是在这二者的对立中保持一种平衡,既使得现代化顺利开展,从而实现社会的进步,又可以使得该社会在发展中保持稳定。

发展中国家的政治与社会的稳定问题,在20世纪50年代就受到发展研究者的关注。首先,发展中国家政治不稳定状况的产生在很大程度上是由于亚非拉各国社会发生了急剧的变化,新的集团积极动员参与政治,而政治体制的改革与发展却十分缓慢。贝尔认为,决策是一个权力问题。在任何社会中,关键问题都是:由谁掌权,如何掌权;前者是一个集团概念,后者是一个制度概念。人们如何得到权力,说明了掌权的基础和途经,以及由谁确定人们的位置。

表8.2 阶层划分和权力

	前工业社会	工业社会	后工业社会
资源	土地	机器	知识
社会活动场所	农场 种植园	公司企业	大学 研究机构
统治人物	地主 军人	企业家	科学家 研究人员
权力手段	直接控制武力	间接影响政治	技术和政治力量的平衡 选举权和权力

续 表

	前工业社会	工业社会	后工业社会
阶级基础	财产　军事力量	财产　政治组织　专门技术	专门技术　政治组织
取得保险的途经	继承　武力夺取	继承　赞助　教育	教育　动员　吸收

(资料来源：贝尔：《后工业社会的来临》)

其次，在相当长时间里，发达国家与发展中国家政治发展观念的局限性。一般认为，现代化国家应首先实现经济发展，继而实行社会变革，而政治稳定是前者一种自然和必然的结果，发达国家则认为，经济援助促进经济发展，经济发展继而促进政治稳定，忽视了社会生活各领域发展顺序的差异性与重要性。

一般而言，社会动员会激起欲望的高涨，经济发展理应提高社会满足这些欲望的能力，也应该有助于减少社会上的挫折感，从而提高政治稳定性。但经济发展本身也是一个引起高度不稳定的过程。托克维尔在阐明法国革命时，对经济发展，尤其是经济高速发展同政治不稳定的关联作过精彩的论述。他说，革命前"这个国家蒸蒸日上，空前迅速的繁荣起来"，但这种"稳定增长的繁荣非但没能使人民安定下来，反而到处激起不安定的情绪"，"正是在法国那些生活状况得到最大改善的地区，民众的不满情绪也最大"。据证实，16世纪宗教改革之前，英国、美国和俄国革命前，经济状况都有类似的改善。同样，墨西哥在连续20年取得惊人的经济增长之后，反而爆发了革命。

第三，发展中国家普遍存在和城乡二元社会经济政治文化心理结构及收入分配的不平等程度之加剧，是第三世界各国社会政治局势动荡不安的又一主要原因。瑞典著名经济学家冈纳·缪尔达尔在研究第三世界存在的贫困现象时提出了一个软政权的概念，他认为南亚国家之所以长期处于贫困状态，软政权是其中的一个重要因素。他概括的南亚软政权的主要特征是：社会成员缺乏立法和具体法律的遵守和实施,他们可以利用手中掌握的各中有限资源,逃避或违反法律的制约,为实现自利的目的进行交易;松弛和随意性为掌握社会、经济、政治大权的并图谋私利的人所利用,一方面软政权提供的可大量利用的机会当然只供上层任意享用,另一方面处于社会下层的成员也常常可以找到这样的机会为自己谋取小利;腐败、贪污、任人惟亲、裙带关系也是软政权的一个显著特征。具有上述主要特征的软政权在政治运作上难以有明显的社会整合功能,常常处于一种动荡状态,难以取得实际的社会绩效。

亨廷顿认为,不稳定是内在于现代化过程本身的。他用三个除法公式说明了政治制度化的重要:① 社会动员/经济发展=社会挫折;② 社会挫折/流动性机会=政治参与;③ 政治参与/政治制度化=政治不稳定。这一组递进的公式最后归结到缩小"政治参与"。他的倾向是反对政治参与的,并且重新解释了"参与"这一概念:"政治现代化包含着全社会各阶层广泛地参与政治。正如极权国家中一样,它可以提高政府对人民的控制力;或如一些民主国家中那样,它可以增强政府对人民的控制力。但是,在所有现代国家中,公民已置身于各种政治事务中,并直接受其影响。"[①]由于强调政治制度化和稳定,亨廷顿对列宁式的政党与政府合为一体的"党国"体制给予高度的赞扬。他认为,政治不稳定国家面临的重要问题是政治制度的发展落后于社会和经济的变革。列宁式政党是强大政党的典范,带来了参与、制度化,既是现代化动员的力量,又是社会稳定的保证。

由于亨廷顿片面强调"稳定"和"权威",受到了许多学者的批评。认为他的理论缺陷主要表现为:① 搞乱了政治现代化的评价标准。有学者认为亨廷顿把政治现代化的首要问题说成是创建一种合法的政治秩序,而不是自由;把"政治参与"概念解释成不是民众对政府的行为进行监督、制约,而是政府通过把民众"卷入"国家组织的机体而控制住他们,以保持政治稳定的观点是错误的,不全面的,失去了对政治现代化的评判标准;② 缺乏经济学的知识,不能深刻领悟到经济的自由体

---

① 亨廷顿:《变革社会中的政治秩序》,三联书店1996年版,第35页。

制的价值,因而忽视了对民主政治的"载体"(即资产阶级或中产阶级以及资本主义生产方式的"物质基础")的思考;③ 缺乏对研究对象的文化、历史、国际环境的考察,仅仅把"政治制度化"作为克服动乱的药方,而忽视了其他措施的选择;④ 缺乏理性执着,实用主义色彩浓厚。把列宁式的政党看成是强大政党的典范,看成是社会稳定的保证,是一种实用主义的做法;其所谓政治不稳定国家面临的重要问题是"政治制度"(指强大的政党组织)的发展落后于社会和经济变革的观点,以及他的所谓"没有政治制度化伴随的经济发展只会导致社会的停滞"的观点,都是错误的。实践证明,恰恰是他认为最制度化的国家(苏联阵营)最后走向了经济的停滞。

总之,如果一个政府没有强有力的政策制定能力、贯彻执行能力、体制创新能力、秩序维持能力、社会整合能力,那么,以政府为主导的社会转型会陷入一种无序、紊乱之中。

三、为政清廉与政治腐败

为政清廉与政治腐败是两个历史范畴,是人类社会发展到一定阶段的产物,是公共权力和国家的伴生物。对于廉政和腐败的内涵,时代不同,社会制度不同,人们的理解也不同。在西方比较流行的是"政治行为规范化说"和"权力文明说"。

"权力文明说"认为:① 廉政就是权力文明,包括廉洁、民主、效率、公平等内容,其实质是政治民主;② 在社会主义国家中,国家的公职人员是人民的公仆,只有赋予人民充分的知政、议政、参政和监督权力,辅之以法律和道德的约束,才能有效地防止和克服政治腐败,实现为政清廉。

"政治行为规范说"认为:① 政治腐败是政府官员为了达到利己的目的而违反社会规范的行为;② 政治腐败的社会条件是,在现代化过程中,由于权力和活动范围的大幅度扩张,因而为官员贪污腐化的产生创造了诸多机会;③ 现代政治腐败的代表形式是权力与物质财富的交换,因此,为了保证国家机器的正常运转,应使官员的政治行为规范化,防止政治越轨行为。

中外历史和现实表明,迄今为止,凡是缺乏权力监督和制约的国家,为政清廉都是偶然而短暂的现象,而政治腐败则是必然和长期的。

新加坡快速的经济发展得益于好政府的权力控制制度。李光耀认为,好政府的核心特征就是"廉洁有效"。"身为一个具有中华文化背景的亚洲人,我的价值观是政府必须廉洁有效,能够保护人民,让每一个人都有机会在一个稳定和有秩序的社会里取得进步,并且能够在这样的社会里过美好的生活,培育孩子,使他们取得更好的表现"。① 为了保证政府官员的廉洁,新加坡采取了一系列措施,一方面制定了公务员高薪制,减少公务员贪污的可能性。所谓高薪就是,一是与各国的公务员相比,新加坡的公务员的薪金是最高的;二是与本国的制造业雇工相比,新加坡的薪金是其平均的几十倍,远远高于世界主要国家的平均数。② 另一方面,制定了严厉的公务员品德考核制度和反贪法,使得公务员不能贪,也不敢贪。新加坡从国情出发的好政府实践取得了成功,主要表现为:① 以较小的成本领导新加坡取得了经济的发展。2000年吴作栋曾举例说,如果新加坡政府领导得好,经济每增长1%,那么国内生产总值就增加14亿元,而调整后部长的薪金总额也不过3 400万元,占1999国内生产总值1 440亿元的0.024%,平均每个新加坡人11元,而新加坡1959—1995年,年平均增长率为10%左右;② 新加坡人和世界相关机构对新加坡政府有很好的信心。20世纪90年代早期,魏尚进在考查14个主要来源国投入到41个接受国的双边外国直接投资以后,使用点估计和BI腐败指标所进行的样本计算表明,如果印度能够将它的腐败水平降低到新加坡的水平,对吸引外国投资的影响将等于把这个国家的税率减少22%,如果菲律宾能够将腐败水平降低到新加坡的水平,假定其他因素不变,它能够将它的投资与GDP比率提高6.6个百分点。

---

① 王子昌:《新加坡好政府实践的社会学解读》,《社会学》月刊2004/5,第78页。
② 吕元礼:《亚洲价值观:新加政治的诠释》,江西人民出版社2002年版,第515页。

表8.3 对政府信心的问卷调查

		同意	保留	不同意
对政府的信心	政府时刻都在寻找最好的方法办事	78	16	6
	政府有治国的能力	88	9	3
	政府坚决履行为人民服务的承诺	83	13	4
	为了国家的利益政府在政治上有决心实现不受欢迎的政策	78	18	4

(资料来源：新加坡《联合早报》1998/06/20)

在当代，反腐倡廉已成为发展中国家实现政治稳定和社会现代化面临的一项重要任务。近年来，一些国际组织在评价各国的腐败状况方面做了大量的调查工作，建立了不同的腐败指标体系来对各国的腐败状况进行衡量和比较，他们的研究结果也逐渐得到了国际学术界的认可，并越来越多地被用来作为评价一些国家腐败状况的重要依据。这里简要介绍几种比较重要的评价体系。

1. 国际透明组织(TI)指标

从1995年开始，由国际透明组织每年提供。透明国际认为，腐败包括三个要素："权力滥用、被委托的权力和私人利益"。因此，透明国际在衡量腐败程度上主要用两种指标：

(1) 清廉指数(CPI)：反映的是一个国家政府官员的廉洁程度和受贿状况。它是以企业界、风险分析家、一般民众为调查对象，据其经验和感觉对各国进行由10到0的评分，得分越高，表示腐败程度越低。

(2) 行贿指数(BPI)：反映一国(地区)的出口企业在国外行贿的意愿。主要数据来源是：通过对大型企业、会计师事务所、商会、主要商业银行和法律事务所的高级主管，以及在跨国企业工作的外籍人士和高级主管进行访谈，获悉主要出口国贿赂高级公务员的情况。行贿指数在一定程度上是对清廉指数的一个重要补充。

根据清廉指数、行贿指数的不同，大概可以把被评估国家(地区)分为以下几类：

比较廉洁的国家：清廉指数在 8.0—10 之间。这样的国家基本上已经控制住了腐败，制度建设比较完善，不存在大量的腐败机会，腐败只是少数政府官员的个人行为。

轻微腐败的国家：清廉指数在 5.0—8.0 之间。这些国家总体来说清廉状况比较好，但仍然存在着一些容易滋生腐败的领域。

腐败比较严重的国家：清廉指数在 2.5—5.0 之间。总体来说这些国家的腐败状况比较严重，由于处于经济、社会转型期，社会发生着急剧的重大变革，存在着大量的腐败机会，腐败问题已经对这些国家的发展构成了严重的挑战。

极端腐败的国家：清廉指数在 0—2.5 之间。这类国家中大部分的政治制度都是十分腐败的，政府在反腐败方面基本上无所作为，腐败已经成为了一种社会风气。

通过这两个指数，透明国际每年对各国的廉洁状况开展一次评估，并按得分多少进行排名，得出备受媒体关注的"腐败排行榜"。一个国家的国际形象好坏，在国际商务活动中的声誉如何，直接关系到本国的国际竞争力，特别是发展中国家，国际形象欠佳，往往失去引进外资的机会。哈佛大学的一项研究表明，根据透明国际公布的"腐败排行榜"，从新加坡的(低)腐败水平到墨西哥的(高)腐败水平，相当于将边贸税率提高了 20%强。而边贸税率每提高一个百分点，一个国家所获得的外国直接投资额将下降大约 5%。

2. 国际商务组织(BI)指标

这个指标基于在 1980—1983 年国际商务组织所组织的一些专家和顾问的调查(通常是一个国家一位专家)，现在由经济学家智囊团进行补充。它根据"商业交易涉及腐败或受到怀疑的支付的程度"，将国家从 1 到 10 进行排列。

3. 国际国家风险支配(ICRG)指标

这个指标从 1982 年开始每年由政治风险部门提出，这是一个私人的国际风险投资部门。根据专家的观点，ICRG 腐败指标试图分析"高级政府官员可能要求特殊支付"的程度和以"进口和出口许可、交易控制、税收评估、警方保护或贷款"等形式的"通常被期望涉及到较低层次政府的非法支付"的程度。

4. 全球竞争力报告(GCR)指标

与 BI 和 ICRG 指标不同，GCR 指标是基于 1996 年公司经理，而不是专家和顾问的调查，它是那个国家所有接受调查者评价的平均水平。这个项目由世界经济论坛(WEF)资助，这个论坛是由以欧洲为基础的大量成员公司组成，并由哈佛大学国际发展研究所(HIID)策划。这项调查涉及到了 58 个国家的 2 381 个公司，根据不规则的程度，与出口和进口许可、商业许可、交易控制、税收评估、警方保护或贷款申请相联系的额外支付，用 1 到 7 来评价腐败的水平。

由于腐败定义的不同和研究视角的差别，各个国际组织用于评价腐败的具体指标也有所不同。在国际上，衡量腐败不是用一种指标，而是用多种指标，目前应用比较广泛的主要有四个国际组织所提供的五种指标：透明国际的清廉指数和行贿指数；世界银行的腐败控制指标；瑞士国际管理发展学院的非法支付、司法腐败、贿赂和回扣指标；世界经济论坛的贿赂和腐败、透明度指标。

这些指标的共同特点是：基于主观感觉，通过问卷调查或访谈的方式来了解人们对于各国腐败状况的评价。但是主观感觉并不仅仅意味着凭着印象进行主观臆断。以透明国际为例，他们在进行调查的过程中，非常注重要求接受调查的人要根据自己的经历，而不是真正的主观印象。因此，对腐败程度的主观感觉程度可以成为衡量腐败状况的一个重要依据。

许多专家近期的系统研究发现，一个国家越腐败，它的发展就越慢。腐败通过减少国内投资减少了外国直接投资，增加了政府支出并扭曲了政府支出的构成，从教育、卫生和基础设施的维持发展转移到了非基础的但是更加容易操作的公共项目，从而阻碍了经济发展。

反腐败斗争必须以各种方式同时进行。虽然法律和法律执行是不可缺少的，但也应加强改革政府在经济中的作用，特别是建立相应的权力监督机制。

第二节 政治发展与大众传媒

大众传媒与政治发展是目前政治发展论研究的热点问题。大众传媒与意识形态之间存在着密不可分的联系——媒介的意识形态功能(角色)是大众传媒的重要和首要的功能。随着传播全球化的深入,大众传媒几乎进入和影响了现代所有的政治场景和政治活动,而另一方面,控制与利用大众传媒早已成为政治行为主体必须考虑的重要政治行为之一。

一、大众传媒理论考察

1. 葛兰西的"霸权论"

葛兰西的霸权理论源于他在长达20年监狱生涯中的广泛阅读和深入思考,是他对20世纪20年代意大利现状进行深刻反思的结果。葛兰西认为:一个社会制度的真正力量并不是统治阶级的暴力或其国家机器的强制性权力,而是被统治者对于统治者世界观的接受。为此,他十分重视对意识形态问题的研究,强调在市民社会、文化和意识形态领域开展斗争的重要性。他的理论观点主要有三个方面:一是领导权之于霸权是至关重要的。由于霸权是占统治地位的集团与居于从属地位的集团之间相互"谈判"的结果,所以它实际上是一个"抵抗"和"融合"交替进行的过程;它绝不是一种由前者自上而下强加给后者的权力。二是霸权的产生、再生产以及转换都应该由市民社会来负责任,而国家则应该对运用高压手段负起责任。三是霸权是知识分子创建的。葛兰西的"霸权论"分析了意识形态对于社会体制和政治变革的重要性,按照葛兰西的论述,要理解大众文化和意识形态的传播,必须从社会秩序或国家形成及维系的过程来了解,因此要推翻资产阶级的统治,就必须颠覆它的"文化霸权",即意识形态的领导权,而在这一过程中,大众传媒成为夺取意识形态领导权的重要工具和场所之一。葛兰西的霸权理论被广泛地用于媒介分析和媒介批判。

2. 法兰克福学派的"媒介控制"论

法兰克福学派的"媒介控制"理论主要体现在对"媒介的被控制"，即"谁控制着媒介"、"为何控制"以及"媒介控制什么"、"媒介如何控制"、"控制的后果"等问题的考察上。媒介的被控制，是指国家对媒介的控制；媒介的控制，指的是媒介作为国家权力的一种舆论控制工具对社会的控制。前者是国家对媒介的控制，后者是国家通过媒介对社会的控制。国家对媒介的控制是对社会进行控制的前提，或者说媒介的控制不过是国家对社会整体实施控制的一个手段而已。法兰克福学派认为，在现代发达资本主义社会中，国家权力对媒介的控制非但没有减弱，反而进一步加强了。霍克海默与阿多诺曾以斩钉截铁的语气说过："广播系统是一种私人的企业，但是它已经代表了整个国家权力……切斯特农场不过是国家的烟草供给地，而无线电广播则是国家的话筒。"马尔库塞也告诫人们，"人们真的能将作为信息和娱乐工具的大众媒介同作为操纵和灌输力量的大众媒介区别开来吗？必须记住，大众媒介乍看是一种传播信息和提供娱乐的工具，但实质上不发挥思想引导、政治控制等功能的大众媒介在现代社会是不存在的。"而媒介之所以会成为意识形态，法兰克福学派认为，这主要有两大原因：第一，是因为媒介具有操纵性，即媒介对人的操纵和控制功能。第二，是因为媒介具有虚假性和欺骗性。法兰克福学派的"媒介控制"理论论述了大众媒介作为意识形态对社会政治和文化的否定性、悲观性。

在大众传媒和政治之间的关系上，首先政治对大众传媒的影响是决定性、占主导地位的，这主要表现在：政治对大众传媒的政治性和阶级性归属具有决定性影响，政治发展状况对大众传媒的发展水平具有决定性影响，政治秩序的良好可以带动大众传媒的繁荣，反之则传媒业也会受到反面影响。其次大众传媒对政治则具有能动性和影响力，这主要表现为：传递政治信息、监督政治环境、统一政治规范、塑造政治形象、传承政治文化以及成为新的政治活动和政治力量出现的导火索和鼓动者。而一个良好的法治环境是大众传媒与政治平衡协调发展的重要因素。刘华蓉认为，民主社会同时应当是个高度法治的社会，通过立法赋予传媒以自由并规定其合法活动的范围，通过立法确定和限制政治权力的权威和行使范围,是保证大众传媒与政治之间的平衡和协调,并在它们之间建立有利于社会发展进步的良好机制的最重要且最有效的方式和途径。英国的学者约翰·基恩激进地解释了媒体对民主的重要性,认为新闻自由的理想正在受到市场竞争和神秘国家权力的破坏,为此,他提出并阐述了公共服务沟通新模式,这种模式"要达到的目标是真正方便全体公民生活,让全体公民民主地生活在国家的法律框架内,让政府向他的公民负责"。

总之,在认识大众传媒和政治的相互关系的同时,必须防止两种错误倾向:一方面,一味强调大众传媒的"文化霸权"作用,无视其对政治的能动性和影响力,扼杀大众传媒对"新闻自由"的理想追求;另一方面,我们也不能过分夸大媒介对政治生活的作用特别是消极否定的作用,把许多社会弊端归罪于媒介和科技本身,而忽视了社会和人为的诸多因素。

表8.4 三个世界对新闻事业的不同看法

		市场经济世界	马克思主义世界	进步中世界
关于新闻事业的目的		追求真理	寻求真理	服务于真理
		尽社会责任	尽社会责任	尽社会责任
		以非政治方法进行告知(或教育)	(以政治方式)教育人民并争取盟友	(以政治方式)进行教育
		公正地为人民服务,并拥护资本主义学说	通过要求拥护社会主义学说而为人民服务	通过寻求与政府合作为人民服务,为各种有益的目的进行变革
		作为监督政府的工具	统一观点,改变行为	作为争取和平的工具
关于新闻事业的信条		新闻媒介不受外界干涉	新闻媒介改变错误的意识,并教育工人使之具有阶级觉悟	新闻媒介是一支联合力量,而不是一支破坏力量
		新闻媒介为人民的知晓权服务	新闻媒介满足人民的客观需要	新闻媒介是有益于社会变革的工具

续　表

	市场经济世界	马克思主义世界	进步中世界
关于新闻事业的信条	新闻媒介公正、客观地进行报道	新闻媒介客观报道事物的现实	新闻媒介旨在用来沟通记者与读者之间的双向交流
	新闻媒介力求获得真理、反应真理	新闻媒介促进实际变革	新闻媒介是社会公正的工具
关于新闻自由的不同观点	新闻自由意味着新闻记者不受外界控制	新闻自由意味着全体人民的意见得以发表不仅仅是富者的意见	新闻自由意味着新闻工作者的心灵自由
	新闻自由是指新闻媒介不屈从于权力，不受权力操纵	新闻自由必须反对压迫	新闻自由的重要性次于国家存亡之重要性
	新闻自由不需要国家新闻政策来保证	需要一项国家性的新闻政策，以便保证新闻自由采取正确的形式	需要一项国家性的新闻政策来对自由提供合法保障

（资料来源：《权力的媒介》）

二、信息与政治发展

大众传媒从出现的第一天起，就深深地介入政治活动。政治斗争最初往往是通过媒介斗争表现出来的，有时传媒就意味着政治本身。尽管交流活动并不是理解政治及其功能的惟一因素，但交流几乎是所有政治功能得以实施的一个必不可少的前提。因此，交流——信息流通就成为政治活动中最频繁、最富有影响力的因素之一。这主要表现为：

1. 信息流量对政治稳定的影响

信息流量对政治稳定的影响主要表现在政治社会化的过程中。政治社会化既是一定政治文化传播和延续的过程，也是特有的政治态度、政治情感、政治价值观和政治认知模式的形成过程。在这一过程中，信息交流是至关重要的环节。阿尔蒙德和鲍威尔认为,大众传媒工具对政治最重要的影响就是使政治事件引人注目。而政治事件所以引人注目,是因为大众传媒工具促进了政治信息的普遍化程度。政治文化交流越频繁,相互渗透就越深,这也意味着政治信息流量越大,同样,在大量信息的冲击之下,文化的分化也越快。因此,对统治者来说,要维护现有的政治权力体系,用自己的政治主张来塑造一种被广泛接受的同质文化尤为重要。要塑造这样的同质文化,就必须用已经取得的合法暴力来阻滞"不良"信息的流通,因为,减少信息流量就意味着减少了危机爆发的可能性,也意味着政治秩序越稳定。所以,为了塑造有利于政治统治的同质文化,权力中心往往把自己重视的一种意识形态灌输下去,决不允许人们自己去寻找或创新。这样,民众只知道服从或赞同,而服从、赞同正是合法性之所在。

西方政治学家林茨曾经指出,威权(专制)体制的特点是政治多元化受到严格限制,社会组织和利益集团的竞争缺乏制度的保障。而限制政治多元化的源头就是遏制政治多元化产生的文化环境,即限制政治信息流通。与威权政治相反,民主政治恰恰需要信息流通。民主意味着公众广泛的政治参与,而公众政治参与的前提是获得相应的政治信息。信息流量越大,公众获得的政治信息就越多,那么,公众政治参与的深度与广度也越大。另外,民众对政治广泛参与的前提是,政治参与者必须掌握一定政治系统中担任特定政治角色的知识、技能,并能形成一定的政治态度、政治情感、政治价值观和政治认知模式。换言之,民主政治合法性的维持需要更大的信息流量。

但信息超量也会对政治稳定产生潜在的危机。这是因为,信息超量将会导致信息污染,在过量信息的冲击之下,社会将产生恐慌和不安,或者对过量信息所反映的现实产生冷漠感和逆反心理,而这种冷漠感和逆反心理则是社会稳定的潜在威胁。

总之,在民主政治中,信息流量越大,政治秩序在多元政治力量的角逐中显得越稳定;而在威权政治中,信息流量越大,政治秩序就越不稳定。

2. 信息网络化对政治的影响

互联网的诞生不仅仅意味着一种先进技术的诞生,而且更重要的是互联网凭借其巨大的技术力量将人类从工业社会带入信息社会。

面对互联网条件下超大规模信息流量的巨大冲击,传统的社会控制机制陷入困境,原有的社会控制力被严重削弱。社会控制的有效性在于社会系统具有保护功能。但是,互联网上的信息自由、顺畅的流动,有用的信息往往被别有用心的人所利用,特别是由于互联网安全制度不够完善,社会成员的身份信息、个人隐私的信息会通过互联网被大量地窃取,这不仅危及到社会成员自身的安全,甚至危及到整个社会的安全和稳定。所以,互联网的普及,大量信息的加速流动实际上是社会加速变迁的另一种反映,信息流动的巨大冲击力也迅速使原有的社会整合机制分崩离析。在新的社会整合机制尚未建立起来的时候,那么,互联网信息的开放性、个性化特点,使网络社会滋生出"我行我素"的原则和"后现代性"的背叛精神,于是,黑客行为、计算机病毒、网络诈骗、网上赌博、网上性交易等一系列问题在新的社会构型中滋生蔓延,并严重威胁着社会安全和政治稳定。而从国际环境看,互联网为某些信息强国推行信息霸权提供了便捷的技术手段,发展中国家在发达国家大量政治信息流的冲击之下,原有的社会秩序将迅速陷入严重的失序状态,使发展中国家的政治稳定和政治控制不得不寻找新的途径。因此,对广大发展中国家而言,过量的信息流通特别是对发达国家信息进入的放任将严重影响这些国家为经济建设做出的努力,破坏这些国家的政治稳定,并对这些国家的政权造成动摇。

第三节 全球化与国家权力

自20世纪90年代以来,随着冷战的结束,市场经济体制迅速向全球扩张,统一的世界市场逐步形成,科学技术的发展大大降低了交通和通讯费用,从而压缩了时空距离,生产、贸易、投资、金融、消费活动的国际化程度日益提高,信息和观念的传播速度日益加快,全球化时代悄然来临。在全球化的挑战目前,首当其冲的是人类生活的基本政治单位——民族国家以及以民族国家为中心建构起来的治理体系。

一、经济全球化的冲击

经济全球化主要体现为市场全球化、资本全球化、跨国公司经营全球化、信息全球化、人员流动全球化等,所有这些方面都对国家的权力构成了严重的冲击。

如人员的全球流动削弱了国家对人口和边界的控制能力,全球化的不平衡发展塑造了当代人口的全球性和区域性迁移模式,人口全球流动的核心是经济因素驱动的向经合组织国家的移民。在20世纪50年代,全球性迁移的目标主要是西欧,后来转向了北美和澳大利亚以及中东。在区域性迁移模式中,新兴工业化国家或地区成为主要的迁移目标。根据美国商务部统计,从1945—1990年间,有1800多万人迁往美国,而从1990—1995年每年有近100万合法移民进入美国。此外,从20世纪80年代以来每年非法进入美国的移民数约为100万—150万。而从1945—1990年,非美国的迁移总量约为8000万。[①] 专业技术人员迁移和投资移民对于迁出国是一种巨大的损失。非法移民的不断涌入则削弱了迁入国对移民的控制能力。通过出国留学、旅游等多种形式进行的全球流动在90年代以来有了很大的增长。仅以国际旅游业为例,1990年国际旅游人数为4.548亿人和旅游支出为2550亿美元,到1995年分别上升为5.61亿人和3800亿美元,另据世界旅游组织估计,到2010年全球旅游者的总数将在10亿人上下。人员全球流动机会的增加提高了个人相对于国家的自主性,削弱了公民对民族国家的忠诚感和文化认同,国家对人员全球流动和领土边界的控制力减弱。同时为了争夺国际旅游者、专业技术人员和投资移民,国家积极采取各种鼓励人员全球流动。

经济全球化对国家权力构成严重的冲击是不争的事实。但对于如何看待民族国家的前途,学术界的看法存在着很大的分歧。一些极端全球化论者提出"民族国家终结"、"国家权力衰落"的论断。如大前研

---

① 戴维·赫尔德等著,杨雪冬等译:《全球大变革——全球化时代的政治、经济与文化》,北京:社会科学文献出版社2001年版,第432—433页。

—(Kenichi Ohmae)提出从四个 I(Investment, Industry, Information technology, Individual Consumenrs)可以看出国界的作用正在消失,民族国家正在终结。美国学者苏珊·斯特兰奇比较全面地概括了受到经济全球化冲击的国家权力的内容。她认为,在经济全球化的各种结构性力量冲击下,国家权力已经中空化,国家已经变成空心的和不完全的机构,国家权力出现了明显的衰落趋势。她指出,经济全球化使十种过去曾被认为是国家独享的权力受到削弱或约束,它们包括:国防的重要性和规模的下降;无法独立维持本国的货币;难以适应资本主义的发展方式;纠正市场波动的能力下降;提供社会保障的能力的有限;征税能力的不足;制定整体发展战略的能力下降;无法独立完成基础设施的建设;无法维持国内市场竞争以及垄断暴力。这些权力受到多方面的冲击,无法再按照传统的方式行使。① 全球化的怀疑论者如赫斯特和汤普森则认为,当代全球化的程度被夸大了,他们批驳"无权力国家的神话",认为国家权力并没有受到削弱,国家政策选择的范围更大了。变革论者认为全球化是新千年推动社会政治及经济快速变革的中心力量,当代全球化正在重组、重构或"重新调整"国家政府的权力、功能以及权威。

尽管经济全球化对国家的权力构成了冲击,但是全球化和国家权力之间并不是一种零和博弈,或者说是一种此消彼长的关系。事实上,20世纪90年代以来,经济全球化进程的加快,在很大程度上应当归功于各国政府的大力推动,政府放松乃至解除管制,实行自由化政策,解放了市场力量,加速了全球化进程。可以毫不夸张地说,国家是全球化的助推器。② 而经济全球化也为增强国家的综合国力从而巩固国家的权力提供了良好的机遇,产生了积极的影响。

为了应对经济全球化对国家权力的冲击,各国政府积极调整战略,

---

① 苏珊·斯特兰奇(Susan Strange),国家的退却(The Retreat of the State),剑桥大学出版社1996年版,转引自杨雪冬著:《全球化:西方理论前沿》,北京:社会科学文献出版社2002年版,第254页。

② 姜琦,夏德才:《试析全球化背景下的国家主权》,《中国矿业大学学报》,2000年第1期,第45页。

通过政治和行政改革,重组和重构国家权力的合法性来源、范围、结构、运行机制和运行方式等。俞可平教授指出,"全球化正在促使各国政府从传统的善政走向现代的善治"。[1]

二、政治全球化的挑战

政治全球化或者说全球政治是指"政治关系在时间和空间上的扩展与延伸,以及政治权力和政治活动跨越现代民族国家的界限、无处不在这样一种现象。在世界某个角落所作的政治决定和发生的政治行为会迅速地传遍世界,并获得世界性的反响。此外,各个政治活动和(或)政策制定中心可以通过快捷的信息传播途径连接成复杂的决策和政治互动网络"。[2] 政治全球化包括政治价值普世化,政治主体多元化,政治决策跨国化和国际合作制度化,政治规制全球化及其约束力强化,政治行为及其影响的全球化等方面。政治全球化的所有这些方面都对国家的权力特别是国家主权构成了严重的挑战。

比如,国际行为主体的数量增多和功能强化,限制或替代了国家权力的发挥,促使国家向政府间国际组织让渡部分主权并与其他非国家行为体分享对全球和区域性事务的管理权。据统计,国际非政府组织数量已经由 1914 年的 1 083 个增加为 2000 年的 37 000 多个,其中将近 1/5 的国际非政府组织成立于 1990 年以后。现在,全世界总共有 2 万多个跨国的非政府组织网络。[3] 根据联合国贸发会议《世界投资报告 2001》提供的数据,2000 年跨国公司的总数已达到 63 312 家,国外分支机构数量为 821 818 家,分别比 1990 年增加了 73.0% 和 369.5%。[4] 各种次国家组织也纷纷登上国际舞台,在全球或区域范围内活动的私人企业和民间组织数量也日益增多。各种社会运动如绿色和平运动、反核运动、女权运动甚至各种反全球化运动,无论其活动和

---

[1] 俞可平著:《全球化与政治发展》,北京:社会科学文献出版社 2003 年版,第 26 页。
[2] 戴维·赫尔德等著,杨雪冬等译:《全球大变革——全球化时代的政治、经济与文化》,北京:社会科学文献出版社 2001 年版,第 69 页。
[3] 引自联合国开发计划署 2002 年人类发展报告《在碎裂的世界中深化民主》(中文版),中国财政经济出版社 2002 年版,第 94 页。
[4] 联合国贸发会议:《世界投资报告 2001》,英文版,联合国,2001,第 10 页。

影响都日益具有国际性并活跃在国际舞台上。冷战结束后,联合国体系、世界贸易组织、世界银行和国际货币基金组织等全球性组织的地位和作用日益重要,这一方面是国家主动让渡部分主权特别是经济主权以便协调对全球事务管理的产物,另一方面也是这些机构在发达国家的支持和操控下本身的权力日益膨胀而对国家权力进行挤压的结果。在其他非国家行为体纷纷登上全球竞技舞台并竞相争取发言权的情况下,民族国家及由其组成的政府间国际组织不得不吸收它们参与全球事务的管理,并与它们分享全球事务管理权。

政治全球化在挑战和限制国家的权力特别是国家主权的同时,也在强化着主权国家的权力。首先,国家在广泛参与各种国际组织对全球和区域性事务的管理的同时,国家权力也在延伸,越过了国家的领土界限而在更广阔的范围内发挥作用。从某种意义上说,国家的权力也在"全球化"。其次,国际合作的制度化增强了国家处理各种跨境问题的能力。例如通过签订国际引渡条约和反洗钱协定,国家打击跨国犯罪的能力大为增强。第三,国家在承担各种国际义务和责任的同时,也相应地享受着国际权利,如得到国际社会的承认,接受国际法的保护,获得国际组织的技术援助和贷款,获得其他国家的协助与合作等。第四,各种非国家行为体包括非政府组织在侵蚀国家权力的同时,也在为国家分担着处理全球性或区域性问题以及提供国际公共物品的责任,国家如能与它们建立合作伙伴关系并善于借助它们的力量,将有助于增强国家的能力。最后,政治交流的全球化使得国家的信息获取途径更加灵敏更加快捷,交流渠道更加多样化,从而有助于提高国家的反应能力。[①]

面对政治全球化对国家主权的多重"挤压","世界国家论"者认为,政治全球化将导致世界国家的出现,国家主权已经过时、消亡或萎缩,应当限制乃至取消国家主权。著名历史学家汤因比认为,"必须剥夺地方国家的主权,一切都要服从于全球的世界政府的主权"。美国法学家汉斯·凯尔逊从主张国际法与国内法的一元论的角度出发,提出了"世

---

① 何增科:《全球化与国家权力》,中国选举与治理网。

界国家"的主张,认为由于国际法高于国内法而发生效力,国家就不再是主权的了。美国国际法协会主席冈瑟·汉德尔指出,"第三世界国家必须调整自己关于各国相互依存和领土主权的观点,以适应处于危境中的世界相互依存的现实,并接受决策权从各国当局向国际论坛和国际机构不可避免的转移"。对世界国家是否是人们应当为之追求的一个理想目标存在着极大的争议,因此世界国家论者为人们展示的国家主权的前景备受争议也就不奇怪了。

"帝国论"者鼓吹人权高于主权,提出主权相对论、主权有限论等论调,为干涉其他主权国家内部事务提供理论依据。帝国论者认为政治全球化的目标是维持帝国领导下的世界秩序,单极世界和霸权政治是这种世界秩序的基础。该理论以"人权高于主权"为原则,宣扬"我们不是为土地而战,而是为价值观而战","国家主权并不及人权和防止种族灭绝重要"等思想。澳大利亚外长唐纳提出,在澳大利亚看来,其他国家的主权是相对的,为澳大利亚干涉别国内政和进行先发制人的打击制造舆论。美国华盛顿国防学院教授特里·戴贝尔认为"禁止干涉内政已成为国家主权基础上的旧制度因素",他公然主张"美国和国际组织应该参与被人们通常认为是主权国家的内部事务"。新干涉主义的论调和超级强国的霸道做法理所当然地遭到广大发展中国家的普遍反对和坚决抵制,阿尔及利亚总统布特弗利卡1999年代表非洲国家在联合国大会发言时抨击以维护人权的名义干涉他国内部冲突的倾向,强调主权是非洲国家"防止出现不平等世界秩序的最后防线"。坚持国家主权,维护国家利益,反对新干涉主义,改变现有的不平等的世界秩序是广大发展中国家的共同心声。

"全球治理"论者认为,在政治全球化的时代,民族国家依然是全球政治中最基本、最重要的治理主体,主权平等依然是全球治理机制合法性的基础,同时主权的范畴需要进行必要的调整和变革。全球治理理论是顺应世界多极化的趋势而提出的对全球事务进行管理的理论。它从19世纪欧洲国际政治中多头政治有效运转的原则中获得理论灵感的源泉。托尼·麦克格鲁指出,"(多层)全球治理指的是,从地方到全球的多层面中公共权威与私人机构之间一种逐渐演进的(正式与非正式)政治合作体系,其目的是通过制定和实施全球的或跨国的规范、原则、计划和政策来实现共同的目标和解决共同的问题"。俞可平教授指出,全球治理是各国政府、国际组织、各国公民为最大限度地增加共同利益而进行的民主协商和合作,其核心内容是健全和发展一整套维护全人类安全、和平、发展、福利、平等和人权的国际政治经济新秩序,包括处理国际政治经济问题的全球规则和制度。

全球治理论者承认当今全球政治中权力分配不平等的现实,正视全球治理中存在的结构性缺陷,提出了改革的建议。为了走向真正的、民主的全球治理,全球治理论者主张深化国家层次和全球层次的民主,民主意味着参与和责任。为此,要为公民社会组织参与国家和全球治理提供制度化途径,同时强化他们的责任性,要推动联合国机构、世界贸易组织和国际货币基金组织等政府间国际组织的民主化,提高发展中国家在这些机构中的代表权,增加这些机构的透明度和责任性。"这一双重的过程——既深化国家层次也深化全球层次的民主——有可能改变全世界人民的生活"。①

总之,全球化是一把双刃剑。游离于全球化进程之外只能被"边缘化"。当然,加入全球化进程,使主权国家特别是发展中国家在获得发展机遇的同时,也面临着多方面的挑战和冲击。只有采取妥善的对策,积极应对全球化的冲击和挑战,才能使发展中国家主权得到巩固和强化。

思 考 题

1. 影响政治发展的因素有哪些?
2. 全球化对民族国家的影响有哪些?
3. 政治发展与经济发展的关系如何?

---

① 参见李强:《全球化、主权国家与世界政治秩序》,《战略与管理》,2001年第2期。

相关阅读书目

布莱克等著：《日本和俄国的现代化》，商务印书馆1984年版

王子昌：《新加坡好政府实践的社会学解读》，《社会学》月刊2004/5

吕元礼：《亚洲价值观：新加政治的诠释》，江西人民出版社2002年版

萧功秦：《东亚权威政治与现代化》，载《战略与管理》，1994年第2期

戴维·赫尔德等著：《全球大变革——全球化时代的政治、经济与文化》，北京社会科学文献出版社2001年版

第九章
文化与人的发展

现代化理论认为：现代化首先是一个文化过程，这一过程包括接受那种与企业家雄心、创造精神、合理性和追求业绩的取向相适应的价值观和态度，并以此去反对传统社会的价值观和生活方式，第三世界各国贫穷和不发达的原因便在于比较缺少现代价值取向所致。我们姑且不谈这一理论的实效如何？能否普遍适用于发展中国家？至少这一理论提醒人们关注经济增长和文化发展的关系。

社会的现代化归根到底是以人的现代化为前提，人的现代化则率先表现为文化的现代化，或者说人的现代化是从文化的现代化起步的，这是一个无法回避的问题。文化与社会发展的关系日益成为了人们思考的焦点和发展理论研究的重点。

第一节 文 化 发 展

从文化的意义上讲，现代化就是走出中世纪，走出封建社会经济局限与思想束缚，是人在封建社会背景下观念意识、生存形态的彻底变革。目前，发展中国家在由农业社会向工业社会、由传统社会向现代社会的转变过程中，文化的因素和价值观的转变已经成为发展和社会变革的最重要的前提条件和决定性因素。经济发展与文化变革的关系，文化增长的结构、欧亚文化变迁趋势的研究已成为发达国家和发展中国家所主要关切的发展问题。

如大卫·阿帕特集中注意的是，建设现代化的各个社会中反映出来的促进变革的因素和意识形态、动机、流动性,而韦伯关注价值观与行为之间的联系。帕彼特·西奈的研究开始注意到现代化所发生的传统文化背景,并提出了那些在其文化遗产中见不到有目的的组织的社会,能否指望发展出将其体制适应于现代化功能的能力。在他的《评社会变革论:经济增长如何开始》中,首先集中注意到心态的变革。佩鲁指出,如果我们不从理性和精神的更高层次上去认真对待政治上与经济上的各种争论,那么,对各种发展问题的解决就难免是肤浅的。托夫勒也指出,在未来发展中文化具有"至高无上"的意义。发展越来越被看作是社会灵魂的一种觉醒。

一、文化的界定

何谓文化,这是一个长期争论不休的问题,其现代含义也相当复杂。文化一词的社会学意义,是19世纪以来随着社会学、人类学的发展而赋予的。

爱德华·泰勒于1871年出版的《原始文化》一书中,第一次把文化作为一个中心概念提了出来,并将其涵义表述为:"文化是一种复合体,它包括知识、信仰、艺术、道德、法律、风俗,以及其余从社会学上学得的能力与习惯。"泰勒所说的文化概念包含的内容相当广泛,除了所列指项外,还有社会制度、社会组织等等,无不涵盖在文化之中,但缺少物质文化的内容。奥格本、维莱等人为此进行了修正,补充了"实物"的文化现象。因此,泰勒的文化定义给后来的学者研究文化现象界定了一个基本的范围。随后,不少民族学家、社会学家、人类学家等给文化重新下过定义。克鲁伯和克拉克洪曾分析列举了160多种文化的定义,并把文化的定义按其侧重点分为列举描述性的、历史性的、规范性的、心理性的、结构性的和遗传性的六大类。概括地说,文化是人类创造的不同形态的特质所构成的复合体。①

文化的分类也同样众说纷纭。如马凌诺夫斯基根据文化的功能,把诸文化现象分为四类:① 物质设备;② 精神方面的文化;③ 语言;

---

① 司马云杰:《文化社会学》,中国社会科学出版社2001年版,第9页。

④ 社会组织。美国的奥格本把文化的功能与产生结合起来,首先把诸文化现象划分为物质文化与非物质文化,然后在非物质文化中又划分出宗教、艺术一类精神文化和规范人类行为的制度、习惯一类调适文化。事实上,最通俗的划分方法就是物质文化与精神文化之分,而精神文化的核心结构就是价值观。

表 9.1 文化诸现象分类表

文化形态类别		文 化 范 畴
第一类文化	智能文化	科学与技术知识等
	物质文化	房屋、器皿、机械等
第二类文化	规范文化	社会组织、制度、政治和法律形式、伦理道德、风俗习惯、语言、教育等
	精神文化	宗教信仰、审美意识、艺术、文学等

(资料来源:司马云杰:《文化社会学》)

二、文化的理论考察

从 19 世纪中叶起,文化成为人类学家的中心议题,一门专门研究文化发展的学科——文化学也应运而生了。进入 20 世纪以后,逐渐形成了国际性的文化学研究热潮,形成了诸多理论学派。现择其一二予以介绍。

(1) 文化进化论,或曰早期进化论、古典进化论。从 19 世纪斯宾塞、泰勒等人的实证主义社会学的文化研究到 20 世纪四五十年代新实证主义文化社会学,都属于这种观点。代表人物是泰勒和摩尔根。其理论核心是:文化一般是以一种齐一的、渐进的方式发展的;文化的发展主要经历三个基本阶段:蒙昧阶段、野蛮阶段和文明阶段;文化发展的终极原因是由其内部因素决定的。文化进化论由于满足于社会文化发展与生物进化的简单类比,因而未能逃脱实证、经验的研究。

(2) 文化传播论,亦称泛埃及主义学派。这是 19 世纪末与 20 世纪初出现的一种文化理论,主要有德国的文化圈派、英国的传播学派,美国的历史学派也受此影响。代表人物：格雷布内尔、施米特、史密斯等。其理论核心是：文化最初都是在一个地方——埃及这一文化中心产生的，并从那里传播开来。文化传播的形式有三种：一为文化抗拒；二为文化同化；三为文化涵化或文化移入。文化传播的模式有直接接触、媒介接触和刺激传播。文化传播论在进行文化比较研究中是有成绩的，但他们否认人类文化发展的规律性及各民族文化发展的独立性，并且在研究方法上把自然科学与社会科学对立起来，用"个体"分析来排斥普遍的科学研究，因而其结论带有很大的随意性和主观性。

（3）文化功能论。兴盛于20世纪20年代。以涂尔干为代表的"法国年鉴学派"、英国马凌诺夫斯基为代表的功能主义学派，以及20世纪四五十年代以来的结构主义者都持这种观点。其理论核心是：所有的文化特质都是为了满足社会中个人的需要服务的。不同的功能构成不同的布局，文化的意义依它在人类活动的体系中所处的地位、所关联的思想以及所有的价值而定的。由于文化研究存在着形式主义倾向，过分强调文化模式、体系的作用，而忽视文化动态研究，忽视文化的精神理论与人的价值主体性。

（4）文化历史论，或曰历史批判主义、博厄斯学派。该学派兴盛于19世纪末20世纪初，代表人物是博厄斯，其理论核心是反对以心理一致说、单线发展和逐步进化说为核心的古典进化论，主张文化独立论、文化区域论和文化相对论。在西方，文化的发展往往超前于社会经济发展的现实。

（5）文化心理论，或曰文化与基本人格论。这一理论产生于20世纪30年代，代表人物是拉尔夫·林顿和艾布拉姆·卡丁纳。该理论着重理解一个社会系统中文化的组成、传递、延续和发展的心理过程和状况，它侧重于基本个性、民族性或个性模式的研究，它主要对下面三个问题加以分析：① 文化与人性的关系；② 文化与典型人格的关系；③ 文化与个别人格的关系。该理论力图弄清民族性心理因素和处理过程是怎样帮助人们解释文化实践和社会发展活动的。文化心理论在认识文化个性及其具体社会作用方面有其深刻之处，但他们的理论是建立在个人心理基础上的，因而，忽视了整个社会群体对文化发展的影响和作用。

(6) 文化结构论。这一理论的代表人物列维—斯特劳斯。主要研究原始社会群中亲属组织结构、神话结构、思维结构和社会结构。他把通过艺术、礼仪以及日常生活模式、行为结构等方面所表现出来的文化,看作是人类心理状态深层结构。

(7) 文化生态学。兴起于 20 世纪七八十年代,代表人物:朱利安·斯图尔德等。该理论侧重分析文化发展与其环境的相互关系,研究一种特殊的文化特质是如何适应其环境,并力图以此来解释文化的变异和发展。

三、国民性[①]

发展实践证明:现代化进程开始的早晚,发展过程的长短与成功与否,社会经济结构与社会运行机制,决策方式,财产、权力和利益的分配原则,社会规范和社会伦理道德、社会的吸纳力、开放性和社会进步的速度,均与国民性的优劣息息相关。

所谓国民性,亦称民族性、共同意志、社会精神、民德、社会性格,是一个民族或一个国家的基本社会文化精神和普遍的文化价值观。它是一个社会中一般的人格类型,是一个民族的群体人格,是一个国家民族最主要的内在文化特质。国民性是相对持久的个性特征、文化品质和制度结构,它包括国民的政治意识、自我意识、文化价值观念、社会交往准则、最普遍的个性素质、社会心理特征、风俗习惯和道德规范等。

早在 18 世纪,孟德斯鸠、伏尔泰等人就开始研究民族性问题,同时也有学者对英、法、美、西班牙的民族性进行研究。托克维尔是最早试图系统研究民族差别的人。意大利的维科强调民众是历史的真正创造者。赫尔达基开创了民族性的研究。到了 20 世纪初,民族性研究逐步走上正轨。

韦伯在《新教伦理与资本主义精神》中提出并验证了"韦伯式命

---

① 参见刘佐、章程:《发展社会学教程》,第 144—150 页。

题",即现代化首先在西欧的实现是由于有了资本主义精神的文化价值观和民族性。他认为,透过任何一项事业表象,均可以在其背后发现一种无形的支撑,这种以社会精神气质为表现的时代精神,与特定的文化背景有着内在的渊源关系,在一定条件下,这种精神力量决定着这项事业的成败。

英国是世界上第一个工业化国家,其国民性表现为:保守中庸、稳健老练、头脑冷清、信心十足、遵守纪律、爱惜荣誉、宗教色彩浓厚、小心谨慎、处事圆滑、社会责任感强、守旧尚古等,这些是新教伦理的最初和最典型的体现。美国是工业化发展最充分的国家,其国民性包括:个人奋斗、业绩取向、讲究实际、自由平等、重视实效、轻视原则、注重才能、喜欢新奇、勇于冒险、善于创新、勤于发明、效率至上、进取心强等。日本是工业化的后起之秀,起步虽晚,但发展很快,其国民性有:吃苦耐劳、国粹思想严重、坚韧劲足、责任心强、互惠互利、团结互助、危机感强、责任心强、善于模仿、长于改造、内聚力强、适应性强等基本特征。

中国是一个有悠久文化传统的文明古国,文化积淀太多,其国民性具有双重性、趋中性和匀称性的特点。沙莲香在《中国民族性》一书中,将中国人的民族心理结构归结为忠恕、中庸、务实三个主要特质。其中中庸贯穿于忠恕、务实的人格主干,使得中国民族性格中的理想和现实之间的冲突找到了一种调节和均衡,使民族性格富有弹性。当然,国民性中也有许多不足之处,如害怕变革、任人惟亲、安于现状、缺乏法制、爱走极端、缺少创新、缺少规划、选择力差等特征,严重影响了中国的现代化进程和发展。

现代化作为一种文明形态,不仅仅是生产方式的转变或工艺技术的进步,它是一个民族在其历史变迁过程中文明结构的重新塑造,是包括经济、社会、政治、文化诸层面在内的全方位转型。在转型过程中,能够整合社会的关键因素是沉淀在民族心理结构中的价值核心。历史的发展告诉我们:强国先要强民,强民先要强魂。民族之魂是中国立足现在、面向未来的精神支点,有了这个支点,我们才能沿着正确的航道勇往直前,走向世界。

第二节 人 的 发 展

马克思曾把人类历史说成是"自然向人生成"的历史,这在一定意义上表明了人类社会不断走向现代化的历史进程。人创造环境,同样环境也创造人,这是对人的发展与社会发展的内在辩证原则的说明。

一、内涵

以人为中心的社会发展,包括人自身的发展和为人的发展提供保证条件的社会各方面的发展。人的发展是人自身建设的一个过程。在联合国大学开展的"发展的目标、过程和指标"的研究项目中,研究者们提出的定义是:"人的发展是指人在各个生活阶段上的发展,以及个人、社会和自然之间的某种和谐关系的形成,保证人的潜力得到充分发展,而又不使社会或自然受到损害、掠夺或破坏。"这一定义不仅揭示了人的发展的内在本质,也暗示了人与社会发展的某种关系。

阿根廷的马尔曼博士从发展心理学的角度研究了人的问题。他认为,人的发展就是人的潜力的发挥,而人的潜力的发挥就是要解决人生各个阶段中出现的贫困,这种贫困不仅仅是缺乏物质,即经济贫困,还包括存在的贫困、交往的贫困、了解的贫困和生活兴趣的贫困等。这些贫困构成了人生各个阶段的内在危机,解决了这些危机,人就将进入下一个阶段,从而促进人的发展。因此,社会在促进人的发展中,应帮助人们解决他们的危机。马尔曼关注的是个体的发展。事实上,人的一生不仅仅是个体发展的一生,而且也是在生物社会的各种因素影响下发展的进程。

因此,人的发展是人的素质或各种能力成长的过程。它包括三个层次:[①]

一是人的基本需要的满足。这是人的全面发展的基本内容和先决条件。马斯洛把人的需要划分为五个由低到高的层次,即生理需要、安

---

① 梁荣迅:《社会发展论》,山东人民出版社 1991 年版,第 64—66 页。

全需要、社交需要、尊敬需要、自我实现的需要,并认为只有在满足了生理和安全需要的基础上才会产生出其他高层次的需要,而且高层次的需要之间也体现出一种依赖性和发展性。

二是人的素质的提高。人的素质包括身体素质、心理素质、科学文化素质和思想道德素质等不同方面。社会事业的全面发展是人的素质得以全面提高的重要保证;人的素质的高低是社会发展的决定性因素,同时又是社会发展的重要目标。

三是人的潜力的发挥。人的潜力是指人们认识、理解、有意识地干预和规划其所处的现实世界变迁和自然变迁的能力。人的思维能力、创造能力、对日常生活和对社会与自然的认知能力、控制能力均属于人的潜力。这些潜力的发挥是人的发展的最高阶段。社会发展应保证人的潜力得到充分发挥。

当然,人的发展与社会的发展是相一致的。人的发展是社会发展的最高目标,而社会发展的目的也正是为人的发展提供保证条件。从某种意义上说,社会发展的本身也是人的发展的一部分。

哈贝马斯认为,人类进入现代性的社会中时,不能把发展生产力作为奋斗目标,要从根本上摧毁把获取最大的效率和产量作为奋斗目标的工业社会意识,要反对过度消费和异化消费,要控制科技发展速度,缩小生产规模。社会发展体现为以人为中心的可持续发展。迈尔斯在《人类发展的社会指标》一书中也指出:"以人为中心的社会发展是有利于社会各成员的人的发展。"这种发展强调四个方面:第一,社会平等,即人的发展对于所有社会成员都有可能性,也就是每个人都应同样有实现其自身发展的机会,一个人的发展不应以压制另一个人的发展为前提;第二,区域间的平等和国际平等,即一个社会的发展不应以损害另一个社会的发展为前提;在尊重其他社会完整性的基础上,促进本社会成员的发展;第三,关心未来的生存,即不损害后代人的发展,尤其强调要保护国土环境,同时也要尊重那些有助于人们文化个性的历史成就和价值;第四,注重现在,即后代人的发展不应意味着对现在这代人的剥夺,以遥远未来的名义压制现代人是不公正的。迈尔斯还指出,这种发展并不是在可预见的未来中能够充分实现的一种状态,而是我们可以为之奋斗的目标,但通过社会指标可以监测这一发展过程。

如果我们把人类社会自身的改进和创造看作是社会发展目的的话,那么,人的现代化应该是现代化的最深刻的本质。社会是人的社会,人是社会的人。人的现代化一方面必然依赖于社会政治、经济、文化等社会运动的进化;同时,社会现代化的进程,又总是和人自身主体意识的觉醒和主体性的发展、完善相伴随的。

二、人的现代化研究

一个社会的状况,归根到底取决于国民的素质。人的现代化是物的现代化乃至整个社会现代化的前提条件和根本保证。为此,社会学家将视角由物的因素转到人的因素,又由人的因素转为专注于人的内心世界和社会主观意识。

马克斯·韦伯所描述的新教徒的特点,如注重现实的利益、精于计算、辛勤工作、把牟利赚钱看作"天职"、避免非理性的消费、在生活中保持禁欲苦行主义的原则等,可以看作是他对"现代人"的一种概括。尽管这是古典资本主义时期的资产阶级(中产阶级)的形象,却可以从这些描述中看到,现代人与传统人有着重要的不同,即:现代人具有功利主义的或现世主义的态度。现代人是工具理性化的人,理性地追求现世的物质的和精神的目标。帕森斯的五对变项,既可以用来分析一个社会、一个单位的状况,也可以用来分析一个人的现代化程度。按照他的标准,一个现代人,应该具备注重个人利益、坚持普遍标准、工作时不带个人情感、承担专业化的角色、成就取向等特点,只有这样,他才能被现代的社会系统所容纳而承担适合的角色。

在经典现代化理论创立时期,最早对人的现代化作专门研究的是里斯曼。他在1953年出版的《孤独的人群》中,通过对美国人的特点的研究,提出了"传统倾向"、"内部倾向"和"其他倾向"等概念。在他看来,"传统倾向"的人依赖于习惯和古老的惯例。这些习惯和古老的惯例告诉他应该如何行事。他在自己的社会集团里生活得很容易,因为一切事都有固定的习惯格式,而一旦出了这个集团就成为"陌生人",被不熟悉的事物搞得无所适从。"其他倾向"的人则是另一个极端。这种倾向的人把个人与直接环境间的冲突最小化,容易从一个原始团体转移到另一个原始团体,变色龙似地接受新转移的环境。处于二者之间的是"内部倾向"。具有"内部倾向"的人从传统行为方式的规范中挣脱出来,同时,他认为没有必要使自己的行为与所接触的新团体的规范完全一致。他有自己的早已经高度内化了的一套行为规范,走自己的路,不受其他干扰。无疑,"传统倾向"就是传统人的特征,"内部倾向"是现代人的特征,而"其他倾向"则是20世纪中期以后美国社会进一步发展而出现的一种人格特征。里斯曼指出,这三种倾向并不相互排斥,而每个人却可能偏重于其中的一种。他还指出了"倾向"与人口状况之间的关系:"传统倾向"与相对稳定的人口状况相联系,高出生率和高死亡率;"内部倾向"与人口的高增长的潜力相联系,死亡率急剧下降而大大低于出生率;而"其他倾向"则与再稳定化的人口状况相联系,出生率和死亡率都很低。

D·麦克莱兰沿着韦伯的"资本主义精神"和熊彼特的"企业家精神"的思路对现代人的成就心理作了研究。尽管他看到"种种外在因素"的重要,但是他更重视人的"价值观和目的动机",因为这些心理因素使人们去寻找机会,利用职业条件;简言之,塑造自己的命运。在他看来,"成就需要"是现代人的突出特点。成就需要使社会能够出现有能力的企业家,而这又推动了快速的经济发展。清教徒的企业具有高度的成就需要,这使欧洲的新教国家获得了高速的经济增长。成就需要同个人主义是联系在一起的,这样的心理在不同时代、不同文化的国家里都有,但其程度和范围却有差别。他在对东南亚与中国的比较研究中指出,中国政府能够取得比印度政府更好的经济成绩,因为中国社会中有更多的个人主义和更高的成就需要。①

英克尔斯的研究小组在长达两年、涉及六个发展国家(阿根廷、智利、东巴基斯坦②、印度、以色列、尼日利亚)的大规模社会调查中,得出

---

① D. McClelland,"Motivational Patterns in S. E. Asia with Special Reference to the Chinese Case",Journal of Social Issues,Vol. 29,No. 1. January 1963.

② 现指孟加拉。巴基斯坦和印度原为一个国家。1858年,整个南亚次大陆沦为英殖民地。1947年,英国公布"蒙巴顿方案",将英属印度按宗教信仰分为印度和巴基斯坦两个国家。巴基斯坦独立后,政局动荡不安。1971年3月,租吉布·拉赫曼在东巴基斯坦发动不合作运动。随后宣布东巴基斯坦独立,成立孟加拉国。

了一个重要的结论:"现代化"包括各个方面,比如民族、政治体系、经济、城市、学校、医院、服装、行为举止等,都有现代化问题,而在各方面的现代化中,人的现代化是至关重要的:"无数的证据说明,如果它的人民继续以20世纪以前的方式生活的话,一个国家就不可能进入20世纪。"同时,他们概括总结出了一个现代人所应具有的基本特征:① 现代人准备和乐于接受他未经历过的新的生活经验、新的思想观念、新的行为方式;② 准备接受社会的改革和变化,不固守传统,乐于面对改变的现实;③ 思路广阔,头脑开放,尊重并愿意考虑各方面不同的意见、看法;④ 注重现在与未来,守时惜时;⑤ 强烈的个人效能感,对人和社会的能力充满信心,办事讲究效率;⑥ 习惯计划,特别是注重制定长期规划与发展战略;⑦ 尊重知识与科学,在知识获取上重实证,轻臆想与妄说;⑧ 对他人与自己有较强的可依赖性和信任感;⑨ 重视专门技术,有愿意根据技术水平高低来领取不同报酬的心理基础;⑩ 乐于让自己和他的后代选择离开传统所尊敬的职业,对教育的内容和传统智慧敢于挑战;⑪ 相互了解、理解、尊重、自尊和宽容;⑫ 了解生产及过程;⑬ 对自己和社会生活及未来,一般持有一种乐观的态度;⑭ 要有较强的特殊意识感。

英克尔斯是从跨文化的角度来考察人的"现代性"的。他也对社会主义国家与非社会主义国家的人的现代化作了比较研究,认为苏联与中国这样的社会主义国家的努力,也同样是在塑造人民的现代人格,比如向学生灌输平等思想,以及灌输从父母权威中独立而忠于政府和团体、团结、尊重科学等普遍的价值标准。① 然而,什么样的人格适合创造与西方一样的发达的工业社会?这才是他关注的主题。

人的现代化过程受到各种社会因素的影响。重要的因素有学校背景、大众媒介、工厂、农村合作组织、城市非工业雇佣、城市经验的质量、家庭背景等。在这些因素中,学校教育处于突出的位置。因为人的现

---

① 阿里克斯·英克尔斯:《社会主义与非社会主义国家的人的现代化》,罗伯特·海布尔罗纳等:《现代化理论研究》,1989年,第142—155页。

代特征的几乎一半是由他所受的教育决定的。在所有手段中,"学校教育在培育人的现代态度、价值观和行为方式上是最有力的手段"。处于第二位的是大众传播媒介,它传播信息和造成一种环境,能够促进人们进一步现代化,对城市和农村人口的现代化都有巨大影响。工厂是促进人的现代化的另一个重要因素,它是培育"现代性的学校",它能够培养人们的效率观念、习惯于接受创新和体制变革、计划性和时间观念、服从纪律和规则等,这些都是现代人的重要品格。然而,就他的立场和目的而言,他对人的教育环境的研究是不充分的。当然,现代人格的形成,不仅仅是教育的问题,它与整个社会体制与风气联系在一起。现代人的品格的形成,在很大程度上是制度在人心中的"内化"过程。因此,现代市场经济对人的观念的改变,其作用不可低估。因为市场经济培养人们的竞争意识、契约观念、法律意识、时间观念、普遍主义原则以及守信用等精神特点与道德素质。随时可见的事实向我们说明,越是在市场经济发展程度高的地区,人的现代性就越高,反之就越低。

英克尔斯的研究的价值在于否定了不同民族或文化背景的人具有不同的现代性的说法,而揭示了人类本性的共性和现代性的相同性:"在一种文化中是现代人,在另一种文化中也会被认为是现代人。现代人是一个跨民族、跨文化的类型,无论他的文化赋予他什么样的独特态度,现代人可以用我们的标准鉴定出来。"①并且,他否定了现代性是西方文化的独特产物,认为它是人类普遍的潜能。当然,英克尔斯等人的研究受到一些学者的批判。批评者指责他对现代人格中心理压力和扭曲的方面缺乏认识,同时指责他过多地强调发挥人的潜能,是一种西方中心的价值观。波特斯认为,现代性不是人的普遍的潜能,而是西方文化的特点:"现代性的普遍性,乃是西方价值观及行为模型普遍扩散的显明结果。……西方的跨国影响,产生了跨国的现代性。"②因此,他反对像英克尔斯那样强调人的现代性。

---

① Alex Inkeles and D. H. Smith, Becoming Modern, 1974, p. 118.
② 波斯特:《个人现代性与发展:一个批判》,肖新煌编:《低度发展与发展:发展社会学选读》,第 150—151 页。

弗洛姆从一个相似的角度探讨了现代化、新型人格的文化心理特征。他认为：一个新型的社会，只有在其形成过程中，在新人产生时，或更确切地说，只有当今占优势的人类性格彻底改变之时，才能出现。换言之，一个新社会只有在人心的彻底改变之时才能出现，以及必须有一个新的献身对象来取代现今我们所致力的目的。而人类心中的这种转变，只有在剧烈的经济和社会变革出现，给它提供了转变的机会以及它所需要的、足以实现这种转变的勇气和想象力时，才有可能。按照弗洛姆的说法，所谓社会性格就是介于个体心理结果与社会经济结构的这一中间活动的结果。

以弗洛姆为首的人本心理学派开创了研究人的现代化的新路。该理论认为，"占有指向"是西方工业社会中人的本质的反映。在这种社会里，追求金钱、名利和权力是生活的主题。而在发展中国家，"内在贫困指向"，即精神贫困是该社会中人的本质反映之一。问题的关键并不在于外在的贫困，即物质上的贫困，而在于精神上的贫困。他们进一步认为，单凭财富、繁荣、技术进步等不可能给人类带来真正的幸福，提出了人的价值和潜能的理论，主要内容是：① 人的本性是好的，至少是中性的，恶是派生的，是人的基本需要受挫引起的；② 在生物进化的阶梯上，人有高于一般动物的心理潜能；③ 人的需求有层次结构，动机也有高低的层次；④ 高级需要包括爱的需要或社会需要。因此，人的自我满足和利他主义是一致的；⑤ 创造潜能的发挥是人的最高需要，是人生追求的最高目的，这个目标的实现称为自我实现；⑥ 健康人有自发追求潜能实现的内在倾向，并有以此为依据的自我评价能力；⑦ 人的潜能和价值与社会环境的关系是一种内因与外因的关系，潜能是主导的因素，环境是限制或促进潜能发展的条件；⑧ 健康的人格必然造就健全的社会，健全的社会必是协调稳定的。

希尔斯对知识分子的现代化问题作了研究。他认为"现代知识分子阶级"不是单独产生的，而"是现代社会的产物，是晚于工业社会而出现的。这个工业社会的特点包括：国家与经济生活中的现代性的、科层化的管理；高的识字率和高的生活标准；扩展的教育系统和广泛传播的参与，以及在其顶峰，有一个大学体系承担教养科学真理、学问以及文化遗产的传承"。① 希尔斯所说的现代知识分子包括独立的文人、科学家（纯粹的和应用的）、学者、大学教授、新闻工作者、受过高等教育的管理者、法官以及国会议员。它包括了所有的受过高等教育者，是一个广义的"知识分子"概念。

还有一个狭义的"知识分子"概念，是指知识阶层中那部分喜欢议论政治、评论社会现状的人，具有贬义味道。实际上，狭义概念不具备很重要的分析价值，而广义概念则有助于分析社会变迁。希尔斯用广义概念强调了知识分子的阶级独立性和自主性。在传统社会，知识分子（无论从事什么职业）缺乏独立自主的人格，他们常常依附于社会中的其他阶级或社会集团，比如依附于贵族、领主（西欧），或者依附于皇权官僚体系、攀附政府机构等。在现代化过程中，知识分子逐渐独立，形成自主的人格。知识分子所占据的是民族的精神、灵魂的领域，知识的不独立意味着一个民族的灵魂的浑浊。从某些方面说，独立的现代知识分子群体的形成，标志着一个国家的人的现代化的成熟。②

一个国家、一个城市的现代化，不仅是经济、社会结构、文化、科学技术的发展，而且是人的全面发展。现代化的基石是人的现代化、人性化。人的现代化要求有多方面的条件和风貌，人的现代化是一种世界性的现象。在当代世界范围的现代化浪潮中，各个国家都被卷入到世界格局之中，都在经历着从传统社会向现代社会的转变，因而也都存在着民族性格的改造、更新和人的现代化观念的提高。西方的许多学者对人的现代化问题进行了比较广泛的、系统的研究，并应用现代社会科学的分析方法，提出各种"现代人"的模式或典型。西方学者对"现代人"的研究和预测，为我们探寻"中国现代人"提供了一定的启示和参考。

第三节 传统文化的历史定位

近代西方工业文明一经产生，就有着两面性。一方面，作为人类文

---

① Eward Shils, the Intellectual Between Tradition and Modernity: The Indian Situation, The Hague: Mouton, 1961, p. 9.
② 参考尹保云：《什么是现代化》，人民出版社2001年版。

明的最新成就,它有着规范其他各民族发展路向的必然性;人类历史的世界化和一体化以它为范本而展开。另一方面,它将自己的生产方式与文明制度推向世界时,采取的手段却是廉价的商品和血与火的掠夺。从道德评判的角度来看,它以被侵略民族的灾难来换取自己的发展和富足。一个国家的现代化运动在经济上造成两重结构,在文化上也是如此,传统与现代性的矛盾是现代化过程中不可避免的文化冲突。

一、中国现代化思潮的反思

从历史发展进程看,任何国家或民族在从传统向现代社会的转型时期都会遇到价值系统的置换问题。作为"早发内生型"的西方现代化国家,它的新旧秩序是在社会母胎内部取得的,是自然消长和替代的过程,因此,价值系统的置换也有一个彼此适应和协调的过程。而中国作为现代化的"后来者",是一个传统结构牢固和传统文化体系扎根深厚的国家,传统与现代的冲突不仅剧烈而且持久,构成了中国现代化思想运动的一大特色。

中国的近代史是在灾难深重中开始的。然而,从历史理性的层面来思考,中国与西方殖民者的冲突又意味着两种文明的冲突与较量,其深层预示着工业文明取代农耕社会形态的必然趋势。为了探索中国现代化思想启蒙的发展过程,在此选择三次论战,来考察中国现代化思潮的发展脉络。①

1. 中西文化论争(1915—1927)

"要救国,只有维新,要维新,只有学外国",这是近代中国志士仁人从自强运动以来为拯救民族危亡而取得的共识。中西方冲击在传统知识分子那里所激起的最大回应是文化回应,即东西两种不同文化体系之间的冲突,这就是关于东西文化观论战的由来。

应该说,自洋务运动以来,中西文化观念的撞击就开始了,但直到"五四"前后的新文化运动才达到高潮。从器物层到制度层以至文化心理、观念层的深入变革,是文化意义上的革命。19世纪60—80年代,

---

① 参考罗荣渠主编:《从"西化"到现代化》,北京大学出版社1997年版。

洋务派提出"中学为体,西学为用"的口号,主张学西方,但只是停留在生产工具特别是军事器具的变革,并不触及价值观念的变革。19世纪90年代,康梁维新派主张进行根本性的变革(核心是兴民权、设议院),旨在救亡图存,并使中国逐步走上资本主义发展的轨道。其进步之处,在于他们已经触及到文化观念,并已接触到社会组织结构的变革。而在这方面,孙中山比康有为的"托古改制"表现得更为彻底,他领导了以推翻封建社会政治制度为目的的革命,力图仿照欧美近代政治体制,在中国创立一个以"三权分立"为核心的近代民主国家。但是,从文化角度看,无论是改良派还是革命派,他们所触动的还是社会的表层,而对于封建主义文化观念,仍未表现出改革与革命的性质。

辛亥革命后,中体西用论的思潮日趋衰落,中西调和的观点仍在思想界占居上风。直到"五四"前后,文化先驱者以思想文化革命的姿态,对传统文化进行猛烈的批判,表现出空前的彻底性和不妥协性。

陈独秀等勇敢地突破了传统思维框架的束缚,主张接受近代西方文明之精华。他写道:"欧洲输入之文化与吾华固有之文化,其根本性质极端相反",因此,"吾人倘以新输入之欧化为是,则不得不以旧有之孔教为非;倘以旧有之礼教为非,则不得不以新输入欧化为是,新旧之间绝无调和两存之余地"。① 而陈独秀所说的欧化,集中为一点,就是德先生和赛先生。这是对两千年来儒学传统的大突破。胡适则明确地指出,"西化"优于"东方化",并认为这是中国社会发展的趋向。胡适认为,东方民族应以西化的方式实现现代化。他在《我们对于西洋近代文明的态度》一文中,提出要打破所谓东西方"精神文明"与"物质文明"之对立的成见,充分肯定了西洋文明是理想主义的,指出"神圣的不知足是一切革新、一切进化的动力",而"这样充分运用人的聪明智慧来寻求真理以解放人的心灵,来制服天行以供人用,来改造物质环境,来改造政治制度,来谋求人类最大多数的最大幸福——这样的文明应该能满足人类精神上的要求;这样的文明是精神的文明"。

总之,"五四"时期的西化论的主流思想是输入西方的民主与科学

---

① 《宪法与孔教》,《答佩剑青年》,《新青年》2、3卷。

精神,通过激进的文化革命来彻底改造中国的旧文化,以争取中国的文艺复兴。

2. 中国现代化问题的讨论(1933)

现代化一词,在"五四"以后关于东西文化争论中,已经偶尔出现了。胡适在为英文《基督教年鉴》写的《文化的冲突》一文,正式使用了"一心一意的现代化"的提法。但现代化一词作为一个新的社会科学词汇在报刊上使用,是在20世纪30年代。1933年7月《申报月刊》为创刊周年纪念,发行特大号,刊出"中国现代化问题号"特辑,大概是这个新概念被推广运用的正式开端。① 讨论的重点:① 中国现代化的困难和障碍是什么,要促进中国现代化,需要什么先决条件;② 中国现代化应当采取哪一个方式,个人主义的或社会主义的外国资本所促成的现代化或国民资本所自发的现代化,又实现这方式的步骤怎样?

从这次讨论的总体上看,观点五花八门,但绝大多数人都主张中国应走非资本主义发展的道路。这是人们对民族危机和世界经济危机的思想回应,较之20年代东西文化之争时,人们为西方文明进行抽象而空洞的辩护,有了很大的不同,反映了中国思想界对世界潮流的趋向认识的进步。

3. 中国文化出路问题的讨论(20世纪30—40年代)

1935年初,王新命、陶希圣、何炳松、武堉干、孙寒冰、黄文山、章益、陈高傭、樊仲方、萨孟武10位教授联名发表了《中国本位的文化建设宣言》,由此而引发了与"西化论"论争。十教授主张吸收西方文化必须以中国固有文化为本位,所谓"中国本位",不是抱残守缺的因袭,不是生吞活剥的模仿,不是中体西用的凑合,而是在纵的方面不复古,在横的方面反对全盘西化,在时间上重视此时的动向,在空间上重视此地的环境。

十教授要求从中国此时此地的需要出发对待古今中外的观点是颇有见地的,强调了文化的民族性和时代性,但其弊端也很明显:一是对

---

① 罗荣渠:《现代化新论》,北京大学出版社1996年版,第356页。

于中国本位缺乏明确的界定;二是本位文化观也并未摆脱"中体西用"的思维方式。

与此相对的是"全盘西化观"。陈序经批判十教授的宣言,说它文化概念不清,表面上是折衷,而骨子里是复古和守旧。他认为,中国文化的出路是"全盘西化"。他认为,中国文化的主张分为三派,复古派昧于文化发展变换的道理;折衷派昧于文化一致及和谐的真义,而全盘西化是必要的,首先欧洲近代文化的确比我们进步得多;其次,西洋的现代文化,无论我们喜欢不喜欢,它是现世的趋势。胡适与陈序经的思想基本一致。他认为,十教授的根本错误是在于不认识文化的变动性。中国本位是不虑而得的,应该焦虑的是中国旧文化的惰性太大,全盘西化才是出路。

全盘西化的实质是全盘资本主义化,事实证明,这是条死路。但也应当看到,陈序经、胡适等对中国本位文化派的批判还是相当正确的,不仅明确指出了他们在文化上的保守主义倾向,而且也分析了这种倾向的危害性。

可以说,中国现代化思想启蒙运动的主要矛头是反儒学的,也就是反传统的,与此相对的是对传统的强烈认同和对现代化的基本排斥。由于中国现代化发轫的被动性与特殊性,近代中国的反现代化思潮就是对近代中国民族危机与社会变迁的本能性回应,是对近代中国社会转型与中国现代化思潮不断涌动的逆向理论思考。这种传统与反传统的较量一直贯穿于中国近现代化的始终,其中"五四"是个转折期,由于俄国革命胜利的影响,文化思潮由两军对垒变为三足鼎立。这种格局在七八十年的历史进程中,虽然由于种种原因有显有隐,但是终究延续下来,形成了今天中学、西学、马列的"三分天下"的文化态势。

现代化与反现代化思潮的冲突与整合、对立与统一,是现代社会运动的普遍现象。从中我们可以发现:一种思想文化只有从横向上不断吸收、借鉴他种思想文化的长处,淘汰自身之不足,方能蓬勃向上,充满活力;一种思想文化只有从纵向上紧追社会前进的步伐,反映社会的变迁,才能成为时代的最强音,才能指导社会的进一步发展。

二、传统文化与中国现代化

传统与现代化是什么关系,这是近年来国内外学术界都颇有争议的话题。长期以来,西方学术界普遍接受了韦伯关于儒家伦理不利于中国成功地发展出"现代合理化的资本主义"的基本命题。然而,20世纪后半叶,随着日本、"四小龙"、中国大陆、东盟等东亚地区出现一系列"经济奇迹",海外学术界首先以东亚地区现代化发展的事实对韦伯的结论提出了诘问,开始从历史与现实的背景中重新认识儒家文化。

1. 传统与现代化

20世纪初,韦伯关于新教伦理和儒教伦理的对比研究(还涉及印度教和伊斯兰教等宗教文明),探索了现代东方落后于现代西方的文化背景,从而奠定了西方现代化理论的知识社会学基础。韦伯的理论不是单纯的文化社会学,他所审视的广义的文化传统,包括社会结构、政治制度、法律、经济组织、货币制度、宗教与思想、价值体系等各个方面。但韦伯并没有否定传统中国有许多有利于资本主义发展的结构因素,也没有认定儒教伦理是阻碍近代资本主义发展的惟一因素。

较早从正面来解释儒家伦理对东亚经济奇迹的贡献的是赫尔曼·康恩。这位"大过渡理论"的创立人认为,东亚社会所共有的儒家伦理是:工作勤奋,敬业乐群,和睦人际关系,尊敬长上,强调配合协调与合作,而不是突出个人或个人利益等等。这些"现代儒教伦理"不同于早期新教伦理之处是它提倡个人对组织的忠诚、奉献、责任,这对现代社会和现代企业组织都大有裨益。他认为这种"新儒教文化"(neo-confucian cul-tures)比西方的新教伦理更加适合于经济增长。[①]

彼得·柏格则认为东亚的文化因素的作用类似于国际贸易中的"比较利益",也可能为宏观经济发展提供一种"比较优势"。他运用韦伯的方式提出,中国士大夫儒学思想是有害于现代化的,但没有读过儒家经典的老百姓在日常生活中的工作伦理,如对现实世界的积极进取态度、实用主义、守纪律与自我修养、勤俭、稳定的家庭生活等等,是一

---

① Herman Kahn, World Economic Development and Beyond, 1979, pp. 121 – 123.

种世俗的儒教（vulgar confucianism），或称之为"后儒家伦理"（postconfucian ethics），可用以解释东亚的经济活力之所在。柏格根据这一新命题提出了两种现代化的观点，一种是西方式现代化，另一种是东方式现代化。后一种现代化也称为"儒教资本主义"。① 对这一命题又有人提出了新的阐释，即把儒家文化的价值系统分为两组，一组属于官僚或权力阶级，即精英价值系统，其特点是：利他、重道德操守而轻实利、重视精神报酬。一组属于平民价值系统，其特点是：利己（以家庭为单元）、重实际利益、追求物质上而不是精神上的满足。台湾的经济奇迹反映儒家的精英价值系统几乎被它的平民价值系统所吞食。②

艾森斯塔德在80年代的新作中也重新修正了他早期关于中国文化的观点，认为中国文明同基督教文明一样，具有高度的理性化倾向，这在唐宋以后新儒学中尤为突出。中国文明发展出比其他任何社会都更为密切的文化与政治的联系。但是这种高度结合也很容易发展成为威权主义政治。③

在中国，新儒学的倡导者们试图寻找这一深厚文化传统与现代化的结合点。但大多是偏重在哲学思辨方面，而且是单因素或单线因果分析法。近年来，运用西方社会学和行为科学的方法所做的研究，则几乎都肯定了儒家伦理中蕴涵有强烈的成就动机，儒家思想中蕴涵许多"实践理性"的东西；但儒家思想通过科举制度与官僚体系结合以后，传统中国文化的最明显的特质变成强调维持系统整合的价值，而不重视目标达成的价值，研究者开始致力于探讨传统因素影响人们的社会行为的方式，以及如何促使这些因素转化为有利于现代化的条件。如黄光国有关台湾的"人治式"的家庭企业所做的实证研究中，关注于传统式企业如何从儒家式的人际关系交往，引入现代西方"形式理性"的规

---

① 彼得·伯格：《一个东亚发展的模型》，中译文见《中国论坛》（台湾）。
② 水秉和：《儒家模型及其现代意义》，《知识分子》（美国版），1986年冬季号。
③ S. N. Eisenstadt, Chinese Civilizational Format and Historical Experience, Some Observations on Relations Between Confucianism, Development and Modernization — Some Weberian Perspectives. 引自李强：《艾森斯达特对现代化理论及中国文化的再检讨》，《二十一世纪》（香港版），1990年创刊号。

章制度来约束员工行为,使勤奋劳动的工作伦理得以充分发挥;以及家族企业从"人治"走向"法治"式的制度化道路的经验,都是很有启发性的。①

在现代化过程中如何正确地对待传统?日本的经验在于从固有的传统中寻找与现代化的结合点,这样,在日本的工业化—现代化过程中,到处都出现双重(二元)结构的现象:工业上是小型家庭企业与现代大工业并举;思想上是东洋精神与西洋技术并存,"学问技术采于彼,仁义道德存于我"。日本把原来的家族本位的利益与效忠精神转化为国家本位的利益与天皇效忠精神,从而找到了传统伦理与近代资本主义精神的一个结合点。但明治时代以来所找到的结合点是否都有利于现代化,则应批判地审视。日本在推行西方式资本主义海外扩张时,利用了传统的神道教和武士道精神,抑制了自由民权主义的发展,结果导致了比西方扩张更急暴的现代军国主义发展道路。在这种情况下,传统以现代形式保存下来,并得到恶性发展。可见,传统虽不能自动地充当现代化的动力,但传统因素的利用,却能对现代化起某种导向作用。这是自上而下的现代化所必须认真审慎对待的大问题。

同样,韩国和新加坡也重视重新估价儒家伦理的积极作用。儒家在朝鲜李朝时期曾经达到空前发展,被抬上了国教的宝座,比在同时期的中国的影响还大。19 世纪在西方的冲击下,朝鲜也采取了"东道西器"的方针。后来尽管受到日本 36 年的殖民统治,在光复以后,儒学思想作为一种潜文化意识仍在韩国经济与发展中发挥积极作用。这主要表现为:以"孝"观念为中心的家族主义意识;"学而优"的人生价值观;人际间的同族意识;尚名主义的自强意识。而新加坡是一个城邦国家,种族、语言、宗教、文化传统都是多元的,因此只能说是处在儒教文化圈的边缘。新加坡的高速经济增长和都市化使传统道德观念沦丧殆尽,文化上退化,被人称为不东不西的"伪西方社会"。从 20 世纪 70 年代末以来,政府大力提倡全国礼貌运动、讲母语运动、儒家伦理教育运动,在中学开设世界宗教选修课,政府大力抓廉政建设等等,以加强国民的

---

① 黄光国:《儒家思想与东亚现代化》,台北巨流图书公司 1988 年版。

凝聚力,促进多元社会的人民的认同,收到了移风易俗的明显效果。①

2. 西方现代性的重新评估

现代性是西方现代化理论对现代工业社会的特征的一种理想型假设,其实质是西方理性主义。对比西方文明的理性与进步,一切非西方文明,特别是东方文明被看成是神秘主义的、静态的、停滞落后的。东方文明,从印度教-佛教宗教文明到儒教世俗文明,对社会经济的影响都被视为"反理性的"或非理性的。

早在 20 世纪初,当西方世界面临第一次发展性危机之时,西方文化形态史观的代表人物斯宾格勒、历史学家汤因比与哲学家罗素等人,已对现代工业社会的弊端和种种潜在危机进行了反思和批判,60 年代布莱克教授在《现代化的动力》中也指出了"现代化的苦恼"。② 在战后西方出现的史无前例的"增长热"的背后,清楚地展示出在市场交易行为中蕴涵的理性只是工具理性;现代科技理性带来的既有发展,也有不良发展。丹尼尔·贝尔则沿着韦伯的思想继续探索,指出韦伯只见到"禁欲苦行主义",没有见到资本主义的"贪婪摄取性"的一面。导致资本主义的"宗教冲动力"已被科技和经济的迅猛发展耗尽能量,只剩下一个"经济冲动力"。③ 此外,当西方工业社会进入高额大众消费新阶段后,马克思在 19 世纪中叶所预见到的现代工业主义所产生的各种"异化"现象变得更加突出。这些问题统称为发展危机。这是与高速和过度发展引起的经济、政治、社会、思想等各方面的严重失调、失衡、失控。

这种发展危机在西方早期现代化的进程只是局部地显现出来(经常表现为生产过剩危机),当时有可能通过海外扩张等方式来缓和危机。现在,当现代化成为世界性浪潮以后,这种缓和或转嫁危机的方式已愈来愈困难。重新看待现代化和现代性,已逐步受到国际社会科学界的关注。联合国教科文组织在 20 世纪后期曾提出:今后十年的一个重要任务就是对现代社会所全力以求的现代性重新加以界定。

---

① 杜维明:《新加坡的挑战——新儒家伦理与企业精神》,三联书店 1980 年版。
② 布莱克:《现代化的动力》,四川人民出版社 1988 年版,第 26—34 页。
③ 丹尼尔·贝尔:《资本主义文化矛盾》,三联书店 1989 年版。

在第一、第二次现代化浪潮中,以个人主义为动力的现代增长被认为是发展的实质,一切有利于充分发展"个人"和推动这种高增长的方式与方法都被认为是"合乎理性"的东西。然而,这完全是韦伯式的"理想形式"。彼得·伯格认为:"这种西方的个人主义提供了一切肥沃的土地去滋长现代化的许多成分和元素,譬如说资本主义企业家的产生。相反的,当现代性一旦产生后,它会逐渐侵蚀传统中比较集体取向的社区和制度,把个人完全交给他自己,因而助长了个人主义的价值和社会心理的理想。……西方文明孕育了适宜现代性特有的个人主义,现代化过程反过来又促进了这种个人主义,并且还相当成功地把个人主义扩张到世界的其他地方。不少现代化理论(如美国的帕森斯)就纷纷假定个人主义(帕氏称之为自我取向)与现代性之间的关切,是必然的而且还是其整合的一部分。"①

在第三次浪潮中,甚至西方的研究者也发现:在东亚的最现代化的工业部门中仍然可以明显地看出集体主义、团队精神和纪律的价值。这就表明现代化的道路和模式是多种多样的,从而也应赋予现代性以更广泛的品格。②

3. 对儒家文化的重新评估

对现代性的重新思索,必然导致对单线式的人类进步观的重新审视,从而引发对传统文化,特别是儒家文化的重新估价。

历史的经验表明:指望在现代化道路上通过革命方式绕过现代生产力所需求的物质基础,一跃而进入现代工业社会,是根本行不通的,这只能导致乌托邦的现代社会;但在现代化道路上抛弃自己的民族文化特性,完全重复西方工业化的老路,而不去设法绕过与减轻现代化的痛楚,这也是完全不可取的,那只配永远充当现代化先行者的尾随者。

马克斯·韦伯有一句名言:"儒家的理性主义是对世界的合理的适应,基督教的理性主义则是合理的宰制世界。"③显然,儒家追求和谐的与秩序的理性或价值观,非常不利于落后国家现代化的启动;但是在一

---

① 彼得·柏格:《一个东亚发展的模型》,见《中国论坛》(台湾)。
② 罗荣渠:《现代化新论》,北京大学出版社1996年版。
③ Max Weber, The Religion of China, 1959, p. 248.

个国家已经高度现代化或面临现代化危机之时,儒家理性和价值观的意义就必须重新估价了。其他东方文明中所包含的类似理性与价值观也应如此观之。

150多年来,中国始终处在生存危机的紧张状态下,因此富国强民自然成为现代化的主题。有人说近代以来中国发生了文化认同危机,其实准确地说,是处于文化深层的能够作为民族精神支柱的价值信念的危机。

由于现代化启动的特殊境遇,我们一直把关注点集中在社会历史运动的表层,即物质文明的进步和社会制度的变革,而忽略现代化的深层文化内涵。这个盲区给中国的现代化至少带来两个问题。其一是导致对价值系统的选择带有很强的功利性,哪种思想意识能够使中国富强,它就有生命力和说服力,就有支配社会的合理性。"五四"新文化运动对"科学"与"民主"的倡扬,以及此后中国共产党对马克思列宁主义的选择,都是以社会改造和救国图存为急务的。"三分天下"虽有近代历史现实的合理性——身处存亡危机之秋,救国是第一位的——但是,它也表明,功利性的选择造成我们至今还没有一个被全体社会认同、能够统摄人心的价值信念系统,还没有找到明确的文化路向。

忽略现代化文化内涵带来的第二个问题是对文化传统,特别是儒家文化传统的无情批判。这种批判无论来自何方,得出的结论常常一致,即对传统的否定。当然,一个传统社会向现代社会转型,必然要对传统有所否定。但是,这种否定应是建设意义上的,是理性检讨的过程。从社会结构层面来说,现代化的过程就是市场的世俗化(Secularizatio)力量不断地侵蚀和瓦解传统社会的各种纽带力量的历史过程。这是一个社会的现代化变迁的必然趋势。但是,如果这种世俗化力量无限扩张,就将导致一个社会迅速地陷入严重的社会经济生活的脱序或失范状态,甚至引起社会结构的完全解体。为了防止这种危险,就需要形成一种特殊的机制,这种机制利用社会内部原已具有的某些约定俗成的价值内核,对变迁社会的分化和世俗化过程进行制约,从而保证社会的最低限度的整合不至受到影响。所谓约定俗成的价值内核,根据英国保守主义思想家埃德蒙·柏克的解释,是指那些根据传统、惯例、民族的历史经验而在民众和社会成员中自然形成的规定,它往往通过历史的经验和社会化(Socialization)而潜涵于一个民族的深层心理和深层意识中。人们在遵循约定俗成的规定的过程中,会自然形成一种社会生活的有序状态。从价值系统来说,价值内核可以扩展出两个层面,即精神理念与道德规范。这种价值内核只能存在于一个民族的文化传统之中。

从社会结构整合的需要中我们可以发现,一个传统社会的现代化,存在着两种彼此相对的过程。一方面是市场的世俗化力量对传统社会结构不断离析和瓦解的过程,另一方面是传统中的价值内核对社会进行整合的反向过程。这两者之间存在着一个持续的张力:如果没有世俗化的扩展,现代化就无从实现;然而没有传统价值的整合,社会就可能在急剧变动中分崩离析。这就决定了一个社会现代化的成功,必须在这两种力量之间达到一个平衡。否则,这个社会不是陷入失范的"发展",就是处于僵滞的"有序"。

以上的分析说明,现代化既对传统进行解构,又依靠传统进行整合。也就是说,现代化的正常形态不仅不排斥传统,而且必须以传统的价值内核为社会的凝聚力量。当然,传统中的价值内核不能原封不动地移植到现代社会,必须经过复杂的方式把其内在适应性的部分传下来,才能发挥其整合的功能。所谓复杂的方式实质上表现为一个历史的逻辑过程,即经过反思与自我批判,使传统逐步完成向现代形态的转换。它的特点是承前启后的自然过渡。在这种过渡中所形成的价值系统是完整的,它既有社会历史浮面运转的理论和程序,又有深层的价值支撑。西方文化的现代形态就是在自然过渡中完成的,因此,传统中的深层价值始终制约着现代社会的运动,使其不致偏离正常的轨道。

在肯定以儒家传统为主体建构价值系统的同时,我们必须回答"如何可能"的问题。传统文化是在历史中逐渐形成和丰富起来的,"传统"本身就是历史过程的另一种表达。因此,将儒家文化放在一个历史文化视野中去解读,也许可以为这个问题的解答增加一个层面,并对儒学现代困境的特殊历史内涵有另一种理解。

从历史文化的角度去看,中国近代以来深层价值的空缺以及关于文化路向的争论，其间似乎存在着历史意识的表层与深层结构的错位。在历史运动的表层，观念的更替更直接地与社会制度的变革相关。社会历史的发生发展要求政治化的、世俗化的意识体系为其开路并论证它的合理性。在这种表层运动中，意识与政治功利合二为一，凡是妨碍政治目标实现的意识体系都要受到批判。中国近代对价值标准的功利性选择，以及"五四"新文化运动对儒家传统的批判都可以在现实功利的运作中找到充足的理由。这种历史现象引发出的常常是社会改造理论的形成。

处在历史意识深层的是价值信念系统，它要求从民族文化的生命统续出发，以传统的价值内核为基点，在形而上的终极关切的范导下建立文化的当代形态。这无疑具有逻辑的合理性。它寻求的是更深层的人的生命的安置以及相关的道德、伦理、形而上本体，因此，它还有人性的合理性。由于它是一种深思熟虑、从容不迫的精神建设工程，所以容易滞后于时代的急切呼唤而带有文化保守主义的色彩。

儒学本身是一个历史文化意识表层与深层结构相统一的系统。就致思的方向来说，儒学关注的是现实社会的状态。在两千多年积累起来的儒家典籍中，记载了大量论说社会历史运动及社会改造的思想和理论，形成特有的政治文化传统。另一方面，儒家又有一个价值系统，构成了儒学体系的深层结构。这个价值系统既是社会政治的参照和范导，又是批评政治现实的理论武器。儒家认为，现实社会应尽可能地趋向于合理性，即成为和谐、仁爱的理想社会，从这个意义上说，儒家的价值理想就是一种社会文化理想。为了实现这个价值目标，儒家把个人的道德修养和精神境界作为途径和方式来阐述。他们认为，社会群体人际关系的道德和谐，是以个体人格的自我完善为基础的。因此，个体的人应该追求人生的最高理想，达到一种理想人格的境界。如果每个人能够达到这种境界，那么社会就能仁爱和谐；统治者达到这种境界，就能施行正道，建立理想的社会制度。理想社会是价值目标，理想人格是实现目标的方式和途径。这个思想的经典表述便是《庄子·天下篇》所说的"内圣外王之道"。

为了使这些价值观念成为永恒性的理想以及指导社会生活、人们行为的普遍性的范式和原则，儒家又把它高扬到哲学本体论的层次，以获得一种整体性的支持。"天人合一"便是这种整体性的概括。但是，这种哲学意识不是远离生活的空洞之物，而是用理性原则来指导社会的伦理纲常、治国方略、经济生活以及人们的道德行为、艺术活动等现实生活中的各个领域。

因此，在历史意识的视野中，儒学是一个包括社会改造理论、价值、哲学在内的体系。这个体系由孔子创立之后，随着社会历史的发展，不断对现实政治的合理性提出批评或建议。

从实学兴起到近代社会，中国文化价值的路向基本处在制度改革与社会改造的层面。当儒学还未来得及调整出新的价值理念时，历史即被打断，这既是儒学困境的特殊历史境遇，又是中国至今缺少深层价值系统的重要原因。在失去深层价值支撑的情况下，西方的文化价值就成为重要的来源。从维新派的康、梁到资产阶级革命派的孙中山，无不吸收西方启蒙运动以来的思想。

在此还需要注意的是：其一，近代以来中国强调社会改造和政治变革有相当大的合理性，也是与近代历史主题相吻合的。许纪霖主编的《中国现代化史》中是这样表述的："外部世界的挑战出现了，社会内部的现代化因子和集团也在凝聚，面临的关键问题在于实现从传统领袖向现代领袖的权力转移，重新平衡社会资源配置，建立一个具有现代化导向的、高效率的、开放的政治共同体，为未来的经济起飞和文明结构的全面转型创造前提。"作为现代化的后来者，中国需要一个统一的政权，但是这个政权应主动地向现代形态转变。从这个角度来说，龚自珍、魏源、康有为、梁启超等人的改革主张是抓住了历史主题的。但是由于统治集团的腐败、麻木、无能、固执，使得中国一次又一次丧失了改革和现代化启动的机遇。这表面上是不同社会集团的冲突，而背后却蕴藏着儒学作为一种文化理想与现实政治的矛盾。这种"理有固然，势无必至"的矛盾不仅是儒学的困惑，也是人类的困惑。其二，由于是现代化的后来者，中国与西方工业国家相差了一个文明层次，因此，在中国现代化启动的初期，西方工业文明的弊病已经开始暴露。中国人开眼看世界,看到的已不全是工业文明的辉煌成果,工业文明带来的各种社会问题以及对人的异化也呈现在眼前。东方文化主义者以东方文化救世的主张很大程度上就是基于这种历史原因。梁启超等人在考察了西方文明之后转到国学立场,也可由此找寻答案,而不能简单地作出先进与保守的政治判断。总的来说,现代与后现代同时呈现在中国人面前,这亦是儒学特殊历史困境的内容之一。

而近代以来,中国的现代化举步维艰、屡屡受挫,除了政治制度落后、经济欠发达的因素外,一个重要的、深层次的原因就是反现代化思潮的羁绊。它不仅顽强地支撑着传统的思维方式,而且使中国走向现代化之路步履艰难。

从中国后发型现代化的新发展模式的探索来看,吸收全人类文明(包括物质文明、精神文明、政治文明的有益成果)的精华的重点目前无疑在西方现代文化体系,而保持民族特色与追求与时俱进不应构成矛盾,民族文化的振兴应是在充分现代化的基础上民族文化的新生和再度辉煌,而不是敝帚自珍式的偷生或盲目自大式的空想,不是追求传统文化在现代复活并导引世界文化发展潮流的幻梦。应该清醒地意识到,建构在小农经济和"计划经济"基础上的传统文化不足以成为市场经济基础上中国现代化进程的观念支撑,以牺牲人的主体性为代价的天人合一、以牺牲个体独立性和个性丰富性为代价的社会和谐、以压抑和否定人的需求为前提来适应低下生产力发展水平的精神取向、以强化等级制为目的的德治仁政教化体系所维持的消极的社会稳定等,都不是今天所应追求的目标。尽管对西方人来说,这些观念可能对他们在高科技时代重新构建人与自然、人与社会、人与人的关系模式有所启发,但对刚刚步入现代化正轨的中国,传统文化的惯性、惰性和浓重阴影还是现阶段力图挣脱的对象,我们对传统文化的态度在现阶段只能是批判地继承,而对于现代化急需而传统文化体系又匮乏的现代文化观念资源,则应在充分吸收、学习、理解、消化的基础上才能应用、改造、培植、发展、创新,从而形成能提供更高生产效率、更合理的社会组织制度、更开放的精神空间、更能促进人的自由而全面发展的发展模式,并且达成人类文明系统与自然系统的动态和谐而可持续发展。

思 考 题

1. 如何看待儒家文化？
2. 中国的国民性主要表现为哪些特征？
3. 传统文化与现代化的关系。

相关阅读书目

彼得·柏格：《一个东亚发展的模型》，见《中国论坛》（台湾）

罗荣渠：《现代化新论》，北京大学出版社1996年版

杜维明：《新加坡的挑战——新儒家伦理与企业精神》，三联书店1980年版

布莱克：《现代化的动力》，四川人民出版社1988年版

丹尼尔·贝尔：《资本主义文化矛盾》，三联书店1989年版

韦伯：《新教伦理与资本主义精神》，商务印书馆1997年版

韦伯：《儒教与道教》，商务印书馆1997年版

黄光国：《儒家思想与东亚现代化》，台北巨流图书公司1988年版

第十章
发 展 理 论

综观社会发展方面的研究成果,大多数研究属于宏观理论的探讨,这种探讨对于社会发展研究来说是必然要经历的阶段。尽管社会发展理论研究似乎成为显学,但人们对于社会发展的看法仍存在着分歧,有关社会发展的理论基本上说是在两种话语系统中展开的:一种是在人类历史的纵轴上讲社会进化,另一类则是在人类历史的横向面上讨论社会变革,并把焦点放在社会问题上。因此,借用柏林对自由的区别方式,社会发展观可以分为积极的和消极的两类,积极的发展观解答了社会将会如何以及应当如何这类问题,而消极的则探讨"社会不应当如何"这类问题,二者之间不存在谁对谁错的问题,但存在着相对合理性的问题。

发展理论一词具有特定的含义。广义的发展理论是指研究整个人类社会,包括西方和非西方,历史、现实和未来,由低级向高级,由落后向先进,由欠发达向发达过渡的过程。狭义的发展理论是研究非西方欠发达国家如何从欠发达、欠发展状态过渡到发达状态的理论。严格意义上的发展理论产生于二战以后,时间虽短,但学派林立,影响深远。其中最主要的理论派别是现代化理论、依附理论、世界体系理论等。此外,以新发展观为代表的理论流派,反映了 20 世纪 80 年代后发展社会学理论的新动向。

第一节 现代化理论

现代化理论是发展理论的最初形式,它是 20 世纪 50 年代和 60 年代初由美国的一批社会科学家首先创立的。在不同的表现形式和分析层次上,现代化理论家们试图按照西欧和美国的发展模式来解释经济发展的规律,并致力于找出一系列经济发展的共同特征或原则上可以刺激第三世界国家发展的"现代性因素"。在相当长时间内,现代化理论居于发展研究主流理论的地位,直到 20 世纪 60 年代后半期依附理论兴起后,才逐渐开始受到批判。

一、理论渊源

在现代化理论中有两个代表不同理论分析层次的分支:一个是从宏观的结构主义出发的,另一个是从微观的社会心理学观点出发的。前者在本质上是对 19 世纪欧洲工业化理论的一种扩展。后者深受社会心理学的影响,强调任何发展与变迁的起点是个人的特性。①

首先,19 世纪中期的社会进化论对现代化理论的形成起了非常重要的作用。① 认为社会是发展进化的,而这种发展进化又是经由一定阶段实现的,这种观点在现代化理论中相当普遍,最典型的就是传统与现代的二分法和罗斯托的经济增长阶段论,此外,还有帕森斯的人类发展三阶段的观点;② 把分化与整合作为分析现代化的中心内容。帕森斯指出,社会与文化的进化与有机体的进化一样,是通过变异与分化实现的,并由此实现从简单到复杂的进化。而分化则必须与重新整合相配合。斯梅尔塞则指出:"发展是分化与整合交替进行的结果。"他们认为现代社会的许多特点是与社会分化分不开的,其中,社会分化最重要的作用是使那些专门化的单位能更有效地发挥公共功能。由于进化论解释了 19 世纪欧洲从传统社会向现代社会的转变,因此,许多现代化

---

① 孙立平:《传统与变迁——国外现代化与中国现代化研究》,黑龙江人民出版社 1992 年版,第 10—15 页。

研究者认为能用进化论来指导研究第三世界国家的现代化。

其次,结构功能主义在方法论和研究范式上对现代化理论产生重大影响。① 帕森斯使用模式变项最初是用来划分角色类型,后来从对社会系统中角色的分析扩展到了对所有行动系统类型的分析。现代化理论的一个重要研究方面就是应用模式变项,对现代社会与传统社会进行比较分析。模式变项的不同组合既反映不同的社会关系,也反映不同的社会结构。由此,帕森斯得出,现代经济和高度的职业专门化以及理性原则的应用,使社会偏重于功能专一的、成就取向的、普遍价值标准的、自我取向和情感中立的角色。而在同质性强的传统社会中,对角色的要求正好相反。从而为理解从传统社会向现代社会的变革提供整体性的分析范式;② 列维分析的"相对现代化社会"与"相对不现代化社会"的社会结构。他认为两种社会差异表现在两个方面,一是社会方面,一是社会关系方面(见表10.1);③ 关于政治现代化的专门理论。把政治看作是一个有着特定功能与结构的体系。政治现代化是整个政治体系的现代化,其重要方面是政治结构的分化,各种专门化的政治机构的出现,从而使政治体系能更好地实践自己的功能。由于许多现代化研究者都受过结构功能主义的影响,所以他们的研究不可避免地打上了结构功能主义的烙印,特别强调特征变量的变迁和社会结构的分化。

表 10.1 传统社会与现代社会的区别

	项 目	相对现代化社会	相对不现代化社会
社会方面	社会分化程度	较高	较低
	社会自主性	低	高
	伦理取向	普遍主义	特殊主义
	集权与分权模式	易于集权	不易集权
	社会关系	理性、专门化等	传统、广涵性和亲密
	信息交换与市场	大众传播系统发达,货币市场广泛	缺乏大众传播工具,货币市场很少

续表

项　　目		相对现代化社会	相对不现代化社会
社会组织网络	社会组织	科层组织发达,且不可缺少	科层组织虽也存在,但不发达
	家庭组织	家庭功能大为减少	家庭为最重要的社会组织,具有多种为人类社会所不可缺少的功能

(资料来源：列维：《现代化与社会结构》)

最后,社会心理学的影响。现代化理论的一个突出特点是强调内部因素的决定作用,即文化和心理因素。他们认为,从传统社会向现代社会的转化,取决于人们的价值观念、生活态度和行为规范的首先改变。维纳指出,虽然社会科学家们对价值和态度如何变化的看法不同,我们可以肯定有一派思想认为,价值与态度的变化乃是创造一个现代化社会、经济与政治体系的先决条件。麦克科里兰声称："只有价值观念、行为动机或精神力量才最终决定社会和经济发展的速度。"鲍埃尔和雅迈也坚持认为,经济能否取得成就和进步,在很大程度上取决于人们的能力和态度,取决于根据人的能力和态度而建立的政治制度,取决于历史经验,而外部联系、市场机会和自然资源的作用是次要的。

第二次世界大战后的20世纪50年代,现代化理论在西方学术界开始兴起。现代化理论研究的开拓者主要是发展经济学、发展社会学和比较政治学等学科的一批学者,以欧美发达国家的为主。他们大都立足于17—18世纪以来西欧、北美工业化的经验以及战后世界发展问题,通过概括和总结,提出自己的见解和论断。20世纪60年代,西方陆续发表了一批有影响的现代化研究成果,现代化理论基本形成。20世纪70年代以后,现代化理论研究才开始向历史学、人类学和其他人文社会科学扩展。美国著名历史学家、现代化理论家西里尔·E·布莱克教授提出用比较的方法和跨学科的方法对现代化问题进行研究,开拓了现代化理论研究的新方向。后来,现代化研究越来越被世界各国所关注。到20世纪90年代,西方学者对现代化的研究最终形成了一套理论体系。

二、主要内容

现代化理论以自由经济学派为基础,支持资本主义在世界各地的扩展。现代化理论体系宏大,涉及的领域广泛,研究的问题众多,如现代化的概念、现代化的表现与衡量标准、现代化进程的阶段划分、现代化的模型与道路问题等等。

1. 传统与现代

现代化理论贯穿的中心思想是:传统社会与现代社会的对立和转化。其中的核心概念就是传统和现代。传统是指世代相传的行为、观念、习惯、习俗、信仰、道德、制度等社会文化因素。莱勒认为,传统社会是非参与型社会,行为方式受习俗的支配。现代(modern)则有两层含义:一是作为时间尺度,泛指从中世纪结束一直延续到今天的一个长时程,可以包括"近代"和"当代"的内涵或特定的历史时代或特定的阶段。中外关于历史阶段的划分有所不同。中国:1919年以后为现代,1840—1919年为近代,1840年以前为古代;西方:1500年以后为现代,600—1500年为中世纪,600年以前为古代。一是作为价值尺度,指区别于中世纪的时代精神与特征。罗荣渠曾指出,"Modern"一词是文艺复兴时期人文主义者最先使用的。当时这个词表达一个新的观念体系,即把文艺复兴看成是一个与中世纪对应的新时代。由于文艺复兴否定中世纪的神学权威,尊崇古典文化,因此,文艺复兴以后的时代被视为欧洲历史的一个新时代。"现代"一词的内涵——"现代性"(Modernity),即渊源于此。"现代",不是一个绝对的词语,而是相对于传统而言。

所谓传统与现代的两分法,就是按照某种特定的标准,把目前世界上的所有国家划分成传统社会与现代社会,这样,传统社会的发展目标就是迈向现代社会。

传统与现代的两分法源于涂尔干的《社会分工论》。1893年,涂尔干出版了《劳动分工论》一书,用"机械团结"和"有机团结"来区分两种不同的社会类型,即低级的社会和高级的文明社会,也就是后来现代化理论家所说的传统社会与现代社会。

表 10.2

机 械 的	有 机 的
低度分工	高度分工
深入的集体意识	微弱的集体意识
约束性法律	复原性法律
低度个性	高度个性
特殊的规范性模式上的一致	抽象的一般价值上的一致
社区对越轨者惩罚	专门化机构惩罚
较低的相互依赖	高度的相互依赖
原始的或乡村的	城市的或工业的

19世纪末期,西方学术界兴起了共同体与社会的理论研究,是由滕尼斯开创的。"共同体"与"社会"的区分,类似于涂尔干的"机械团结"、"有机团结"的区分,探讨传统社会与现代社会的区别。

表 10.3

共 同 体	社 会
家庭生活(和睦),主体是人民,活动围绕于家庭经济,建立在中意的基础上	大城市生活(惯例),主体是整个社会,活动围绕于商业,建立在深思熟虑基础上
村庄生活(习俗),主体是公团,活动围绕于农业耕作,建立在习惯的基础上	民族生活(政治),主体是国家,活动围绕于工业,建立在决定的基础上
城市生活(宗教),主体是教会,活动围绕于艺术,建立在记忆的基础上	世界主义生活(公众舆论),主体是学者共和国,活动围绕于科学,建立在概念之上

关于传统与现代的两分法,在学术界曾遭到批判:这种两分法过于简单和抽象化,缺乏现实分析和过程分析。因为社会现实表现出的是多元的、多维的、复杂的。穆尔也承认:关于现代化的著作,与其说成功地描绘了从一个状态到另一个状态的过渡,毋宁说它更成功地勾画出了现代社会和传统社会的特性。现代化理论着重于"这个状态"到"那个状态"的变迁方向,而非变迁的范围、时期、方法和速率。因此,现

代化理论是在说明与比较两种静态社会,而不是一种解释变迁的理论。并且,这种方法带有浓厚的西方中心主义色彩,凡是西方社会的特征就归纳为现代因素,而非西方社会的特征就归纳为传统因素。

2. 主要观点

无论是讨论经济发展还是社会变迁,现代化理论都或明或暗地包含了两个前提:① 发展中国家在西方科技制度的引导下正在经历着社会变迁;② 结构一致性原则或包容性原则规定了未来变迁的方向。在这两个前提下,现代化论者按传统社会与现代社会的划分,构建了有关发展的概念。

首先,内因论。发达国家之所以发达,在于发达国家内部具备一系列有利于发展的价值观念与规范,而发展中国家社会发展不顺利的根本原因也在于内部的因素。这一思想直接来源于韦伯。韦伯认为,在16世纪的欧洲,新教道德造成了一种鼓励资本主义兴旺发达的气氛,这种努力工作、个人主义和竞争的价值观念,很容易转化为资本主义精神。而正是这种资本主义精神,成为资本主义得以产生的根本条件。因此,现代化研究者在研究发展中国家的发展障碍时,特别注重传统文化中的价值观念的作用。库兹涅茨认为,大多数第三世界国家经济不发达的原因在于缺乏一个稳定但是灵活的政治和社会制度,以适应迅速的体制性变化,解决由于体制性变化而产生的社会对抗,同时又能激励社会上一切可以促进经济发展的社会集团去努力工作。

其次,趋同论。认为发展中国家要想发展必然要采取发达国家的先进技术,必然会导致一些互容性因素:工业职业结构与核心家庭;工业职业结构与开放的社会结构;广泛的职业专业化、教育正式化与全民文化程度的提高;社会制度的分化、职业的专业化与竞争的多元化结构、经济体系中的货币与私人财产契约的法律制度、多元化的社会结构与选举制度、民主制度以及多党政治体系。这些因素规定了发展中国家的变革及其方向,由于西方科技的传播,发展中国家不可避免地会产生发达国家现有的一切社会特征,在政策上,强调农业劳动力转移的工业化,强调外援是支持社会经济变迁的重要工具,强调自由企业,强调正式教育以及政治的民主和独立的司法系统等等是经济增长的结构性共容原则。根据这种理论,不发达社会应以一种有计划、有控制、加速度的方式重现西方的发展。在亚非各国尚不存在西方体制及传统时,应引进或通过功能等同物来加以替代,大众民主和大众消费被认为是西方模式的化身。然而,当许多乐观的发展计划相继失败后,人们才意识到,即便是西方的发展也经历了漫长而迥异的过程,并付出了战争、贫困化、阶级斗争等方面的代价,体制方面的传统在一切趋同过程中发挥着作用。

表 10.4 经典现代化理论研究的六个学派

学派	主要观点或特点	代表人物
结构学派	结构-功能主义。现代化是从传统社会向现代社会的转变。重点研究现代性和传统性的比较和转换	帕森斯、列维、穆尔等
过程学派	现代化是从农业社会向工业社会转变的过程,包括一系列阶段和深刻的变化。重点研究转变过程的特点和规律	罗斯托等
行为学派	现代化必然涉及个人心理和行为的改变,强调人的现代化	英克尔斯等
实证学派	各国的现代化具有不同特点。开展现代化的实证研究	亨廷顿、格尔申克隆等
综合学派	现代化涉及人类生活方方面面的深刻变化。比较研究、发展模式研究、定量指标研究等	布莱克等
未来学派	研究未来的发展趋势,重点研究发达国家的发展趋势	贝尔、托夫勒等

概括起来,现代化理论具有以下特征:①

第一,在方法论上,现代化理论运用的是理想类型的分析方式,即把全部社会区分出了对立的两种类型:传统社会与现代社会。认为人

---

① 吴忠民,刘祖云:《发展社会学》,高等教育出版社 2003 年版,第 377—379 页。

的行为模式、价值观念及制度,要么是传统性的,要么是现代性的。而若出现两方面并存的现象,则被认为是出现了"社会紊乱",或者是"二元社会"的暂时特征。

第二,强调价值观念、行为规范和文化精神在现代化过程中的重要作用。主张价值观的转变是社会实现变革的前提。

第三,强调所谓的"发展精英"在欠发达国家的现代化过程中的先导作用,他们认为这类人具有"成就需要"的心理素质,他们属于"现代型"的人,他们勇于创新和具有开拓精神。

第四,认为现代化是一个世界性的变迁过程。但对落后国家来说,其现代化需要借助西方发达国家的推动,引进发达国家的价值观念和管理技术等,即"靠传播而现代化"——"西化"。如勒纳曾指出:"现代化是一个社会变迁,欠发达国家通过这一社会变迁而获得比较发达的现代工业社会的共同特征。"

事实上,现代化理论有多方面的缺陷,安德鲁·韦伯斯特认为:现代化理论"是一种过于简单的发展理论,它缺乏两点基本内容,一是充分的历史阐释,二是足够的结构分析"。同时,不发达理论宣称革命是根除贫困的惟一道路,但对革命性变革的前景的分析未取得一致的认识,且很少谈到东方社会主义集团社会在世界经济中所占的地位。当然,两论都错误地把"发展"与"工业化"等同起来。继两论的评析之后,作为对大多数发展理论都用以描述第三世界"畸形"现实的所谓"人口过剩"、"城市化过头"、"教育发展失调"问题作了探讨。韦伯斯特认为,"在以欧洲为'发展'模式的第三世界国家里,人口增长、城市化和教育与工业化之间的关系是不正常的,特别是因为这些国家受殖民主义的影响,迄今仍处于不发达状态,第三世界在人口增长、城市化和教育发展三个方面都经历了与工业化国家不同的历史过程",故不可一般评价和到处搬用这种模式,从而也批评了现代化理论的一些观点。政治从来就是社会发展中一个不容忽视的因素,"只有彻底变革这些国家本身的政治制度,才有可能真正改变它们的整个不发达状态",为此,韦伯斯特介绍了两个较重要的理论派别:多元论和结构论,认为"它们对政治变迁过程的看法分别遵循着现代化理论和不发达理论这两大学派的总的观点",它们对第三世界的政治发展提供了一般的分析,作出了各异的解释。当然作者更倾向于结构论的分析。最后,韦还探讨了第三世界的发展模式与发展政策,以及资本主义和社会主义道路的可能性问题。作者同意基钦的结论:"如果一个社会要摆脱贫困,那就必须实现从农业结构向工业结构的转变;而要实行工业化,不管是社会主义模式还是资本主义模式的工业化,都要付出相当的代价,即人本身要作出牺牲。"①

尽管现代化理论对于社会经济发展的动力和过程提供了一些重要的见解,但由于理论、方法、实践上的种种弱点,20世纪60年代末,现代化理论受到了来自学术界的批评,主要包括以下方面:① 单方向发展问题,他们质问为什么第三世界必须走西方国家的发展道路?批评家认为这是由于大多数现代化研究者是欧美学者或者出身于欧美所致。美国社会学教授高棣民指出,就这些学者专家背景出身分析起来,他们都持有以欧美为中心的论点,即使有些第三世界的学者,也因为在西方训练出来的,在观点上也与西方同出一辙,萧规曹随,他们都假定,第三世界的国家在发展过程中,即便能免除欧美一些锯齿状的发展过程,但由于一般的过程和现代化的结果还是一样的,成就动机、企业精神等现代化理论的基本特征可以供第三世界使用,并且会达到相同的目标;② 抛弃传统价值观问题。批评者抨击了现代化理论现代性与传统性不协调的结构功能主义的假设。以家庭为例,现代化理论认为工业的职业结构与核心家庭是互容的,大家庭不容于现代工业结构,然而,中国温州及其他一些地区家庭工业兴起,可从一个小范围说明大家庭与工业活动的共容。另外,日本的许多大公司都有极强的家庭化倾向。印度的私有民族企业,也与一些家庭氏族相联;墨西哥最高度工业化的城市墨西哥城实际上是被一个彼此有着亲属关系的企业家所垄断。波斯特认为,大家庭不仅提供了大规模工业所需的资本来源及行政人事,更在主要职位上提供了互信、合作与纪律,远非雇佣陌生人所能及。当然,印尼的家族经济、菲律宾的家族经济带来的是人民生活的匮乏、滋

---

① 韦伯斯特:《发展社会学》,华夏出版社1987年版,第38、87—89、152页。

生腐败、独裁,因此,同样的价值观,有时有抑制作用,有时有助长作用(对经济而言),关键问题恐怕还是取决于社会背景,在什么样的环境,通过什么样的媒介传播给个体,取决于整个社会制度所提供的行为准则结构,如果硬把一些价值观从社会发展过程中抽离出来讨论,就会被扭曲,现代化理论中民主政治、市场机构、消费刺激以及人格特征等等的论述,面临的是同样的困境:把西方的成功个案当成了放之四海而皆准的真理;①③ 方法论问题,批评家指出,现代化研究者在高度抽象的层面上研究问题,很难知道他们讨论的是什么国家什么历史时期。②

三、现代化理论的修正

经典现代化理论适用于发达国家工业革命到 20 世纪中叶的发展过程,也适用于发展中国家追赶世界先进水平的发展过程。但是,发达国家的未来会怎样发展?经典理论完全无法解释。几乎与经典现代化研究同步,一些西方学者对此进行了研究,并提出了许多种新理论。例如,达伦多夫(1959)的后资本主义,贝尔(1973)的后工业社会,利奥塔(1984)、罗斯(1991)、格里芬(1997)等的后现代主义,格鲁克(1992)、殷格哈特(1997)等的后现代化理论,莱恩的知识社会以及信息社会、网络社会、数字化社会等等。所有这些统称为后现代化理论。

后现代化理论是西方学者提出的一种发展理论。该理论认为,社会经济的发展不是直线的。20 世纪 70 年代以来,发达国家社会发展方向发生了根本转变,已经从现代化阶段进入到了后现代化阶段。后现代化的核心是社会目标,不是加快经济增长,而是增加人类福利,提高生活质量。

后现代化理论强调了人际关系在社会发展中的地位和意义,其关于现代化理论的批判与重建,不仅引起了已经现代化的各国对自己的现代化历程和现代化结果的反思,也引起了尚未现代化的各民族对自己的现代化目标和道路选择的困惑。刘少杰认为:"我们从现代主义、

---

① 参见波斯特:《个人现代性与发展:一个批判》。
② 参见周长城:《发展理论的当代演变》,《流变与走向》,社会科学文献出版社 2001 年版,第 193—195 页。

后现代主义和反后现代主义的冲突中,得到的最有意义的启示就是:超越西方人思维的片面性,在人与自然同人与人两种基本矛盾关系的统一中,反省历史、理解现实、展望未来,依靠科学技术和人文教化,通过生产与交往来实现社会发展的新设计和新选择。"①

刘少杰在《西方现代化理论的批判与重建》中指出:后现代主义者对以结构论为中心、以理性化为实质的西方现代化理论展开了批判。其最激进的表现是以德里达为代表的解构主义,其主旨就是要拆解和摧毁由孔德、迪尔凯姆和帕森斯等人苦心孤诣地建立起来的社会结构理论。在后现代主义者们看来,社会原本没有结构,它不过是在自然科学成就的诱惑下,按主观与客观二元分立的思维方式,为了控制以无限偶然性和变动性而存在的社会,编造出来的概念模式。后现代主义者挑战西方现代化理论的理性原则的突出代表作是法国社会学家福柯的《癫狂与文明》。该著作认为当理性按照实证科学原则表现自己,并借助自然科学的成就而跃居欧洲文化统治地位时,它正以其冷静的形式施展着残暴的疯狂。把西方社会推入科层制铁牢笼的现代化已近于疯狂的程度,像疯子一样对人进行规范与控制,并武断地把西方发达国家走过的工业化道路普遍化为世界各民族的共同道路。因此,后现代主义者们主张,西方人应当深刻反省自己的现代化历程,东方人则应在看到西方物质文明高度发达的同时,看到西方发展道路中的迷失与癫狂,应当在自己的传统与现实中寻找发展自己的根据与模式,或者说确立本民族发展的理性原则的理性化方式。

但后工业化社会的来临和后现代主义的激烈冲击,并未使寻求理性现代化理论缺阵。一些对社会理性化情趣难舍的学者,顶着后现代主义者的无情责难,致力于现代化理论的重建:哈贝马斯的交往理性重建论,吉登斯的双向结构建构论,以及强调人与自然和谐发展的可持续发展理论,都是对理性化持肯定态度的新现代化理论,或者说是重建了现代化理论。经过修正后的这些研究被称为"新现代化研究"。周长城通过比较指出:

---

① 刘少杰:《西方现代化理论的批判与重建》,《社会学研究》,1997年第6期。

首先,"新现代化研究"抛弃了把传统性与现代性视为一套相互排斥的概念的作法,传统与现代不仅可以共存,而且还相互渗透、相互促进。此外,"新现代化研究"不认为传统对现代化的进程是一种阻力,而认为传统对现代是有益的。换句话说,"新现代化研究"对传统持比较客观的态度。第二,"新现代化研究"者在方法上有所改进。不像"经典的现代化研究"那样,采用类型学的方法,并把讨论限定在高度抽象的层次,"新现代化研究"者着重具体的个案研究。"新现代化研究"认为,历史常常能说明在一个特定的国家发展的特殊范式,深入的案例研究常常可通过比较的方法来支撑。第三,由于对历史和具体研究格外关注,所以,"新现代化研究"不做出第三世界国家的发展道路只有走西方的发展道路这一单向性策略假设,相反,"新现代化研究"理所当然地认为第三世界国家能寻求自己的发展道路。第四,"新现代化研究"关注外部因素(如国际)对当地现代化的影响。虽然他们仍然着重内部因素的关键原因,但他们不忽略外部因素在第三世界国家的发展道路中的影响作用。因此,他认为"新现代化研究"至少在三方面比"经典的现代化研究"有进步,一是"新现代化研究"把传统又带回到现代化研究之中;二是把历史分析引进现代化研究之中;三是"新现代化研究"的方法更复杂、更全面。经过修正后的现代化理论在90年代的研究中更富有生机。

表 10.5 现代化理论所认为的经济发展的主要因素

因变量:
经济增长与发展:国民收入、国民生产总值、国内总产值、人均国民总产值或人均国民收入
自变量:
1. 劳动分工和国际贸易专业化
2. 自然资源、人力资源与技术进步
   (1) 丰裕的自然资源
   (2) 较高的人口治理与适当的智力投资
   (3) 出生率和人口增长率的降低
   (4) 技术进步与技术知识的传播和运用

续　表

3. 资本形成与外国投资
   (1) 较高的储蓄率或资本积累率
   (2) 外国投资
4. 心理因素
   (1) 成就动机或成就需要
   (2) 创新精神
   (3) 乐于投身现代企业的企业家精神
5. 工业化
   (1) 劳动力的转移
   (2) 较高的制造业生产率
6. 价值观念、政治体制、经济体制和组织结构的合理化或现代化
   (1) 新教道德或基督教的流行
   (2) 建立在个人成就基础上的社会流动
   (3) 社会组织的正规化或科层化
   (4) 货币与市场经济
   (5) 促进经济增长的社会、政治、经济制度和意识形态

（资料来源：梁荣渠：《社会发展论》）

第二节　依　附　理　论

由于现代化理论存在着难以克服的缺陷和明显的不足之处，如分析方法过于简单和抽象化；西方中心主义倾向以及保守主义倾向等等，不能合理地解释发展中国家的现代化和社会发展，更为重要的是，由于许多发展中国家运用现代化理论所提供的"增长第一"的发展战略和发展政策，却未收到预期的效果，出现了"有增长无发展"的局面，使人们对现代化理论产生了怀疑和批评，甚至有学者提出："现代化理论的概念结构'能够告诉我们的东西决不会比别的范畴更多'。显然，对现代化理论进行的批评是持'激进'立场的。即使不断地对现代化理论加以修正，也不可能使现代化的幻觉有什么实质改变，因此，现代化理论必

然要被抛弃。"①

于是,一种新的阐明发展中国家不发达原因的理论即依附论,作为现代化理论的直接对立面而出现,并逐渐占据主导地位。

一、理论来源

依附理论最早是20世纪60年代在拉丁美洲出现的,是在与新古典经济学派的争论中形成的,其理论来源是新马克思主义学说和拉美国家社会发展的历史实践总结。

1. 马克思主义的论述

在马克思、恩格斯看来,现代文明的中心是在西欧,文明进化论的观点难免是西方化的。在《共产党宣言》中,他们指出,西方资产阶级由于生产工具的迅速改进、交通便利、商品的低廉价格,从而把一切民族都卷到文明中来了,也正是一种和机器生产中心相适应的国际分工的产生:

"它迫使一切民族——如果它们不想灭亡的话——采用资产阶级的生产方式;它迫使它们在自己那里推行所谓的文明,即变成资产者。一句话,它按照自己的面貌为自己创造出一个世界。

资产阶级使农村屈服于城市的统治。它创立了巨大的城市,使城市人口比农村人口大大增加起来,因而使很大一部分居民脱离了农村生活的愚昧状态。正像它使农村从属于城市一样,它使未开化和半开化的国家从属于文明的国家,使农民的民族从属于资产阶级的民族,使东方从属于西方。"②

上述论述涉及非西方国家的国际关系、道路、前途三个方面的问题:① 落后国家必然从属于先进资本主义国家;② 落后国家能够而且也只有通过依附途径获得发展;③ 落后国家的未来的社会同西欧眼下

---

① 布莱克编:《比较现代化》,上海译文出版社1996年版,第128页。
② 马克思,恩格斯:《共产党宣言》,《马克思恩格斯选集》第一卷,人民出版社1995年版,第277页。

的社会是一样的。这三点结合成一种文明传播的整体发展观。后来的依附论的"依附"概念来源于此,但并未接受他们关于文明传播的思想。①

马克思对后来依附论的另一个重要的影响是劳动分工论。他强调了劳动分工带来的消极作用,进而对现代资本主义社会进行了否定。他认为,劳动分工导致两个相互联系的后果,一是人的片面发展和异化,一是生产力受到限制。资本家一方面控制了生产手段,一方面控制了劳动产品。分工造成了劳动者与生产资料的分离,这导致资本主义制度和阶级结构的不合理,资本主义的基本矛盾是生产社会化和生产资料私人占有之间的矛盾,这不仅使整个社会的生产无秩序而不可避免地发生经济危机,也是阶级冲突的根源。要解决这个矛盾,就要消灭私有制,他们向往一种共同体的世界,这种联合体与滕尼斯的共同体、涂尔干的法人团体都不同,他们的是自然原始或资本主义社会的组织结构,而马克思说的是自由人联合体。马克思对劳动分工的消极后果分析,被后来的依附论者所利用,不同的是马克思分析的是资本主义生产的一般过程,而依附论分析的是国际经济关系,是一种国际关系的结构主义理论。

2. 拉美实践的反思

20世纪二三十年代后,受世界经济危机的影响,原材料出口降低,于是"替代进口"工业化受到重视,开始发展内向型经济。但第二次世界大战后,拉美国家已深刻地认识到了依附于发达资本主义国家所带来的严重后果,罗尔·普雷维什(Raul Prebish)和联合国拉美经济委员会中的一些社会学家开始反思拉美国家的发展道路,并提出了发达与不发达的"中心—边缘"(center-periphery)模式。即提出世界经济分为两极:中心国家和边缘国家,其生产结构截然不同。边缘国家的生产结构是非均质的、单一的。而中心国家的生产结构是均质的、多元的。认为这是由于外向型出口经济所造成的。

因此,他们得出:发达与不发达可视为单一、动态的经济体系中产

---

① 尹保云:《什么是现代化》,人民出版社2001年版,第204页。

生的相互关联的进程。某些地区发展,即那些被中心国家视为资本主义的技术首先渗透到的地区获得发展,而其他地区即为不发达国家。为此,现代社会中的欠发达是由于边缘国家受制于中心国家相关的结构变化过程,而不是单方面由于同中心国家的关系而决定的。① 他们主张发展替代出口的工业化的政策虽在 50 年代受到了广泛认可,但是 60 年代后,由于国际政治经济形势的新变化,特别是拉美国家内部的政治和思想动荡,一种新的具有激进色彩、受马克思主义影响的依附论观点出现了。

二、主要内容

依附理论不是研究怎样才能实现现代化,而是研究有些国家为什么没有实现现代化。其研究对象主要是一些曾是殖民地,现在仍然是第三世界国家,特别是拉丁美洲的不发达的国家。依附理论内部,不同观点的分歧非常尖锐,特别是其中的激进派与保守派在理论上存在严重的对立,但从方法论上来看,他们却有一个共同的特点,就是反对局部分析和社会内部分析,而提倡世界分析。他们的基本假设是:第一,不应当单独地分析社会发展,而应当从世界系统里考察问题;第二,许多情况下往往是外来因素对社会发展的影响更为重要。②

1. 中心与外围

所谓中心是指西方先进工业国,而外围则是指结合进世界贸易体系的发展中国家。依附论对于中心和外围的划分是根据经济的角度,中心是指在技术、资金、市场上占据主导地位的西方资本主义强国,外围则是指在这三个方面处于从属地位的发展中国家。普雷维什的研究分析就是建立在中心—外围的模型上的。他指出:中心—外围结构对拉美国家不利而对西方国家有利。国际分工使拉美出口廉价的初级产品,不仅积累不起"经济剩余",还导致产品的单一化,在这种情况下很

---

① P·欧曼和 G·韦格纳拉加著:《战后发展理论》,中国发展出版社 2000 年版,第 108 页。

② 孙立平:《传统与变迁——国外现代化与中国现代化研究》,黑龙江人民出版社 1992 年版,第 25—26 页。

难实现工业化。他进一步论证说,中心工业国在科学技术、资金、市场上占据领导地位,形成与外围国家的不平等的贸易关系。中心国家向外围国家出口工业品,而外围国家的作用被限制在出口初级产品上,因此,对中心国来说,国际贸易引起收入的不断增长,从而刺激了需求与不断的技术革新,为工业化和科技进步提供了巨大的动力;而外围国家大部分劳动力从事生产率极其低下的生产活动,低技术、低效率、低工资,不能积累起经济剩余。

如果说普雷维什的"中心—外围"概念主要用来分析国际不平等的交换关系,那么,在左派依附论那里,这一概念不仅用来指国际经济结构,也同时用来研究不发达国家内部的经济结构。加尔通认为,中心指发达国家,外围指不发达国家,同时,在发达国家和不发达国家内部,也有中心和外围。

2. 依附与不发达

在依附论者看来,依附与不发达存在着必然的联系。如弗兰克认为,本国资本主义也好,国际资本主义也好,是它们造成了拉丁美洲现在的不发达。故要摆脱不发达状况,就必须摆脱对资本主义的依附。他指出,当代的不发达在很大程度上是过去的历史进程以及不发达的附属国与发达的宗主国之间延续着的经济关系以及其他关系作用的结果。而且,在全世界范围内,这些关系是资本主义体系结构及其发展的基本成分,因为在过去的几个世纪中,资本主义体系的扩张已完全渗透到了欠发达国家之中。

其次,弗兰克提出了"都会—卫星"模型来解释欠发达是如何造成的。他认为,世界经济体系中有两个不同的体系,中心与边缘之间构成了"都会—卫星"的连锁,审视这种结构,他提出了有关发展与欠发达的三个假设:① 在世界性的"都会—卫星"结构内各国关系密切,都会得以发展,而卫星国家只能低度发展,卫星国家依附于都会国家;② 在"都会—卫星"结构中,两者关系淡化,卫星国家一旦减弱它们与中心都会的连接,它们的经济发展,特别是传统资本主义工业的发展反而快速发展;③ 在"都会—卫星"结构中,今日最不发达的、最封建的地区,昔日它们与都会的关系最为密切。

多斯桑托斯在研究了依附的结构后,给出了依附的定义。他提出,不发达不是先于资本主义的一个落后阶段,它是资本主义的一种结果,是资本主义发展的一种特殊形式,即依附性资本主义。这不是一些国家变为附庸的问题,而是受依附性国际地位制约的某种内部结构的形成问题。依附是这样一种状况,即一些国家的经济受制于它所依附的另一国经济的发展和扩张。两个或更多国家的经济之间以及这些国家的经济与世界贸易之间存在着互相依赖的关系,但是结果某些国家(统治国)能够扩展和加强自己,而另外一些国家(依附国)的扩展和自身的加强则仅是前者扩展——对后者的近期发展可以产生积极的或消极的影响——的反映,这种相互依赖关系就呈现依附的形式。

同时,他提出了三种不同的依附发展:① 殖民主义的依附国家经济受殖民政府的控制,成为依附殖民主义;② 金融与工业的依附。殖民地国家独立后,实行进口替代战略,依靠外来投资,造成了对中心国家依附性较大;③ 科技与工业的依附,这种依附在技术上跟着他人走。依附的基础是国际分工,这种国际分工使某些国家的工业获得发展,同时又限制了另一些国家的工业发展。进一步说,依附决定着某种内部结构,而这种内部结构又根据各国经济在结构方面的可能性确定依附的状况。所以,他得出:"我们把依附确定为一种历史状况,它造成了一种世界经济结构。即有利于一些国家却损害另外一些国家经济发展的结构,并决定了这些国家内部经济发展的可能性,从而形成了它们的经济—社会现实。"[①]

尽管依附论的内部存在着分歧,但在依附问题上,具有相同的基本假设:① 依附不是一般的、抽象的过程,适用于所有第三世界国家;② 理解依附的关键在于理解起外在条件;③ 分析依附多数以经济条件为主;④ 把依附看作全球经济区域极化的结果;⑤ 依附与发展是不相配的。

依附理论与现代化理论的重要不同是,它并不强调社会发展的内部

[①] 特奥托尼奥·多斯桑托斯著:《帝国主义与依附》,社会科学文献出版社1999年版,第227、281、302、305页。

原因,而是关注其外部原因。但它只注意到了依附关系的负面作用,没有重视其正面效应:① 依附理论的主张根本不同于现代化理论,强调西方资本主义体系的扩张不但没有使不发达国家发展起来,反而使它们陷入了依赖性的不发达状况之中。故依赖理论是一种关于"不发达"的理论;② 在研究方法上,依附论采取的是一种整体结构关系的分析,并注重历史的考察。因而它不同于现代化理论的抽象类型分析法;③ 在发展的动因上,依附论侧重于强调"外因"。现代化理论主要强调内因作用,重视价值观念等。但依附论则强调世界体系的依赖关系的作用。

依附理论化的重要性在于指出国际政治、经济权力的不平衡可以影响一个地区的发展,外国的投资并不一定有利于本地居民,相反,可能导致资源流失、过分依赖外国及持续贫穷。换言之,依附理论正确指出了西方发达国家对第三世界不发达状况应负的责任,以及第三世界国家要走现代化的道路必须要摆脱西方发达国家的依赖。

当然,依附理论也有不少缺点:第一,将复杂的国际关系过于简化,对资本主义运作的分析,尤其是在落后国家的发展也太简化了。第二,过分强调外在因素,尤其是经济因素,如国际权力关系、外国投资对社会发展的影响等,忽视了内因的作用。第三,具有一定的片面性,即过于强调了依附关系对发展的限制性,没有摆脱对西方的依赖与从西方吸收一些先进的东西区别开来。

三、理论修正

关于依附理论,并不在于提供一部拉丁美洲的经济史,而是提供一种观点去分析其历史,是一种历史的观点,这种研究法对弄清低度发展的历史根源有相当的贡献,但它忽略了各个国家依附性质和程度的不同,忽略了对国内发展动力的分析,没考虑到国内力量的自主性与它们在变迁过程中的潜在力量。不能帮助我们了解如何摆脱低度发展的过程。因此,依附理论在风靡了十几年以后,在20世纪70年代开始衰落。

不过,以卡多佐为代表的新一代的激进派学者对"经典的依附"进行了修正,被修正的依附理论称为"新依附理论"。卡多佐的"新依附理论"与"古典依附论"相比,有着显著的不同。

首先,卡多佐所采用的是"历史-结构"方法论,不同于古典依附理论的普遍归纳法。在卡多佐的理论中,"依附"这一术语并不是作为一种归纳"不发达"的普遍模式的理论,而是作为一种方法论来分析第三世界的具体情况,目标是对依附的特定新情况之不同与多样性作一历史的分析。

其次,和古典依附理论学者那种注重依附外部情况的作法不同,卡多佐更倾向于强调依附的内在结构,而且对依附的社会政治方面很感兴趣,尤其对阶级斗争、群体冲突以及政治运动感兴趣,并重视内外利益的互动关系。

第三,卡多佐将依附作为一种开放的过程,这不同于古典依附理论那种强调依附的结构性决定论。与旧依附理论对第三世界国家的发展所持的比较片面的消极观点不同,卡多佐认为有依附联系的发展是可能的,"发展和依附是存在的,而且比那种以被占领及半殖民的情况更有活力的依附形式存在"。总之,古典依附理论的许多基本假设(如外在的、经济上的依附和结构性的欠发展)在卡多佐的研究中被修正了。

表10.6 新旧依附理论的比较

	传统的依附理论	新依附理论
相同点		
研究注意力	第三世界发展	
分析层面	国家层面	
关键概念	中心—边缘、依附	
政策含义	依附有害于发展	
不同点		
方法论	高度抽象,一般	历史-结构、具体
关键因子	外部:不平等交换、殖民主义	内部:阶级冲突、国家
依附特征	多为一种经济现象	社会政治现象
依附与发展	相互排斥:导致欠发达	共存:联合的依附发展

继卡多佐之后,伊文思分析了从古典形态的对外依附到依附发展这种新依附形式的转化。伊文思指出,依附发展这种新的形式是以跨国资本、当地资本和民族资本这三者之间的联盟为特征的,除了国际资本和民族资本的联盟外,国家作为一个积极的伙伴也参与了这种联盟。根据伊文思所说,国家利用它巨大的经济实力和政治权威来调节和指导经济发展,国家的介入可以防止跨国资本的无限扩张,从而保护民族资本的成长。伊文思认为,在统治着依附发展的这种联盟中,存在着一系列复杂的伙伴之间的合作与对抗关系。

依附发展理论的重要贡献在于,指出了不发达国家在对外依附条件下获得经济发展的可能性。更为重要的是,不像现代化理论与传统的世界体系论和依附论,依附发展理论指明了国家在经济发展过程中的关键作用,如伊文思所说,国家在外国资本渗透和本国资本利益争夺中充当着裁判员的角色。

第三节 世界体系论

依附理论虽然能提醒我们关注全球性城市发展的不平等,并指出这是源于国际间的政治经济权力不平等。但它过分简化的分析,并不能有效地解释20世纪中期之后国际秩序的重整。

20世纪70年代以来,面对复杂的全球形势变化,有学者提出了世界体系论。世界体系论是发展领域的最新理论,它为解释20世纪70年代出现的东亚工业化、资本主义世界经济衰退等新情况提供了一个新视野。

一、理论来源

世界体系理论是20世纪70年代主要由沃勒斯坦在依附论的基础上所提出的一种新的发展理论。其目的在于弥补现代化理论和依附理论的不足。其理论来源主要有:

1. 罗尔·普雷维什的"中心—边缘"结构观

我们已经提到,普雷维什和联合国拉美经济委员会中的一些社会学家认为,世界经济发展体系存在着一种中心与外围的结构关系。他认为:"事实上存在着一种'经济星座',其中心是工业国。由于受惠于这种地位和早期的技术进步,工业国组成了为他们利用服务的整个体系。生产出口原料的国家则以其资源的功能和中心发生联系,从而形成了以不同方式和不同程度结合在这个体系中的、一个广大的、参差不齐的外围。"① 由于在这种"中心—外围"的结构中存在着不平等的关系,因此,这就成为了外围国家不发达的根源。

2. 法国年鉴学派

法国年鉴学派是第二次世界大战之后在法国兴起的以历史学家费弗尔、马克·布洛赫、费尔南·布罗代尔等人为代表的一个有影响的历史学派。他们因于1929年创办《历史、经济和社会年鉴》杂志而得名。

他们主要主张,扩展历史学的研究领域,扩大历史学家的视野。他们认为历史学家应关心人类的全部活动,而与传统的只关心事件构成的历史学截然不同。在方法上,认为历史学应从文字档案中解放出来,去利用人类创造的一切事物,并广泛借鉴经济学、社会学、地理学等学科的观点和方法。

布罗代尔的观点直接影响了世界体系论。他提出了一种新的历史研究的方法,即长时段的(long term)研究方法,按时间间隔把人类社会历史过程划分为三类:短时段、中时段和长时段。短时段是指历史学家传统上所研究的具体历史事件。中时段介于短时段和长时段之间,时间跨度为10—20年或更长些。他称之为局势(conjuncture)。而长时段是指在一个相当长的时间内起作用的那些因素,如气候变迁、社会组织、思维模式等。它一般以几百年,甚至几千年为单位。布罗代尔提出,历史学不仅要关注"短时段"研究,更应重视对"长时段"的研究;不但要研究政治"事件",更要重视对日常生活的结构研究。强调结构分析是其历史研究的一个重要特征。他指出,"结构"一词在长时段问题中居于首位。他说:"在考察社会问题时,'结构'是指社会现实和群众之间形成的一种有机的、严密的和相当稳定的关系。对我们历史学

---

① 什杰拉尔德·迈耶等:《发展经济学的先驱》,经济科学出版社1992年版,第178页。

家说来,结构无疑是建筑和框架,但更是十分耐久的实在。"①他以此研究了资本主义文明的发展等问题。

3. 马克思主义的资本积累理论

世界体系论者类似于依附论者,明显地受到了马克思主义观点的影响,特别是马克思关于资本积累的论述。如他们承认:"马克思关于资本主义的资本积累理论对我们来说是一个非常有用的出发点,其原因有二:一是它在现代世界体系发展中是一个中心主题;另一个就是他的视角,他的理论实际上是关于这一主题的惟一的理论,不是关于国内(或国际)发展,而是关于资本主义一般的发展,正如我们所解释的,关于世界范围内的资本主义发展的理论。"②

4. 依附论

世界体系理论与依附论之间具有许多共同之处:都强调整体性分析,强调要把整个世界作为一个整体,而不能把各个社会和国家看成是孤立的;都认为不同类型和发展状态的国家,并不是处于不同的发展阶段,而是同处于资本主义时代;都认为目前的发达国家与不发达国家的巨大差距,是整体造成的。尽管如此,二者之间存在着重要的不同之处:① 依附论者所讲的依附或依赖是单向的,而世界体系论所讲的依赖是双向的;② 分析单元不同的。世界体系论分析单元是世界体系,而依附理论仅侧重于国家层面;③ 世界体系论避免了依附论的简单化的"两分法"的倾向,把世界体系划分为中心、半边缘、边缘三个等级。由于不同等级的国家的机能不同,这三个等级的差异不会消失,反而进一步扩大;④ 受法国历史方法论的影响,世界体系理论强调,需要考察完整性和长期性。并且指出,目前这个世界体系是在变动着的,发展的意义主要在于如何改变自己在世界体系中的结构位置,实现自己的升级。

二、主要内容

世界体系理论的分析单位已不限于个别国家或特定的社会形态之

---

① 费尔南·布罗代尔著:《资本主义论丛》,中央编译出版社1997年版,第180页。
② 王正毅著:《世界体系论与中国》,商务印书馆,第58—59页。

间的关系,而是考察由所有国家所组成的整体关系,即世界体系。这个体系由中心、边缘、半边缘三个部分构成,它们之间在功能运作上或分工上是不平等的,"资本主义世界经济"是其主体。

1. 半边缘

沃勒斯坦认为,复杂的世界是不能用两维模式系统来分类的,有许多不属于核心也不属于边缘的,介于两者之间地区。因此,使用"半边缘"来描述这些地区。第一,他认为,一个具有面对多数低地位部门的少数高地位部门的极化世界体系能迅速导致严重的崩溃;其二,为了阻止核心地区的衰退,同时,为了避免在主要部门领域转变影响,个别资本主义地区必须能够把来自正在衰退的主要部门的资本转变为一个上升部门。而一个边缘地区要转变为半边缘地区,取决于一个国家或一个地区是否能采纳三种发展战略之一,一是抓住机会;二是引进引起半边缘地区的发展;三是通过自力更生的半边缘发展。

2. 主要思想

(1) 现代世界是一个源于 16 世纪、但持续至今的资本主义世界经济体系。它的基础是世界贸易和国际分工。既然这世界中的各个部分都会在资本主义世界经济体制中扮演过不同角色,它们也都有很不同的内部社会经济和政治结构,但是若要了解某一国家内部阶级的差异和冲突,我们就得将这一国家放在世界经济体制的脉络中,才能彻底了解到各种政治和文化力量可能都是旨在影响和改变该国在世界体系中的位置。[①]

(2) 世界体系结构是由"中心"、"边缘"和"半边缘"三部分构成的。它主要涉及三个方面的问题:一是不断扩展的单一的世界经济;二是多个国家并存的不断扩展的国家体系;三是资本和劳动力的关系。具体来说:

第一,经济分工:指生产关系的结构,以及持续的再生和有规则改变的过程。认为在世界范围中,分工的过程不但把世界经济整合成了

[①] 沃勒斯坦:"当前对世界不平等的争论",见萧新煌:《低度发展与发展》,台湾巨流出版公司 1985 年版,第 306 页。

对应的关系,而且把这个世界区分出了许多对立的复杂组合,即"中心"与"边缘"的组合,而"半边缘"是介于"中心"与"边缘"的一个中间类型。因此得出,世界体系本质上是一个三元的世界性分工(中心、半边缘和边缘),它们之间存在着不平等的交换。

第二,国家体系:即认为在这个世界体系中存在着许多民族国家,而多个国家所组成的国家体系便成了世界体系的必要组成部分。不过,国家体系之间既有合作也有竞争或冲突。

第三,世界体系(作为一个社会体系的)第三个方面是资本和劳动力之间的关系。即认为在这一体系中,社会阶级主要是由拥有生产资料和那些被剥夺了所有权的社会群体组成。这种资本和劳动力的关系决定了资本主义世界体系的社会-政治框架。他们认为这种阶级结构广泛存在于资本主义世界体系之中,而不是仅限于个别的民族国家。

由于不同构成之间在功能运作上是不平等的,即核心国家在功能上自然强于边缘国家,故有不同的发展状况。在过去的四个世纪里,世界体系有越来越巩固的结构和发展趋势。

(3) 世界体系具有"循环性"和"世俗性"的发展趋势。即一方面,资本主义世界经济通常处于一种漫长的扩张和紧缩的"循环"发展中。另一方面,这种循环又发生在"世俗化"的趋势里。

3. 分析方法①

世界体系论具有自己独特的理论分析方法,主要表现在如下几个方面:

首先,在研究对象上,他们主张分析的单位是世界体系,而不是具体的国家或社会。认为以前的现代化理论所研究的是抽象的"社会",而把世界看作是一些相关但基本上是独立的国家所组成的。如沃勒斯坦明确提出:"世界体系分析的焦点不在于个别的国家,而且重视和分析由所有国家所构成的整体关系,亦即世界体系。"②这个体系主要有以下六个特征:

---

① 参见吴忠民,刘祖云:《发展社会学》,高等教育出版社 2003 年版,第 389—390 页。
② 萧新煌:《低度发展与发展》,台湾巨流出版公司 1985 年版,第 314 页。

第一,资本主义世界经济是通过集中地理范围上广泛的生产过程而建成的,这种建设可称之为单一的"劳动分工"。所有的历史体系都是建立在劳动分工上,但以前的历史体系没有哪一个像资本主义世界体系的劳动分工那样复杂、广泛、具体、一致。

第二,和其他历史体系相同,资本主义世界经济是通过周期性的方式来运行的。最为明显也是最为重要的周期就是世界经济作为一个整体有规律的扩张和收缩的过程。

第三,资本主义体系是一个建立在无休止的资本积累之上的体系。

第四,资本主义作为一个体系要求运动和变化,这种变化通常是在两种标签下发生的:一种是经济创新;一种是国家的兴衰。

第五,资本主义体系是一个"极化"体系,这不但体现在报酬上,而且还体现在人们不断地被迫起极化作用的程度上。

第六,世界体系是一个历史体系。

其次,所主张的结构分析有如下含义:

(1) 结构分析是一种整体论观点。从哲学观点上说,各种结构都有自己的整体性,即结构的各组成部分之间的关系都服从于整体性规则。对沃勒斯坦来说,他认为人类活动的主要领域——经济的、政治的和社会文化的,都不是独立的,而是相互关联的社会行动领域,它们并没有独立的"逻辑"。所以主张社会科学由许多学科构成,它们之间在知识上也具有内在的联系。并认为世界体系分析可以体现出这一特点。这与系统论观点是相一致的。

(2) 结构分析旨在确定事物的一般关系模式。沃勒斯坦通过对比说明以往的关于"独特性的"(idiographic)分析方法和关于"一般性的"(nomothetic)分析方法这两者的不足,指出世界体系分析法则超越了历史概括和描述特殊性。因这种方法是在体系框架中进行分析,这些框架在时间长度和空间广度上足以容纳那些决定着系列现实的最大部分的主导性"逻辑",而同时又承认并考虑到这些体系框架有始有终,因而不会被看作"永恒"现象。如同布罗代尔的"长时段"分析。

(3) 结构分析是一种共时(synchronic)分析,即它侧重横剖许多社会,并考察它们之间的结构关系。

因此,世界体系论分析的特点是:用各国在世界经济中的互动关系来解释发展和不发达。故认为核心、半边缘、边缘是作为世界体系整体的特性而存在的,而非独立存在的。

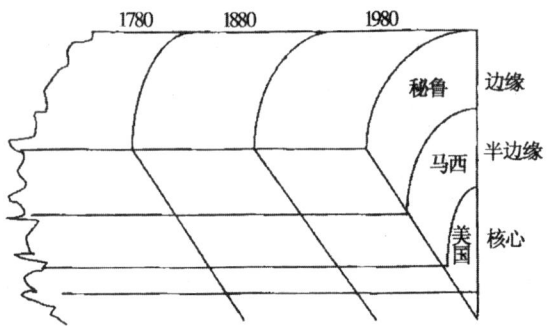

较之于现代化理论和依附理论,世界体系论具有以下特征:

(1) 世界体系论扩大了社会发展分析的范围。无论是现代化理论,还是依附论,实际只侧重于对某些社会类型的发展问题的分析。但世界体系论所考察的是世界整体的变迁与发展问题。从而可为人们认识整个世界的发展提供全面的分析视角。

(2) 世界体系论对依附论有明显的发展。依附论只限于说明发展中国家的"不发达"状况,并强调外因作用。但世界体系论着眼于整个世界体系的发展趋势,且不只强调外因的作用。世界体系论是一种整体发展论。

当然,世界体系论本身也存在着一些问题:第一,具有结构决定论倾向,即认为发展状况是国家在单一世界体系里所处结构位置的结果,或某一国家在结构位置上变动的可能性依赖于整体的变迁。第二,欧洲中心论倾向。这一理论强调社会发展的一体性和历史性,认为资本主义体系具有惟一性和全球性。而且这种整体结构分析过于宏观,缺乏具体性。

三、理论修正

自 20 世纪 70 年代中期以来,批评者一直批评世界体系理论忽略了具体某一国家的不同历史时期的特殊发展过程。批评者认为,世界体系理论注重市场中的交换关系和奖赏的分配,而不注重生产范围内的阶级和阶级冲突,不能解释阶级冲突,因而,批评者们把沃勒斯坦称为"循环主义者"。同时,批评者认为世界体系只是一种概念,而没有获得具体化。尽管沃勒斯坦没有直接对批评者的挑战予以应战,但在其后来的研究中,还是将批评者的意见糅合在其著述中了,并就概念没有具体化、历史特殊事件研究的缺乏、缺乏分层分析等作了修正。

为了回答批评者,世界体系研究者承认世界体系的概念几乎不是一种研究工具,承认世界体系理论能用来研究当地的历史发展,承认社会阶级应该概念化为一种动态历史过程。随后,一些世界体系研究者在国家的层面上研究了世界经济体系,他们讨论了边缘地区香港的经济成功;研究了核心国美国的工业化再工业化问题;考察了半边缘国家社会主义中国变化的阶层结构等等。所有这些研究都是在国家层面上的研究,不过这些研究仍然坚持考察世界经济的周期性,但这些研究对全球动力学与国家力量之间的复杂联系特别注意。[①]

表 10.7　依附论和世界体系论有关不发达的原因

因变量:
　　第三世界国家的经济不发达
自变量:
1. 工业发达国家对不发达国家的工业品倾销及其廉价初级产品的掠夺
2. 宗主国对殖民地、半殖民地和附属国的政治压迫、隔离与控制
3. 宗主国通过资本输出对殖民地、半殖民地和附属国廉价原材料和劳动力的剥削和掠夺
4. 垄断资本扩张和跨国公司的渗透
5. 在国际势力依附网络和劳动分工中,不发达国家的从属地位和在经济、政治、军事、文化、外交等方面的对外依附

(资料来源:梁荣渠:《社会发展论》)

[①] 周长城:《当代西方发展理论及其演变》,社会科学文献出版社 2001 年版,第 203—204 页。

综观上述发展理论,存在着以下一些问题:

首先,三种理论均对社会发展道路与进程重视不够,只强调发展结果。虽然现代化理论提出了社会发展的道路问题,但对发展的过程很少论述;依附理论则仅仅致力于解释导致第三世界国家不发达的原因,而未详细说明中心—边陲格局是如何形成的;世界体系论也未能说明世界体系何以形成和怎样转变为中心—半边缘—边缘的结构的。

其次,变革与发展的力量和动力机制问题。任何社会中,变革的力量是多方面的,一是变革的意向性;二是变革的速度和程度易变性;三是变革的方式:和平的或暴力的、自觉的或自发的、持续的或断续的。不同的发展方式会导致截然不同的发展结果,如果单纯像世界体系论那样用结构决定论代替依附论的外部决定论都不会有所发展。发达和不发达均应从社会、经济、政治、文化、心理和价值观等方面全面综合考虑。

第三,发展模式和发展类型水平的多样化问题。发展理论以现代—传统、中心—边缘的刻板划分来概括无限多样和复杂的世界发展状况,显然是不科学的,因此,需要构建一个多元的、广泛而综合的发展理论。

波茨认为,文化主义的现代化理论和结构主义的依附和世界体系论有可能融合。其理由有:① 各学派都将历史带到研究之中,而不是只关注传统—现代的思维模式、只描述依附的一般特征、只构造世界体系的完整性,研究者更感兴趣的是了解历史特殊的具体事件;② 新的研究试图提供一个多制度分析,从而代替以前仅依靠某个变量如成就动机,代替以前把依附作为经济依附,代替以前强调世界体系的压制因素;③ 如何看待有害还是有利的问题已有客观评价,不再简单地把现代化描述为一种进步过程;不仅仅强调依附对第三世界国家的破坏作用。①

---

① 周长城:《当代西方发展理论及其演变》,社会科学文献出版社 2001 年版,第 207—208 页。

思 考 题

1. 现代化理论的基本假设和主要观点。
2. 依附理论与世界体系论有哪些异同?
3. 西方发展理论有哪些演变趋势?

相关阅读书目

孙立平:《传统与变迁——国外现代化与中国现代化研究》,黑龙江人民出版社 1992 年版

韦伯斯特:《发展社会学》,华夏出版社 1987 年版

萧新煌:《低度发展与发展》,台湾巨流出版公司 1985 年版

亨廷顿:《现代化理论与历时经验的再探讨》,上海译文出版社 1993 年版

尹保云:《什么是现代化——概念和范式的探讨》,人民出版社 2001 年版

吴忠民、刘祖云主编:《发展社会学》,高等教育出版社 2003 年版